T0312779

## Elogios para *Dwight D. Eisenhower su liderazgo*

«Una novela, un fascinante y, lo que es más importante, un instructivo enfoque que nos permite comprender con precisión los principios fundamentales de la gestión de empresas. Viendo a Dwight Eisenhower planear y ejecutar el desembarco de Normandía y la consecuente liberación de Europa, estos conceptos básicos cobran vida ante nuestros ojos. Como bien observa Loftus, ningún gerente general se enfrentó jamás a una misión tan abrumadora, tan llena de presión y obstáculos como lo hizo Ike. Una lectura ideal para estos tiempos turbulentos».

—STEVE FORBES,
presidente y gerente de Forbes
Media.

«Geoff Loftus ha escrito un libro apasionante y enormemente útil sobre la extraordinaria habilidad de Dwight Eisenhower como líder. Si antes te gustaba Ike, ahora te caerá incluso mejor. Y le estarás agradecido a Geoff Loftus».

—CHRISTOPHER BUCKLEY,
autor de *Boomsday* y *Thank You for
Smoking.*

«En *Dwight D. Eisenhower su liderazgo*, Geoff Loftus nos proporciona una aguda perspectiva sobre la experiencia de la gestión, de la mano de uno de los grandes campos de batalla de la historia militar. La lección puede parecer sencilla a simple vista, pero son precisamente esos principios básicos de gestión de empresas los que olvidamos más fácilmente: escuchar a tu gente, establecer tu visión, ser conscientes del mensaje, dejar que tus directivos dirijan».

—SALVATORE J. VITALE,
vicepresidente principal de The
Conference Board.

# DWIGHT D. EISENHOWER

## SU LIDERAZGO

*¡Buena suerte! Y roguemos todos por la bendición del Dios Todopoderoso para esta grande y noble empresa.*

—DWIGHT D. EISENHOWER
Orden del día:
6 de junio de 1944, Día D

*La operación más difícil y complicada que nunca haya tenido lugar.*

—WINSTON S. CHURCHILL

*La historia del conflicto armado no conoce empresa igual desde el punto de vista de su escala, su vasta concepción, y su ejecución magistral. [...] Se recordará esta hazaña como uno de los grandes éxitos de la historia.*

—JOSEF STALIN

*Nunca se ha visto nada igual, ni se volverá a ver.*

—STEPHEN E. AMBROSE
*Eisenhower: Soldier and President*

# INTRODUCCIÓN

## El proyecto empresarial más abrumador de la historia

A primera hora de la mañana del 5 de junio de 1944, más de 150,000 hombres en más de 5,000 barcos y 11,000 aviones esperaban. En distintos lugares del mundo, el presidente de Estados Unidos, Franklin D. Roosevelt, el primer ministro del Reino Unido, Winston Churchill, y el líder absoluto de la Unión Soviética, Josef Stalin, también esperaban. En Berlín, Adolf Hitler observaba y cavilaba; y a lo largo de las costas del norte de Francia, el ejército alemán se preparaba con kilómetros de alambre de espino, nidos de ametralladora y emplazamientos de artillería. Las naciones ocupadas de Europa y los millones de judíos presos en los campos de la muerte esperaban con impaciente anhelo.

El destino del mundo dependía de la decisión de un hombre, que vivía en una pequeña caravana, bebía demasiado café, fumaba demasiados cigarrillos y dormía demasiado poco.

Él ya había decidido posponer el proyecto, denominado Operación Overlord, de mayo a junio. Sólo veinticuatro horas antes de empezar decidió posponerlo un día más. Y ya decidió en su momento que era necesario enviar a algunos de sus mejores jóvenes a lo que uno de sus comandantes describió como «una matanza inútil».

Ahora, alrededor de las 4:00 hora local de Inglaterra, rodeado por sus comandantes de más alto rango de los ejércitos de tierra, mar y aire estadounidenses y británicos, Dwight D. Eisenhower tenía que tomar una última decisión. Podía arriesgarse con el clima y las mareas del canal de la Mancha y lanzar a esos miles de jóvenes contra los alemanes que esperaban en la orilla opuesta, en las playas de Normandía. O o podía retrasarlo de nuevo, obligando a todos a esperar dos semanas más para el próximo marco operacional, condenando a las víctimas de la tiranía nazi a más opresión y masacre, y posponiendo la final derrota de Adolf Hitler.

Eisenhower manifestó su decisión de manera serena y clara. «Bien, vamos allá».

Con estas tres palabras, Eisenhower, *Ike*, puso en marcha lo que el autor Cornelius Ryan llamó «El día más largo». El personal de Ike se puso en acción inmediatamente, por lo que Eisenhower visitó a algunos de los soldados que partirían hacia Francia en cuestión de horas.

Se reunió con la prensa y anunció de pasada que la invasión había comenzado, convencido de que la prensa estaba de su lado y de que no filtrarían la noticia hasta que les dieran el visto bueno. Después de hablar con los periodistas, Eisenhower realizó una asombrosa hazaña de liderazgo bajo una presión extraordinaria: escribió lo siguiente «por si acaso» la prensa publicaba la noticia *antes* de que las tropas desembarcasen, y *antes* de que se supieran los resultados:

> Nuestros desembarcos [...] no han conseguido establecer posiciones satisfactorias y he retirado a las tropas [...]. La infantería, la aviación y la marina hicieron todo lo que el coraje y la devoción al deber pudieron hacer. Si algún reproche o culpa va ligada al asalto es sólo mía.[1]

«*Es sólo mía*». Eso es liderazgo. El 5 de junio, Eisenhower miró fijamente al abismo del desastre absoluto y no parpadeó.

Tenemos mucho que aprender de su recorrido como gerente general del Día D.

★ ★ ★

Décadas después del cataclismo del Día D, es fácil dar por sentado el éxito de la Operación Overlord. Sabemos que las fuerzas aliadas fueron capaces de conseguir una cabeza de playa y finalmente abrirse camino a través de Francia, sobre el Rin y hasta Alemania misma. Sabemos que Hitler, ante su derrota, fue incapaz de asumir la responsabilidad y escapó a través del suicidio. Pero el 5 de junio de 1944, esos acontecimientos aún formaban parte del futuro, y se desconocía el resultado de la Operación Overlord.

Mientras escribo esto, en mitad de la Gran Recesión, vivimos en un mundo diferente. Aunque no estemos involucrados en una guerra mundial, la economía global es, por decirlo suavemente, un lío. Por todas partes, los altos directivos operan bajo la más extrema presión. Los precios de las acciones de las corporaciones han caído en picado, los balances de situación parecen venir siempre en color rojo, parece que ha pasado una eternidad desde que los mercados crediticios funcionaron correctamente, y el ritmo de desaparición de puestos de trabajo es el mayor conocido en décadas. Una y otra vez, economistas, empresarios, políticos, y el estadounidense medio coinciden en que, en toda nuestra historia, sólo estuvimos peor durante la Gran Depresión. Y mucha gente piensa que incluso después de que la actual recesión termine, nos veremos sumidos en un ambiente económico radicalmente diferente al de la economía previa. Pasará mucho tiempo antes de que el futuro se nos presente positivo de nuevo.

¿Por qué escribir un libro que trata sobre el general Dwight D. Eisenhower como si fuese un gerente general? ¿Cómo se supone que esto va a ayudar a los ejecutivos de las empresas a desempeñar sus trabajos? El historial de Eisenhower es único. Fue el jefe ejecutivo de la organización que consiguió llevar a cabo el proyecto «empresarial» más imponente de la historia: la Operación Overlord, la invasión aliada de Normandía el 6 de junio de 1944. Fue el jefe ejecutivo de la compañía que operó bajo la presión más intensa que ningún ejecutivo haya visto jamás. *Jamás.*

Overlord requirió años de planificación táctica y estratégica. La fabricación e inventario de los suministros necesarios consumió la mayor parte de la capacidad industrial de las empresas estadounidenses. La cadena de suministros se extendía a lo largo de todo un océano. La mano de obra era multinacional, formada en gran cantidad de países y en varias lenguas, transportada a Inglaterra, donde la formación continuó, para ser transportada finalmente para trabajar en su mercado destinatario.

Como cualquier compañía bien llevada, Ike tenía una declaración de intenciones: forzar la rendición incondicional de su competidor, la Alemania nazi. El éxito de Eisenhower no dependía de conseguir una cierta porción predefinida de la cuota de mercado, sino de hacerse con el control total del mercado y eliminar la competencia. La primera fase de esa misión implicaría una penetración exitosa en el territorio de la competencia. La segunda fase supondría estirar la cadena de suministros aun más lejos, tener que construir o adquirir infraestructuras locales, e incrementar la mano de obra sobre el terreno. Se necesitaría una planificación estratégica y táctica a largo plazo, junto con la habilidad de improvisar cuando las condiciones se tornasen súbitamente adversas.

Toda esta planificación, preparación, y ejecución debía tener lugar en el entorno competitivo más duro de la tierra: no una batalla por cuotas de mercado y resultados netos, sino una batalla por vidas humanas. ¡Hablamos de «jugarse el pellejo»!

*Dwight D. Eisenhower su liderazgo* lleva el modelo de metáfora militar para los negocios un paso más allá, y analiza las operaciones militares como si de operaciones empresariales se tratasen, y al comandante general como gerente general.

Examina la relación de Eisenhower con

- su *junta directiva* (Franklin D. Roosevelt, Winston
  Churchill, Josef Stalin, y los jefes de Estado Mayor del
  Ejército y la Marina estadounidense y británica);
- sus *altos cargos* (los comandantes de mayor rango, como
  los generales Omar Bradley y George Patton y el Mariscal
  de Campo Bernard «Monty» Montgomery);
- sus *organizaciones asociadas* (la Francia Libre y las fuerzas
  polacas exiliadas en Inglaterra), y
- sus *accionistas* (los soldados, marines y aviadores de las
  fuerzas aliadas en Europa; los ciudadanos y contribuyentes
  de Estados Unidos y Gran Bretaña; y los millones de
  víctimas de la locura de Hitler).

*Dwight D. Eisenhower su liderazgo* establece analogías con empresas contemporáneas y describe las lecciones estratégicas que podemos aprender de Ike. La palabra *estrategia* proviene del griego *stratēgia*, que significa «don de mando» y cuya definición en el diccionario inglés Merriam-Webster es: «La ciencia y el arte del mando militar empleados para enfrentarse al enemigo en combate bajo condiciones ventajosas». Definiciones secundarias incluyen: «Un cuidadoso plan o método; el arte de diseñar o emplear planes para alcanzar una meta». La definición primaria suena muy avanzada y para un largo plazo, el tipo de «ciencia y arte» que se practica en las altas esferas ejecutivas. Las definiciones secundarias (un cuidadoso plan o método y el diseño o empleo de planes para alcanzar una meta) parecen más acordes con los encargados de primera línea, la gente que hace que las cosas funcionen. De hecho, estrategia, en este sentido, se acerca mucho a la palabra *táctica*.

*Táctica*, de nuevo definida por Merriam-Webster, deriva originalmente de la palabra griega *tassein*, que significa «organizar, colocar en formación de combate». Las definiciones son: «La ciencia y arte de disponer y maniobrar efectivos en combate; el arte o habilidad de emplear los medios disponibles para cumplir un objetivo; un sistema o modo de proceder». «Emplear un plan para alcanzar una meta» con una estrategia es casi lo mismo que «emplear los medios disponibles para cumplir un objetivo» con una táctica.

Estos párrafos anteriores no son sólo un ejercicio de semántica para mi deleite personal, aunque encuentro la confusa superposición de las definiciones muy interesante. La cuestión es que definir la palabra *estrategia* puede ser un asunto peliagudo. Como también puede serlo definir una estrategia *organizativa*. Y, para una empresa, implementar una estrategia puede ser aún más difícil que fijar una.

Afortunadamente, la carrera de Eisenhower como gerente general del Día D es un caso de estudio enciclopédico para aprender a diseñar e implementar estrategias organizativas. *Dwight D. Eisenhower su liderazgo* es ese estudio, con diez lecciones estratégicas:

1. *Define tu objetivo.* Este es la meta definitiva de tu organización, el propósito, la razón principal de su existencia.
2. *Planifica para el éxito.* Cómo vas a alcanzar tu objetivo. Una planificación global y avanzada.
3. *Céntrate en tus objetivos.* Conoce y consigue aquello que necesitas para tener éxito en tu misión. No te desvíes hacia territorios interesantes pero no imprescindibles.
4. *Prioriza.* Haz lo que necesites hacer para tener éxito en tu misión. Cualquier otra cosa, además de improductiva, te hará malgastar tus recursos.
5. *Planifica para implementar.* Forma a tu gente, equípala y organiza tu logística de apoyo.
6. *Comunícate.* Con tu gente y con tus mercados. Si no puedes comunicar, no puedes implementar.
7. *Motiva a tu gente.* Aquí es donde el liderazgo entra en juego, consiguiendo que tu gente se comprometa con el

objetivo de tu organización tanto como lo haces tú. Tienes que dar ejemplo con el comportamiento que quieres y esperas de tus ejecutivos y tu personal de primera línea.

8. *Maneja a tu gente.* Descubriendo y desarrollando el talento, recompensando a tus mejores empleados y encargándote de las prima donnas (desafortunadamente, todo el mundo las tiene).

9. *Evita el efecto lavadero.* Estrechamente relacionado con permanecer centrado en tus objetivos y priorizar. El síndrome del lavadero es engañoso. Durante una operación siempre se surgen cosas estrechamente relacionadas con la misión, tanto que es fácil confundirlas con las verdaderas necesidades.

10. *Sé sincero.* Contigo mismo, con tus jefes, tu equipo ejecutivo, empleados, accionistas y con los mercados en general. Es uno de los clichés más viejos y trillados, aunque es cierto, no obstante: la honestidad es la mejor política.

Analizaremos estas lecciones estratégicas en un capítulo de resumen al final del libro. No te preocupes, no se te examinará sobre el material. Al menos yo no lo haré. No puedo decirte cómo te pondrá a prueba el ámbito empresarial.

Analizando la estrategia y las tácticas que empleó Eisenhower en el Día D desde un punto de vista empresarial, de ninguna forma pretendemos menospreciar el sacrificio de los hombres y mujeres que formaron parte de ese titánico esfuerzo. En este libro simplemente nos centramos en la extraordinaria dirección de Ike de una gigantesca organización que trabajaba bajo una extrema dureza. Rendimos homenaje al supremo sacrificio de cada persona que combatió y apoyó la misión durante la Segunda Guerra Mundial.

Lo dieron todo y salvaron el mundo.

# UNO

# LA OLLA A PRESIÓN: LA PUESTA EN MARCHA

### Forja una nueva empresa para hacer frente a una asombrosa competencia

Vamos a empezar con un caso hipotético. Tu compañía, Hipotética, S. A., ha estado promocionándose a lo largo de los EUA durante décadas. La mayoría de tus accionistas han estado invirtiendo sus acciones con tranquilidad durante años y parecen completamente satisfechos con los estables, aunque pequeños, dividendos. Puesto que no tienes una competencia nacional importante, todo es alegría. Hasta que un terrible competidor se cierne sobre el Atlántico desde Europa. Una empresa con sede en Alemania ha emergido con intenciones globales, un plan de negocios superagresivo, y el control casi completo del mercado europeo. Esta empresa alemana todavía no ha atravesado el océano para competir por tu mercado, pero está bastante claro que lo hará en cuanto se consoliden sus ganancias en Europa. Recuerda que la empresa alemana tiene ambiciones globales.

La junta de directivos de Hipotética, S. A. decide que la única manera de contrarrestar los planes de la empresa alemana es aliarse con empresas de Gran Bretaña y Rusia con el fin de crear una filial de propiedad conjunta, con sede en Inglaterra, y competir directamente con los alemanes por el control del mercado europeo. La junta de Hipotética te nombra gerente general y te envía a Londres para conseguir los siguientes objetivos:

- Construir una organización desde cero para que pueda competir con la triunfadora empresa alemana, que tiene el control casi absoluto de su mercado.
- Crear una estructura de administración para tu nueva organización.
- Supervisar la contratación y formación de una enorme plantilla multicultural y plurilingüe, que con el tiempo llegará a contar con más de tres millones de efectivos.
- Realizar todo lo dicho anteriormente en doce meses. Si tardas más, puede que Hipotética, S. A. no sobreviva.

Esta es una lista de desafíos bastante desalentadora, pero aun así sales rumbo a Inglaterra completamente comprometido con el plan porque tú, al igual que tu junta directiva, estás convencido de que la supervivencia misma de tu empresa depende de tu éxito. Por muy urgentes que sean estos problemas, no son los peores aspectos de tu trabajo como gerente general. Si consigues construir esta filial en el limitado margen de tiempo establecido, te recompensarán degradándote. Antes de salir de Estados Unidos, te dejaron claro que un ejecutivo estrella de la empresa matriz te sustituirá en el momento en que la organización esté preparada. Él dirigiría los esfuerzos contra la empresa alemana y se llevará la fama y la gloria.

La perspectiva de ver a otra persona triunfando (gracias a todo tu trabajo duro bajo una presión extrema) no es el peor de tus problemas. Tu competencia está increíblemente bien organizada, es muy innovadora y tiene años de experiencia en la ejecución de sus estrategias, a menudo audaces. Y mientras que tu competencia es formidable, tu junta directiva es un conjunto de personajes dominantes, todos ellos en total desacuerdo sobre la estrategia, y que no te dan autoridad para tomar las decisiones sobre cómo y dónde llevar a cabo el plan de Hipotética contra los alemanes.

Si eres un ser humano normal, en este punto de tu carrera como gerente general de la filial europea de Hipotética, deberías estar al borde de una úlcera o del alcoholismo. Recuerda que tú (igual que tu junta) crees que el fracaso conlleva la quiebra de Hipotética. Desaparecerá todo el valor activo de tu empresa, arrastrando en el proceso a tu gran cartera de accionistas. Habrá pérdidas masivas de empleo, no sólo para tus empleados, sino también los trabajadores de tus socios en Inglaterra y Alemania. El efecto dominó en la economía de tu país y en la de tus socios aliados podría ser desastrosa. No es de extrañar que, mientras te diriges a Londres para ocupar el puesto de gerente general, sientas una ligera sensación de ansiedad.

Este caso hipotético describe más o menos a lo que se enfrentó Dwight D. Eisenhower cuando fue nombrado gerente general de una organización que, en aras de simplificar, llamaremos Día D, S. A. Ningún ejecutivo en toda la historia se había jugado jamás tanto como hizo Eisenhower.

Si fracasaba en la planificación y en la construcción de Día D, S. A., el fracaso no se mediría en acciones devaluadas ni en desempleo. El fracaso desembocaría en cientos de miles, probablemente millones, de muertes.

El 24 de junio de 1942, Dwight D. Eisenhower, el gerente general de Día D, S. A., llegó a Inglaterra para comenzar su nuevo trabajo.

Es difícil imaginar a cualquier directivo tomando el control de una empresa bajo más presión. Su asignación era más un concepto que una realidad funcional, pero eso no impidió que la junta de Ike le fijase un plazo de doce meses para lanzar el proyecto más ambicioso que jamás haya existido: la invasión del territorio de la competencia atravesando el canal. Ninguna organización había emprendido nunca un proyecto de tal magnitud. Ninguna organización se había enfrentando jamás a una competencia tan dura. Los alemanes tenían el control absoluto de los territorios europeos, y disponían de líneas de suministro cortas y una robusta base industrial que abastecía sus operaciones. Tenían a su disposición una plantilla vasta, bien preparada, bien equipada y muy experimentada que ya estaba sobre el terreno.

Ike también tuvo que forjar el éxito a pesar de las increíblemente bajas expectativas en su triunfo personal. A pocos meses de su quincuagésimo segundo aniversario, cuando fue nombrado por primera vez gerente general, llevaba invertidos todos sus treinta años de carrera en la empresa (el Ejército de los EUA) en la gerencia intermedia. Como es de esperar de un gerente de nivel medio, Ike fue visto como el empleado perfecto, sin madera de líder, a pesar de tener décadas de experiencia y excelentes críticas de todos sus superiores.

Ahora que había alcanzado el primer puesto, se esperaba de él que erigiese la organización y después cediese el puesto al siguiente gerente general, alguien con un rango superior en la empresa matriz, que se haría cargo de Día D, S. A. en cuanto ésta estuviese preparada para iniciar las operaciones. Alguien más apropiado para la gloria del éxito final del proyecto más impresionante que jamás haya existido.

Eisenhower era consciente de todo esto y aceptó el cargo sabiendo que los elogios se los llevaría otra persona. No le importó. Su objetivo, su único objetivo, era erigir una organización capaz de penetrar en el territorio de la competencia y arrebatárselo pedazo a pedazo, para liberar a Europa de las garras de los alemanes. Esta invasión llegó a ser conocida como Operación Overlord. Después de Overlord, Día D, S. A. se abriría camino a través de Francia, Bélgica y Holanda hasta la misma Alemania.*

---

* Hubo proyectos menores (Días D para las invasiones del norte de África, Sicilia e Italia) antes de la invasión francesa, pero todos formaron parte del preámbulo del Día D decisivo. Es por eso que, en lugar de preocuparnos por la terminología y los nombres institucionales militares, llamaremos a la organización de Eisenhower Día D, S. A.

La junta directiva de Día D, S. A., sin embargo, no era unánime en el mejor camino hacia el éxito. Algunos de los británicos, incluido Winston Churchill (quien, desde el punto de vista de Ike, actuaba como director jefe de la junta), opinaban que era un error entrar por el norte de Francia para competir contra los alemanes. Churchill no apoyó por completo la Operación Overlord hasta las últimas semanas antes del Día D. Muchos de los altos cargos británicos estaban de acuerdo con Churchill. Consideraban que un gigantesco proyecto a través del canal era inviable. Mejor iniciar proyectos menores tan pronto como el personal de Día D, S. A. pudiese ocuparse de ellos. Estos proyectos menores se llevarían a cabo cuidadosamente, por lo que Alemania sería derrotada mediante un avance lento y constante. Eisenhower, sin embargo, pensaba que llevar a cabo proyectos más pequeños era una distracción y que atrasaría la consumación de la verdadera misión de la organización: arrebatar Europa a los alemanes, lo cual sólo era factible, en la mente de Ike, yendo por el norte de Francia.

## PLANIFICA PARA TENER ÉXITO

- **Ataca el corazón de la competencia**. Quizá sea posible matar a tu competencia a mordiscos. Pero si compites con ellos en serio, ofreciendo mejores precios, ganarás más.

Los alemanes, creía Eisenhower, podían permitirse perder territorios en el norte de África, o en Italia, o incluso en el sur de Francia. Para él, el plan de atravesar los Balcanes que Churchill no dejaba de sugerir era una pérdida de tiempo. Ike y los estadounidenses de su junta directiva eran de la opinión de que si pretendes derrotar a la competencia, debes atacar el núcleo del negocio, no sacarte de la manga operaciones satélites que no son esenciales para la supervivencia de tu rival. Eso significaba que Día D, S. A. debía atravesar el norte de Francia, la ruta más corta, hasta el núcleo industrial de su competidor alemán.

Cuando Eisenhower llegó para hacerse cargo de Día D, S. A., su junta le había dado un conjunto de instrucciones muy dispares. Por un lado, debía prepararse para atravesar el norte de Francia en un año (1943), y a la vez tenerlo todo listo para lanzar una iniciativa suicida casi inmediatamente (en septiembre de 1942). ¿Cuál era el motivo del proyecto suicida? Franklin D. Roosevelt, Churchill y los comandantes en jefe estadounidenses y británicos tenían un miedo fundamental: su alianza con la Unión Soviética podía venirse abajo en cualquier momento.

Desde junio de 1941 sólo los soviéticos habían estado luchando directamente contra los alemanes por los territorios de Europa. Una gran parte de la producción estadounidense, y también de la británica, se destinaba a respaldar el esfuerzo de los soviéticos. Todos los miembros de Día D, S. A., desde Roosevelt para abajo, opinaban que los alemanes se fortalecerían si los rusos dejaban de luchar; y los estadounidenses y los británicos eran conscientes de que los rusos habían firmado un pacto de no agresión con los alemanes antes de la guerra (el pacto de Ribbentrop-Molotov en agosto de 1939) y que con el grado de sufrimiento que estaban soportando los soviéticos, si los alemanes ofrecían un nuevo pacto de no agresión, existían muchas probabilidades de que los rusos aceptasen.

Este miedo a un colapso soviético fue lo que motivó la creación del proyecto suicida, sutilmente denominado Operación Sledgehammer (Mazo de hierro). Si los soviéticos sufrían demasiados reveses durante la llegada de Eisenhower a Inglaterra en junio y septiembre, se suponía que Ike debía poner en marcha Sledgehammer para desviar la presión de los soviéticos y mantener su inmensa plantilla en competencia directa con los alemanes.

El único problema de Sledgehammer era que casi nadie confiaba en ello. Era casi imposible que Ike pudiese iniciar algo así tres meses después de aceptar el cargo de gerente general. Los estadounidenses y los británicos no tenían suficientes recursos, ni de personal ni de suministros. Aún iniciándose Sledgehammer, no existían garantías de que los soviéticos no fuesen a firmar un pacto de no agresión. Y poner la operación en funcionamento significaba provocar un imprevisible retraso en la misión principal: la invasión de Francia.

Como muchos ejecutivos, Eisenhower se encontró con una directriz que no tuvo más remedio que acatar, o al menos aparentar que acataba. Su única esperanza era que la situación en Europa no llegase al punto de tener que iniciar la Operación Sledgehammer (no lo hizo).

## CÉNTRATE EN TUS OBJETIVOS

- **Lucha contra las distracciones**. En otras palabras, evita el «síndrome del lavadero» como si fuese la peste. Es tan mortal como la temida enfermedad, incluso cuando la administración o tu junta te obligan.

## MANEJA A TU GENTE
## (TANTO EN LOS BUENOS MOMENTOS COMO EN LOS MALOS)

- **Cede con dignidad**. Si se hace evidente que el síndrome del lavadero es inevitable, cede. Puede que tengas suerte y que factores ajenos a tu control te mantengan por el buen camino, como le ocurrió a Ike con Sledgehammer (realizar sacrificios a dioses paganos puede no ser una mala idea…)

Eisenhower llegó a Inglaterra a finales de junio de 1942 con su dispar conjunto de instrucciones (¡Penetra en Francia, pero prepárate para iniciar también la Operación Sledgehammer!); sin los recursos necesarios para llevar a cabo su misión; y con un plazo de tiempo para iniciar el proyecto agresivamente ambicioso.

En su primer día en el puesto Ike marcó las pautas que quería para la organización. Se reunió con el personal estadounidense recibido en herencia y les indicó inmediatamente cuál era su misión: preparar Día D, S. A. para que estuviese lista para entrar en Francia en el plazo de un año.

## MOTIVA A TU GENTE

- **Empieza de la manera en que piensas acabar**. Si crees que el optimismo y el entusiasmo son necesarios para lograr el éxito, debes dar ejemplo de esas actitudes, constante y coherentemente.

## SÉ SINCERO

- **Asume la responsabilidad**. No ayudas a nadie echándoles las culpas a otros. Y no hay ninguna manera mejor de promocionarse para conseguir el éxito que asumiendo la responsabilidad.

Explicó a sus camaradas estadounidenses que tenían que mostrar una actitud «entusiasta y optimista».[1] Ike dejó claro que el pesimismo no era una opción; cualquier oficial que no fuera capaz de enfrentar los retos sin mencionar la derrota debía marcharse. Ike también cambió la forma de desempeñar las actividades. A partir de ese momento, el personal asumiría toda la responsabilidad a la hora de resolver sus propios problemas, en lugar de remitirlos a Washington. Como informó a su jefe, el general George C. Marshall, «Ningún pretexto o excusa será aceptable».[2]

Cuando Eisenhower era un joven oficial, pasó una gran parte de su tiempo entrenando equipos de fútbol americano en puestos militares, y al convertirse en líder recalcó la lección más importante de su carrera futbolística: el equipo es lo primero. Quería un esfuerzo conjunto, no llamativas actuaciones solitarias. En su experiencia, los equipos exitosos son los que trabajan conjuntamente, con los jugadores apoyándose desinteresadamente los unos a los otros. Las estrellas y prima donnas a menudo tenían éxito por simples momentos de genialidad, pero las actuaciones brillantes son igual de predecibles, e igual de fiables, que el clima.

Al margen de su claridad en el tema del optimismo y de la importancia del equipo, Ike llegó a la conclusión de que su personal en Londres no era particularmente flexible. Los miembros del personal eran mandos intermedios atrincherados: escucharon lo que dijo Eisenhower, pero como muchos otros mandos intermedios que han sobrevivido a un cambio de administración ejecutiva, no se quedaron muy impresionados. Y Eisenhower, al que todos tomaban (incluido él mismo) como un ejecutivo medio a cargo de la creación del proyecto para luego entregárselo al «verdadero» jefe, no tenía la influencia necesaria como para despedir y contratar a la gente que él quería. No pudo formar la plantilla que necesitaba. Cuando se iban o se añadían oficiales a su equipo, era debido al curso normal de rotación dentro de la organización. En Washington, a miles de kilómetros de distancia, tomaban las decisiones referentes al personal por Ike.

El historiador y biógrafo Stephen Ambrose escribió: «Eisenhower imprimió por la fuerza su espíritu sobre el personal», pero Ike no estaba seguro de que eso no fuese parte del problema, diciendo: «Hay demasiados oficiales del Estado Mayor que apenas están realizando tareas de papeleo»,[3] y acudían a él para tomar las decisiones. Eisenhower no podía hacer que el personal dejase de acudir a él con el papeleo y las decisiones, pero podía tomar medidas para asegurarse de que invertía su tiempo centrado en el proyecto de invasión. Relegó casi todas las funciones administrativas en el general de división John C. H. Lee, un hombre muy capacitado para el puesto, y quedó libre para centrarse en la estrategia. De ahora en adelante habría una enorme cantidad de pequeños detalles que Ike tendría que tener en cuenta a la vez que se esforzaba por cumplir con el desalentador año de plazo de su proyecto, y quería estar seguro de que se trataba de detalles cruciales para la ejecución del proyecto, no de su parte administrativa.

En sus primeros meses en el cargo, Ike batalló contra la idea de verse a sí mismo como un gerente general débil y provisional, y luchó con todas sus fuerzas para conseguir que los británicos y los estadounidenses se tomasen en serio su posición. Estaba claro que había algo de ego en ello, pero fue, sobre todo, porque Eisenhower estaba convencido de que no podía hacer su trabajo correctamente si nadie le respetaba. Incluso reprendió a sus superiores en Washington cuando sintió que estaban siendo desdeñosos. Cuando Washington aprobó el traslado de un hombre de una parte del mando de Ike a otra sin notificarle, envió inmediatamente una carta al general responsable, un hombre de rango superior y más veterano que Ike. Eisenhower le dijo al general con firmeza que «"semejante gestión concierne sólo a la autoridad del comandante del teatro", y le dijo que en el futuro se asegurase de que estas tareas las realizaba sólo el comandante del teatro».[4] Le llevó tiempo, pero con argumentos racionales y congruentes, Ike empezó a convencer a todo el mundo, sin excepción, de que el puesto de gerente general de Día D, S. A. era algo muy serio e importante.

Naturalmente, al llegar con un plazo de un año, Ike no pudo centrarse sólo en su propio cargo y en sus empleados. Las Islas Británicas estaban a punto de ser inundadas por soldados estadounidenses que necesitarían alojamiento e instalaciones para los entrenamientos y una enorme cadena de suministros. Con un plazo de doce meses, no había tiempo que perder.

El sector de las relaciones públicas, obsequió a Eisenhower con una buena oportunidad de éxito rápido, y ese éxito tendría un impacto inmenso en casi todas las otras fases de su trabajo. Si Ike generaba publicidad favorable, aumentaría su credibilidad entre sus aliados y entre su gente, y eso ayudaría a la percepción de su puesto y a las futuras decisiones estratégicas, y también ayudaría a la moral de los estadounidenses y de los británicos mientras la tropa yanqui «invadía» Inglaterra.

## CÉNTRATE EN TUS OBJETIVOS

- **Mantén tu enfoque**. Todo lo que hagas debe favorecer a tu propósito, ya se trate del estado de ánimo de los empleados o las relaciones con la prensa. *Todo.*

Ike no tardó en lanzarse al ruedo de las relaciones públicas. El 25 de junio de 1942, en su segundo día en Inglaterra, convocó una rueda de prensa. Antes de ella era un trabajador anónimo; según las palabras de Stephen Ambrose, «su papel fue más el de un administrador que el de un comandante». Después de la conferencia toda la atención pública se enfocó en él. Su nombramiento como gerente general fue una noticia de primera plana en Gran Bretaña: los ingleses no necesitaban que nadie les convenciese de que no había organización más importante que Día D, S. A. para una pelea con éxito contra los alemanes. Y además, el propio Eisenhower era un líder nato. Era franco sobre las dificultades a las que se enfrentaba la organización, aunque siempre se mantenía optimista. Dejó que su pasión por el proyecto se hiciese patente: nadie dudó ni por un segundo de que lo que pretendía era vencer totalmente a los alemanes. Y, aunque sea difícil de creer en nuestra época moderna de periodismo manipulador, Ike confió en la prensa, refiriéndose a ellos como «casi miembros de mi personal».[5]

Había un importante elemento más en el exitoso plan de relaciones públicas de Eisenhower: la falta de ego. No malgastó el tiempo ensalzándose a sí mismo. Ike estaba consagrado a la derrota de su rival, y creía que la única forma de conseguirlo era con la organización de los Aliados. Sabía que cuando llegase el propio Día D, los estadounidenses no serían los únicos en entrar en territorio alemán. El éxito dependía por completo de los Aliados, por eso Ike utilizaba a la prensa para promover la unidad aliada. La prensa no se cansaba de publicar artículos sobre él, y casi todos ellos tenía un punto de vista positivo sobre los Aliados, porque eso era lo que quería Eisenhower.

El compromiso de Ike con los Aliados era algo más que una relación inteligente con la prensa, y de igual manera su optimismo era algo que llegaba hasta lo más profundo de su ser. Cuando trataba con la prensa, cuando hablaba en un acto público o cuando dirigía a su personal, rezumaba confianza en el triunfo final de Día D, S. A. Cuando se quejaba de algo (y tenía muchas razones para quejarse), siempre ofrecía críticas precisas y constructivas, y a menudo acompañadas de soluciones alternativas. Evitó sonar derrotista o deprimido ante los demás, a excepción de un círculo muy pequeño de amigos cercanos y familiares. Teniendo en cuenta la presión a la que estaba sometido, los recursos mínimos y los plazos ajustados a los que se enfrentaba Eisenhower, habría sido comprensible que de vez en cuando se hubiera mostrado preocupado. Sin embargo, a exepción del pequeño grupo mencionado más arriba, siempre se mostraba tranquilo y calmado. Y exhortó a todos los que trabajaban para él a mostrar la misma actitud ante el mundo. El éxito vendría, en gran parte, de mano de la actitud, y Ike sabía que esa buena actitud debía irradiar desde su posición.

## MANEJA Y MOTIVA A TU GENTE

- **Las palabras no bastan: actúa**. Si no te gusta algo, cámbialo. No esperes a que otra persona lo haga por ti. Si quieres llevar algo a cabo, o si quieres que tu equipo ejecutivo se comporte de una manera particular, muéstrales a lo que te refieres.

En los primeros meses del mandato de Eisenhower su buena actitud y su energía tomaron el control, y la organización comenzó a actuar a su manera. En agosto, después de intentarlo durante meses, Ike finalmente cerró el nombramiento más importante para su plantilla: el general de brigada Walter Bedell Smith, conocido por casi todo el mundo como *Beetle* (un juego de palabras con su segundo nombre).

Beetle Smith era el secretario del jefe del Departamento de Guerra en Washington, pero Ike sabía que era el hombre perfecto para desempeñar el cargo de jefe del Estado Mayor de Día D, S. A. Beetle podía ser el hombre del «No» de Ike; y tenía un profundo conocimiento de los detalles de la organización, y de los principales problemas a los que esta se enfrentaba. Su cualidad más importante, posiblemente, era su dureza (la cual se convirtió en leyenda en toda la organización aliada de Europa). Ike lo describió como «fuerte de carácter y brusco por instinto».[6]

## MANEJA A TU GENTE

- **Consigue que la persona idónea trabaje para ti**. ¿Realmente esto necesita una explicación?

Una vez que Beetle Smith se convirtió en jefe del Estado Mayor, Ike tuvo libertad para dirigir la organización en lo estratégico. Su labor de equipo era tan beneficiosa que Beetle permaneció en el cargo de jefe de Estado Mayor durante toda la guerra.

Por muy problemáticos que fuesen en los comienzos, algunos de los problemas de falta de personal de Ike palidecían en comparación con el problema de los recursos humanos. Cuando llegó, en junio de 1942, su personal contaba con menos de cincuenta mil efectivos. Pero los planes de Día D, S. A. requerían un aumento radical del personal:

en el momento en que los aliados iniciaron Overlord, programada para tener lugar doce meses más tarde, la plantilla contaría con tres millones de personas. Algo más de la mitad eran estadounidenses; y casi todos los demás eran británicos o canadienses. También había australianos y una cantidad considerable de contingentes no anglo-parlantes de Bélgica, Checoslovaquia, Francia, Noruega y Polonia.[7] El personal al completo tenía que permanecer sobre el terreno, obligando así a los aliados a hacer frente a una enorme demanda de alojamiento, alimentación y servicios médicos, a la vez que tenían dificultades con el equipamiento. La cadena de suministros y el control de inventario necesarios para alimentar, vestir y equipar a esa fuerza de millones de hombres era un gigantesco desafío ya de por sí.

Sin embargo, el principal problema era la formación.

## MOTIVA A TU GENTE

- **Mantén una actitud positiva**. Sé franco, pero mantén una actitud positiva. Si necesitas desahogarte, hazlo en privado.

Las tropas estadounidenses de Ike tenían una formación básica cuando llegaron a Inglaterra. Sin embargo, los multiculturales y plurilingües Aliados tenían que aprender a trabajar juntos, y la misión requería muchas funciones específicas que, en el momento de reunirse en Inglaterra, esta plantilla nueva, en su mayoría, no poseía.

Ike exigió formación y práctica, y más formación y más práctica, y ensayos a gran escala. Era muy consciente de que una formación inadecuada daría lugar a la pérdida masiva de vidas, algo mucho más abrumador que una pérdida de ventas. Ike sabía que solamente estando debidamente formados, su personal sería capaz de estar a la altura de tamaño reto. No había sustituto para la experiencia; un entrenamiento intensivo era lo siguiente mejor.

## ¿CUÁN IMPORTANTE ES LA FORMACIÓN?

En el año 2000, los gerentes de la compañía Best Buy se dieron cuenta de que estaban perdiendo clientes debido a que sus vendedores no podían hacer su trabajo correctamente; eran incapaces de explicar las características de los productos que estaban a la venta.

Según un artículo publicado en Forbes.com el 12 de diciembre de 2005, la solución para aumentar las ventas era la formación de los nuevos vendedores. En el momento en que apareció el artículo en la página web de Forbes, Best Buy gastaba más en formación de empleados que cualquier otro minorista.

Best Buy estableció deberes y formación por Internet, y el personal de ventas tuvo que superar exámenes. Sin embargo, así como Ike sabía que el entrenamiento no era sustituto del combate, Best Buy se dio cuenta de que la única manera de darle a una persona experiencia en ventas era ponerla directamente a trabajar en la planta de ventas. Los vendedores novatos aprendían mirando a sus colegas más experimentados hasta que estaban preparados para lanzarse ante los clientes. Además, había sesiones mensuales de formación para mantener a todo el mundo al día.

Entre el año 2000 y el 2005 las ventas de Best Buy crecieron un promedio del diecisiete por ciento. En 2005 generó 897,000 dólares en ventas por empleado frente a los 235,000 dólares de la competidora Circuit City. Durante el periodo 2000-2005, las acciones de Best Buy subieron un doscientos quince por ciento frente al ciento veintidós por ciento de Circuit City, y S&P 500 disminuyó un once por ciento.

Los asuntos cotidianos de la puesta en marcha de Día D, S. A., aunque eran grandes desafíos, no eran los únicos problemas a gran escala de Eisenhower. Desde el momento en que comenzó como gerente general, se vio involucrado en un debate estratégico con la cúpula de su organización matriz. La única cuestión en la que FDR, Churchill, Stalin y los jefes militares de alto rango de los Aliados coincidían era en su determinación de derrotar a Alemania.

Y ahí residía el problema. La junta directiva de Ike discutía amargamente sobre qué estrategia lograría su objetivo. Con un plazo de doce meses cerniéndose sobre él, es difícil imaginar que Eisenhower no quisiera un mapa estratégico: pautas que pudiese utilizar para organizar Día D, S. A. de tal forma que cumpliese su propósito dentro de las estrategias a gran escala que su junta debatía.

Churchill desempeñaba la función de jefe de los directores independientes en la junta de Ike. Winston Churchill era el primer ministro de Inglaterra y poseía un largo e impresionante historial: fue combatiente en la Guerra de los Bóers en Sudáfrica a finales del siglo XIX, ministro en el gobierno británico durante la Primera Guerra Mundial, miembro del parlamento durante décadas, y un escritor y orador de éxito. No existe nadie igual a Churchill en las empresas estadounidenses modernas; sería como si alguien hubiese tenido éxito en las más altas esferas de varias corporaciones, escribiendo a la vez una docena de crónicas premiadas y de *best sellers*, redactando un gran número de artículos para revistas y periódicos, y estando a la vez en constante demanda como orador bien remunerado, a la par de ex presidente de Estados Unidos. Mientras era miembro del gabinete de la Primera Guerra Mundial, Churchill fue uno de los hombres responsables de la trágica invasión de Gallipoli (probablemente asumió mucha más culpa de la que le correspondía), y ya como primer ministro, en 1940 supervisó la retirada de Dunkerque: todo lo contrario al Día D. Estaba mucho más familiarizado con las dificultades a las que se enfrentaba Eisenhower y Día D, S. A. que cualquier otro líder de la Segunda Guerra Mundial.

Dado que Churchill se encontraba en Londres, a menudo enganchaba a Ike para tener discusiones cara a cara con él, y había que reconocer que era una persona apasionada. Estaba absolutamente convencido de que una invasión del norte de Francia (entrando en competencia directa con los alemanes por un territorio que ellos controlaban) era un plan destinado al fracaso. «Cuando pienso en las playas de Normandía colmadas de la flor de la juventud estadounidense y británica, y cuando, en mi imaginación, veo las mareas volviéndose rojas con su sangre», le dijo directamente Churchill a Ike, «Tengo mis dudas... Tengo mis dudas».[8]

Josef Stalin, otra formidable presencia en la junta de Ike, quería la confrontación directa con Alemania, y la quería de inmediato. Los alemanes y los rusos estaban enfrascados en una lucha colosal en el corazón del territorio soviético, combatiendo a lo largo de miles de kilómetros de territorio, con ocho millones de tropas combinadas peleando por el control. Stalin quería que sus aliados estadounidenses y británicos aliviasen la presión lo antes posible. También sabía que a Churchill no le gustaba la idea del norte de Francia y quería entrar por los Balcanes, probablemente para establecer una posición más favorecedora para los soviéticos después de que Alemania fuese derrotada. (Stalin tenía razón en esa valoración: Churchill estaba concentrado en derrotar a los alemanes a corto plazo, pero opinaba que la Unión Soviética iba a ser su próximo adversario y estaba convencido de que se podía derrotar a los alemanes de una manera que maximizase la posición preferente de Inglaterra y de Estados Unidos contra la Unión Soviética después de la guerra. Algo parecido a un jugador de billar que mete una bola de tal forma que se deja preparado su siguiente tiro.)

Stalin era tan duro como Churchill. Después de todo, Soviet, S. A. fue la única en competencia directa por el territorio con los alemanes. Sus tropas estaban sufriendo enormes pérdidas, por eso Stalin tenía un desagradable historial de relaciones con sus subordinados. Antes del estallido de la guerra, hizo matar a muchos oficiales de alto rango del Ejército Rojo, asegurando su puesto como gerente general y jefe de la junta directiva de Soviet, S. A., pero también aniquilando grandes recursos de personal experimentado, bien entrenado y con estudios superiores. (Nota a gerentes generales contemporáneos: nunca es una buena idea matar a tus directores administrativos, no importa lo mucho que discrepes o lo mucho que te sientas amenazado por ellos.)

Los demás miembros de la junta de Eisenhower eran generales en jefe de los servicios armados estadounidense y británico, todos ellos más veteranos que Ike y muchos de ellos con experiencia en combate en la Primera Guerra Mundial. La experiencia en combate era el sine qua non de las organizaciones militares, y Ike no la tenía. Incluso con el ascenso que había recibido cuando se hizo cargo de Día D, S. A., aún se le veía como un empleado del cuerpo administrativo superior, pero no como un verdadero gerente general. Este grupo de hombres experimentados y poderosos fue un obstáculo insalvable para Ike mientras buscaba la dirección estratégica de su junta. Como todos esperaban, se convirtió en el presidente de la junta directiva, la única persona que decidiría al final la misión de Día D, S. A. El último gran jugador en la junta de Ike era el más poderoso y, a la vez, el más difícil de entender: Franklin D. Roosevelt. Llamarlo complejo sería una subestimación. Churchill dijo una vez de Rusia: «Es un acertijo envuelto en un misterio dentro de un enigma», y podría haber estado describiendo a Roosevelt.

Franklin D. Roosevelt (FDR) era una contradicción viviente. A cargo de la organización más poderosa del planeta, los EUA, era extremadamente reacio a participar en la contienda, aun cuando había reconocido a sus amigos íntimos que la entrada de EUA en la guerra era inevitable. Estados Unidos era una organización contra la que nadie quería luchar a principios de 1940. Muchos documentos históricos muestran que los altos cargos, tanto de los alemanes como de los japoneses, sabían que una vez Estados Unidos entrase en lucha directa con ellos no habría forma de vencer su enorme superioridad en recursos, mano de obra y destreza de fabricación.

Churchill y Stalin también eran conscientes de que el poder industrial de Estados Unidos era crucial. Churchill admitió en sus memorias que cuando se enteró del ataque a Pearl Harbor supo que los aliados derrotarían a los alemanes.

Sin embargo, a pesar de todo este poder, FDR no eligió el momento ni el lugar para entrar en la contienda mundial: permitió que los acontecimientos dictasen las condiciones de entrada. ¿Por qué? Porque él era el agente experto en marketing. Conocía la mentalidad de su electorado, y sabía que tendrían que ser arrastrados a la contienda. Tuvo la paciencia de esperar a que los acontecimientos llegasen a él. También poseía la picardía necesaria para hacerse esperar el tiempo suficiente. FDR hizo muchos comentarios y promesas de campaña diciendo que Estados Unidos no se vería involucrado en una contienda directa con Alemania, a pesar de que sabía perfectamente que, tarde o temprano, la contienda tendría lugar.

Roosevelt poseía unas asombrosas reservas de fuerza: cuando tenía treinta y nueve años la polio le dejó paralizado. Sin embargo, nunca dejó de intentar caminar, se convirtió en el gobernador de Nueva York y después en presidente de Estados Unidos. Es la única persona minusválida que se ha sentado nunca en la Casa Blanca. Durante las últimas décadas de su vida, este fantástico triunfo sobre la adversidad de la polio se mantuvo en secreto.[9]

FDR era un comunicador nato. Y también un gran no comunicador. Fue el primer ejecutivo en comprender la tecnología moderna de las comunicaciones, explotando con habilidad las posibilidades de la radio para eludir tanto a los medios de comunicación tradicionales como al Congreso, y hablar directamente a su electorado, el equivalente de sus accionistas. Y era extraordinario negociando con gente cara a cara. El periodista John Gunther describió una de las primeras ruedas de prensa de Roosevelt:

Los rasgos del Sr. Roosevelt expresaron asombro, curiosidad, simpatía, determinación, alegría, dignidad y un encanto incomparable. Sin embargo, no dijo casi nada. Evitó, eludió y diluyó las preguntas. Las respuestas, cuando llegaban, eran concisas y directas. Sin embargo, nunca conocí a nadie tan capaz de esquivar las preguntas directas a la vez que conseguía dejar a su interrogador con la sensación de que le había respondido a todas ellas.[10]

FDR evitó las respuestas directas y dejó a la gente satisfecha, empleando este talento con todo el mundo: políticos, estadistas, almirantes y generales. Muchos de los que hablaron con el presidente abandonaron su presencia creyendo que habían recibido la respuesta o el permiso que necesitaban, sólo para darse cuenta más tarde de que Roosevelt no había hecho tal compromiso.

Este hombre contradictorio era la clave para la disputa sobre la misión de Día D, S. A. Churchill tenía miedo de las consecuencias del fracaso: ya sobrevivió a algo similar en Gallipoli y Dunkerque. Stalin estaba desesperado por recibir una ayuda que sólo Estados Unidos podía suministrarle. FDR era el voto final y decisivo, ya que Estados Unidos aportaría la mayor parte del personal para Día D, S. A., así como la amplia mayoría del soporte logístico (manufactura y distribución de barcos, aviones, camiones, tanques y jeeps), y la abrumadora mayoría de los suministros (todo, desde munición y uniformes hasta comida y cigarrillos).

Roosevelt era comprensivo con las preocupaciones de sus directores principales: Churchill y los británicos habían combatido con los alemanes asimilando bajas durante más tiempo que nadie. Pero para 1942 los rusos estaban haciendo la mayor parte del trabajo duro de la contienda, agotando a las tropas y los recursos alemanes a una escala inimaginable. Además de estas preocupaciones sobre la contienda, Roosevelt tenía dos propias: 1) Día D, S. A. no tenía apenas experiencia en este tipo de lucha. El equipo ejecutivo que Ike estaba organizando nunca se había ocupado de un proyecto a semejante escala, y la plantilla (la mayoría estadounidense en todo caso) no se había enfrentado nunca a una organización como su competidora alemana. 2) Además, los dos hombres más importantes para las operaciones de Día D, S. A., Eisenhower y George C. Marshall, el gerente general de la Armada y un miembro de la junta de Día D, S. A., estaban convencidos de que la única forma de vencer a los alemanes era mediante la Operación Overlord; cualquier otra operación prolongaría la contienda e incrementaría las pérdidas aliadas. Era difícil hacer caso omiso de su opinión.

La solución de Roosevelt era tan simple y brillante como la de Alejandro Magno al cortar el nudo gordiano. No complació a nadie. Su solución:

- Día D, S. A. invadiría el norte de África, dando a la organización la oportunidad de practicar contra un rival menor (los estadounidenses competirían con los italianos en África antes de enfrentarse a los alemanes). Este proyecto se denominó Operación Torch.
- Si la contienda entre los rusos y los alemanes daba un giro negativo, los estadounidenses iniciarían una misión «suicida» en Francia para aliviar la presión.
- Día D, S. A. seguiría preparándose para el proyecto del norte de Francia.

FDR consideró que entrando en el norte de África reducía la posibilidad de fracaso (apaciguando las preocupaciones de Churchill); así dio a Día D, S. A. una oportunidad para ganar experiencia (aliviando sus propias preocupaciones), creó la oportunidad de vincularse con las operaciones británicas en el norte de África (una concesión para Churchill), y, sobre todo, FDR pudo afirmar que abría un segundo teatro de operaciones para aliviar la presión sobre los rusos (una concesión para Stalin). El arreglo de Roosevelt funcionó. Los jugadores principales no estaban completamente satisfechos, pero tampoco completamente frustrados.

Ike, el hombre que tenía que hacer todo esto posible, odiaba aquel arreglo. Pensaba que el 22 de julio de 1942, el día en que se tomó la decisión, debía pasar a llamarse «el día más negro de la historia».[11] Estaba convencido de que luchar en el norte de África, en la Operación Torch, conllevaría una tarea aun más larga y agotadora para Día D, S. A., y también que las pérdidas se medirían en un total más numeroso de muertes.

Pero la junta había tomado su decisión.

# DOS

# ENCIENDE LA «ANTORCHA»

Establece prioridades para lidiar con la presión

Ike se puso en marcha enseguida. Su junta directiva le demandó un plazo de preparación excesivamente corto para la Operación Torch (Antorcha): se esperaba que Ike iniciase la operación en dos meses, en septiembre de 1942. Torch era un proyecto de menor escala que Overlord, pero aun así era el más grande de su categoría en la historia universal. Requería una nueva estrategia, porque mucho de su personal vendría directamente del otro lado del Atlántico, presentándose justo en el momento en que el proyecto comenzase.

El plazo de doce meses para Overlord *no* se iba a ampliar. A la vez que ejecutaba Torch, también se esperaba de él que continuase planificando el lanzamiento de Overlord. La presión sobre Eisenhower había aumentado drásticamente. Ahora estaba a cargo de dos proyectos cuya escala sobrepasaba todo lo que se hubiese hecho anteriormente, con plazos reducidos y utilizando un método que nunca se había intentado antes.

Pero eso era lo que la junta de Día D, S. A. había ordenado. Ike debía tener éxito. De lo contrario…

Casi inmediatamente, los aliados británicos de Eisenhower presionaron para agrandar la operación (casi doblando el personal involucrado) y para aumentar el alcance del proyecto con tres puntos de desembarco separados en lugar de uno solo. Hablando del efecto lavadero: en lugar de tomar el norte de África francés, los británicos querían que la Operación Torch eliminase completamente la competencia alemana de África, lo que significaba un barrido completo desde la costa atlántica en el oeste hasta Egipto en el este. Los jefes estadounidenses de Ike aceptaron de inmediato las propuestas británicas. Michael Korda escribió:

> Nadie más en las fuerzas armadas de EUA [...] tuvo que estar al mando de nada tan ambicioso ni de mayor envergadura que esto, ni tan independiente, ni con tantos espinosos problemas diplomáticos y políticos. [...] Desde Foch,* en el momento de máxima crisis de la Primera Guerra Mundial, las fuerzas aliadas no habían depositado tanto poder en las manos de un solo hombre.[1]

Stephen Ambrose lo expresó en una forma más simple: «Este incremento del campo de acción convirtió las responsabilidades de Eisenhower en algo demasiado grande para ser abarcado por un solo hombre».[2] La solución de Ike era simple: delegar.

Eisenhower nombró al general de división Russell P. Hartle como su comandante delegado para Europa, y al general de división Mark W. Clark como su delegado para la Operación Torch. Cada hombre asumía la responsabilidad de la planificación en su área. Ike confiaba en ellos completamente y ambos sacaron adelante sus proyectos.

Es fácil decir que todo lo que Ike tenía que hacer era delegar, pero recuerda la presión bajo la que lo hizo. El precio del fracaso era el incremento del número de víctimas mortales. Una vez evaluadas sus responsabilidades, se dio cuenta de que no podría abarcarlas él solo. Y delegó, lo cual requirió una increíble falta de ego de su parte. Muchos de los altos cargos en los ejércitos estadounidense y británico tenían

---

* El mariscal Ferdinand Foch fue nombrado comandante supremo de todas las fuerzas aliadas en 1918, ya avanzada la Primera Guerra Mundial.

más antigüedad en servicio, mayor rango y más experiencia en combate que Eisenhower.* Mark Clark, su delegado para Torch, alcanzó el rango de general de división antes que Ike. George Patton, que se convertiría en uno de sus ejecutivos de primera línea para Torch (y más tarde para las operaciones de Sicilia y Francia), era mayor, llevaba más tiempo en el Ejército y, hasta 1942, tenía mayor rango que Eisenhower. Charles W. Rayder, otro de los generales estadounidenses en la Operación Torch, era un condecorado héroe de combate de la Primera Guerra Mundial. Pero como escribió Korda, «Ike era al que menos le preocupaban los rangos de todos los generales. Esto facilitó su tarea. […] Su sinceridad, su amor por el detalle y su falta de ceremonia hacían que fuese difícil, incluso imposible, decirle que no, lo que le permitió reunir con rapidez un equipo cuyos miembros puede que discutiesen e intentasen imponerse los unos a los otros, pero raramente, si no nunca, con Ike».[3]

Eisenhower no permitía que la lista de éxitos de los demás le abrumase, por eso confiaba en que los hombres de su equipo estuviesen tan entregados a la misión de Día D, S. A. como él y que dejasen de lado sus egos para poner manos a la obra. La mayor parte de las veces, el enfoque de Ike funcionaba muy bien, y lo siguió utilizando a lo largo de la existencia de Día D, S. A.

A la vez que conformaba un equipo de alto nivel, Eisenhower tenía que reunir al personal del Cuartel General de las Fuerzas Aliadas (AFHQ por sus siglas en inglés; el Ejército siempre ha sido tan aficionado a los acrónimos como cualquier otra corporación). Ike decidió usar el sistema militar estadounidense, con secciones de empleados designados como G-1 (personal), G-2 (inteligencia), G-3 (operaciones y entrenamiento), G-4 (logística), G-5 (asuntos civiles). Ike estaba

---

\* Eisenhower había pasado la Primera Guerra Mundial al mando de unidades de entrenamiento en Estados Unidos. La guerra terminó cuando su exclusivo comando entrenado para el combate estaba a punto de zarpar para Europa. Muchos altos comandantes británicos tenían experiencia en combates tanto en la Primera como en la Segunda Guerra Mundial, ya que los británicos llevaban luchando casi tres años cuando Ike se convirtió en gerente general de Día D.

convencido de que el camino al éxito pasaba por una organización aliada, así que equilibró la plantilla, asegurándose de que cada jefe de sección fuese de diferente nacionalidad de la del delegado de sección. Y por debajo del nivel de jefe de sección y del delegado, las secciones estaban igualmente equilibradas entre el personal británico y el estadounidense.

La Operación Torch debía iniciarse apresuradamente, sólo dos meses después de la fecha en que se tomó la decisión, el 22 de julio de 1942. Eisenhower tuvo que actuar deprisa y nombrar a los ejecutivos que liderarían los recursos humanos de primera línea. Esto era el equivalente a designar un gerente regional para dirigir tu negocio; dentro de su área, cada ejecutivo tenía mucho poder y autonomía, cada hombre o mujer era decisivo para el éxito de esta región.

## MANEJA Y MOTIVA A TU GENTE

- **No reinventes la rueda**. El sistema de empleados de la Armada de los EUA lleva siendo efectivo mucho tiempo, y Ike sabía cómo hacerlo funcionar.
- **Ajusta el personal a la misión**. Ike estaba convencido de que sólo una auténtica fuerza aliada podía tener éxito en desplazar a la competencia alemana. Su organización era un reflejo de ello.
- **Delega**. No puedes controlarlo todo. Por mucho que creas que eres la única persona que puede hacer el trabajo: no lo eres.
- **Deja tu ego a un lado**. Es un cliché, pero si pretendes liderar un equipo, tienes que ser tú también un miembro del equipo. Si das ejemplo con esa clase de comportamiento, tus compañeros de equipo te imitarán.

Ike necesitaba comandantes de infantería para Torch. Escogió a George S. Patton hijo para dirigir las fuerzas estadounidenses. Ambrose dijo: «Patton era considerado por muchos como un oficial que causaba más dolores de cabeza de los que se merecía».[4] Pero Ike supo mirar a través del personaje melodramático de Patton: «Muchos hombres que creían conocerle bien nunca penetraron en la coraza de teatralidad con la que se cubría constante y cuidadosamente. Pero, en esencia, era un sagaz comandante de guerra».[5]

Sir Kenneth A. N. Anderson encabezaría las fuerzas británicas. Ike, describiendo a Anderson más tarde, dijo: «El general Anderson era un valiente escocés, dedicado al deber y absolutamente abnegado. Honesto y directo, era contundente, a veces hasta el punto de resultar rudo. [...] No era un tipo popular, pero realmente yo respetaba su corazón luchador».[6]

Los ejecutivos elegidos por Ike para la Marina y la Fuerza Aérea mantenían el equilibrio aliado. El líder de las fuerzas navales era Sir Andrew B. Cunningham, un hombre que impresionó tanto a Eisenhower que, según evolucionaba Día D, S. A., Ike elogiaría a otra persona describiéndolo como «casi tan bueno como Cunningham».[7] Las fuerzas aéreas estaban divididas entre el este y el oeste, siendo el «director regional» del este el británico Sir William L. Welsh y el director del oeste el estadounidense James H. Doolittle, ganador de la medalla de honor por planificar y liderar el arriesgado ataque aéreo sobre Tokio en abril de 1942.

Al mismo tiempo que se creaba la estructura organizativa y se instauraba el equipo de altos cargos, Eisenhower y sus ejecutivos se concentraron en los planes operacionales para la Operación Torch. La logística en Estados Unidos atrasó la fecha de inicio de Torch al 7 de noviembre de 1942. Era lo más pronto que la Armada de EUA podía disponer de barcos suficientes al otro lado del Atlántico para efectuar los desembarcos de Casablanca. Aquel tiempo extra debía invertirse en la formación de la plantilla que, hasta hace muy poco, no era más que civiles sin ninguna experiencia en los procedimientos del combate y de los asaltos anfibios, aptitudes esenciales para los empleados de Día D, S. A. El tiempo añadido también permitió a la industria de EUA suministrar más material para el desembarco (extraños barcos, además de camiones y tanques «flotantes»), que permitirían que más personal y más suministros llegaran más rápidamente al terreno de la competencia.

El hecho de que fuera a principios de noviembre también le dio al equipo de Ike más tiempo para refinar los planes para la Operación Torch. Es importante recordar que Torch era, hasta ese momento, el proyecto más grande de su clase jamás realizado, y era el primero que se había desarrollado por una organización aliada. El equipo ejecutivo de Día D, S. A. se lo iba inventando, literalmente, sobre la marcha, porque ninguno tenía experiencia en este tipo de operaciones.

Había una gran cantidad de elementos intangibles que no dejaron más remedio a los planificadores de Día D, S. A. que tener que conjeturar:

- *La calidad del personal estadounidense, que no tenía experiencia práctica.* Aunque la historia da razones para creer que los civiles se adaptaron con éxito al personal militar, no había garantías para la calidad de su rendimiento en Torch.
- *Cómo reaccionarían los franceses en el norte de África.* El territorio en el que la Operación Torch iba a tener lugar estaba en esos momentos en posesión de los franceses, no de los alemanes. Y los franceses no eran de una sola opinión. Unos franceses mantenían una difícil alianza con los alemanes, y otros deseaban fervientemente competir contra los alemanes. Nadie, ni siquiera los franceses, sabía cómo reaccionarían cuando los Aliados llegasen a su territorio.
- *La reacción de los alemanes.* Ya fuera que los franceses abriesen su territorio a los Aliados o se resistiesen y fuesen derrotados, ¿se desplazarían los alemanes en África hacia al oeste para hacerse con el control del territorio en competencia directa con los Aliados? De ser así, ¿con cuánta fuerza? ¿Qué tipo de efectivos necesitarían los Aliados para asegurar su permanencia en la región y poder plantarles cara?

Dado que el fracaso se mediría en un incremento de las bajas y que Ike y la mayor parte de sus ejecutivos estadounidenses consideraban la Operación Torch como una distracción que iba en dirección opuesta a la misión de Día D, S. A., no habría sido extraño que si Eisenhower y su equipo se hubiesen demorado a propósito para ganar tiempo con la esperanza de que la situación cambiase lo suficiente para permitirles eludir la Operación Torch. Después de todo, eso fue lo que pasó con Sledgehammer (la misión «suicida» para aliviar la presión de los rusos), y muchos ejecutivos aliados, conscientemente o no, intentaron ganar tiempo a lo largo del curso de la guerra. (Nota: las empresas estadounidenses no tienen este problema, todos sabemos que no existen los ejecutivos que intentan ganar tiempo.)

Sin embargo, Eisenhower estaba convencido de que Torch era una prueba, y la abordó con cada pizca de energía y dedicación que pudo.* Irónicamente, mientras él y su equipo trabajaban en los planes operacionales, la mayoría de ejecutivos de categorías superiores continuaban discutiendo sobre las condiciones y el propósito de Torch (piensa en ellos como los oficiales directivos de la empresa matriz de Día D, S. A.). Ike fue arrastrado a la discusión, a la que llamó «el certamen transatlántico de debates»[8] con memoranda volando de acá para allá entre Washington y Londres. Sin embargo, Eisenhower y su equipo tenían que continuar las planificaciones, a pesar de que sus superiores no dejasen de cambiar la naturaleza y los objetivos de la operación.

El último reto relativo a Torch que le quedaba por superar a Ike le resultará familiar a cualquier gerente general que haya tenido alguna vez la sensación de que su junta estaba espiándole por encima del

---

* Este tipo de compromiso no era exclusivo de los Aliados. El legendario Zorro del Desierto de Alemania, Erwin Rommel, era el ejecutivo encargado de defender Normandía contra Día D, S. A. Rommel tenía sus dudas sobre su misión, convencido de que no le habían dado el tiempo necesario ni los recursos adecuados. Hizo todo lo que pudo, no obstante, y los estadounidenses que desembarcaron en la playa de Omaha pueden confirmar la calidad del trabajo de Rommel. En el Pacífico, Isokoru Yamamoto no quería bajo ningún concepto que Japón entrase en un enfrentamiento directo con Estados Unidos, pero cuando su junta directiva, el gabinete de guerra Imperial de Japón, ordenó enfrentarse, él propuso el ataque a Pearl Harbor, que casi derrota a Estados Unidos de un solo golpe.

hombro, observando todos sus movimientos. Winston Churchill le dejó muy claro a Eisenhower que quería que Torch se desarrollase lo más pronto posible, y que fuese una operación lo más grande posible. ¿Por qué? Porque Churchill y FDR quedaron en que Churchill iría a hablar con otro miembro de la junta de Ike, Josef Stalin, e intentaría lisonjearle con las noticias relativas a Torch. Recuerda, mantener a Stalin y a los soviéticos en combate con los alemanes en Europa del Este era tan importante para los Aliados que estuvieron de acuerdo en organizar un proyecto suicida, Sledgehammer, si era necesario. Ahora Churchill ofrecía a Stalin la Operación Torch, y el primer ministro británico quería que pareciese un regalo realmente impresionante.

Con todos los imprevistos, con objetivos en continuo cambio y con mucha presión desde la junta directiva, Ike y su equipo aún tenían que hacer planes o la operación, cuando finalmente tomase forma, no daría resultados. ¿Cómo se las arreglaron para realizar semejante muestra de prestidigitación?

Establecieron metas y calcularon cómo podrían alcanzarlas. Si la empresa matriz o la junta ordenaban cambios, el equipo establecía nuevas metas y revisaba o creaba nueva metodología para alcanzarlas. Con todo lo frustrante que era aquel certámen transatlántico de debates, Ike y su equipo aún permanecieron enzarzados en él mientras continuaban adelante con el proyecto en medio de su continuo torrente de cambios. Cuando consideraban los posibles imprevistos, trataban de reunir la máxima información disponible para aventurar conjeturas mas o menos certeras e intentar crear un margen de seguridad en caso de que el imprevisto girase en una dirección diferente y negativa. Eisenhower y su equipo aceptaron que había enormes riesgos implícitos. Entendieron que no importaba lo cuidadosos que fuesen ni lo bien que anticipasen el curso de la Operación Torch, era posible que aun así el proyecto fallara. Una de las realidades de la competición es que puedes perder tan fácilmente como ganar. Para evitar la parálisis, los ejecutivos de Día D, S. A. aceptaron los riesgos. La otra opción, la inactividad, era lo mismo que fallar, y era inaceptable.

## DEFINE TU OBJETIVO

- **Fija metas**. Pero no en cemento.

## PLANIFICA PARA EL ÉXITO

- **El cambio es inevitable**. Más vale que te hagas a la idea.
- **Acepta el riesgo**. También es inevitable. Acéptalo y estate preparado.

Estrictamente relacionado con el problema de la junta directiva vigilante está el hecho de que las juntas no están siempre de acuerdo. Los gerentes generales suelen recibir mensajes contradictorios de sus directores. Lo mismo se aplica a los ejecutivos de bajo rango que se ven muchas veces intentando descifrar instrucciones contradictorias de diferentes directivos, y en ocasiones de miembros de la junta. La Armada de EUA, cuyo representante en la junta de Día D, S. A. era el almirante Ernest King, se tomó a mal la estrategia de los Aliados de «Europa primero» y quería concentrar sus esfuerzos en el Pacífico. George Marshall, el jefe de la Armada de EUA, estaba de acuerdo con la estrategia de «Europa primero», y estaba convencido de que la única vía hacia al éxito pasaba por el norte de Francia.

Churchill y la mayoría de los oficiales británicos estaban de acuerdo con la estrategia de «Europa primero», pero aborrecían la idea de la contienda directa al entrar en Francia. Querían luchar en África, Grecia o los Balcanes, o competir en el espacio aéreo sobre la misma Alemania, casi cualquier cosa antes que rivalizar contra la Wehrmacht, el ejército alemán, un personal con experiencia, bien entrenado y bien equipado que era responsable de la mayor parte del éxito de Alemania.

Stalin estaba en desacuerdo con los británicos y opinaba como Marshall; necesitaba un respiro en su contienda con Alemania y consideraba que la única forma de conseguirlo era el combate directo con las fuerzas alemanas en el norte de Francia.

Roosevelt, siendo como era, se mantuvo a la espera y aguardó para presionar en la dirección que él quería (y la que pensó que sería aceptable para la mayoría de los jugadores implicados) cuando consideró que podía imponer su visión.

La solución de Ike al problema de los mensajes contradictorios que venían desde arriba es útil para cualquier ejecutivo en la misma situación. Utilizó la solución del «viento dominante».

En la película *Casablanca*, el capitán Renault, interpretado por Claude Rains, es un «pobre oficial corrupto». Aparentemente a cargo del cumplimiento de la ley de la ciudad de Casablanca, el capitán Renault recibe órdenes del gobierno francés de Vichy, sustenta a los nazis locales, es molestado por los vecinos italianos (que ocuparon Libia), es atormentado por la Francia Libre (la resistencia antinazi), mientras es asaltado por enjambres de refugiados que suplican por una forma de escapar de los nazis. Renault está en medio de un constante y abrumador fluir de mensajes contradictorios. Y aun así, siempre parece estar tranquilo y sereno. Cuando le preguntan sobre sus convicciones políticas personales, Renault responde: «No tengo convicciones… me dejo llevar por el viento, y el viento predominante resulta soplar desde Vichy».[9] El capitán arrastra la voz, indicando que no tiene absolutamente ninguna convicción política.

Al contrario que Renault, Ike tenía unas convicciones muy fuertes. Sin embargo, como le ocurría al ficticio francés, fuerzas más poderosas que Eisenhower demandaban diferentes cosas de él. Ike permanecía tranquilo y esperaba para detectar el viento predominante. Afortunadamente, se hizo evidente desde muy temprano que el viento no soplaba ni desde los departamentos de guerra ni de la Armada, ni desde el 10 de Downing Street ni desde el Kremlin. Durante todo el tiempo que Ike fue gerente general de Día D, S. A., el viento predominante sopló únicamente desde la Casa Blanca.

A menudo, en el curso de su carrera en Día D, S. A., Ike discerniría lo que «ese hombre en la Casa Blanca»[10] quería, y se movería en esa dirección. Cuando no estaba seguro de la visión de FDR, Eisenhower sostenía firmemente sus opiniones, aunque siempre permitía dar su opinión a los que no estaban de acuerdo con él. Se mantenía abierto al diálogo hasta que Roosevelt dejaba claro lo que quería.

## PLANIFICA PARA TENER ÉXITO

- **Encuentra la visión predominante**. Siempre hay una opinión que tiene más peso que todas las demás. Encuéntrala.
- **¿Qué pasa si la visión predominante está equivocada?** Haz lo que puedas para cambiarla. Pero si no eres capaz de persuadir a tus superiores para que la cambien, sigue su visión con todo lo que tengas.
- **¿Qué pasa si no puedes encontrar la visión predominante?** Involucra a los demás en un proceso abierto mientras sigues buscándola.

Torch se ejecutó porque, desde el punto de vista de la junta, se hizo evidente que, de entre todas las opciones, aquella era la que FDR quería. Más tarde, los Aliados no lanzarían ningún tipo de iniciativa en los Balcanes porque FDR no la aprobaría. Y la Operación Overlord, el enorme movimiento de ataque contra el norte de Francia, ocurrió porque Roosevelt finalmente convino con Marshall, Ike y Stalin en que era la única forma de librar a Europa de los alemanes.

Otra de las cuestiones que ocupaban a los responsables de Torch conlleva para nosotros un escrutinio estudio detallado de nuestro actual mercado global: los ambientes políticos en los que operan las corporaciones. Como mencionamos en la lista de elementos intagibles más arriba, los Aliados estaban a punto de competir en territorio francés en el norte de África, concretamente Marruecos y Argelia. Se adentraban en una situación incierta. El territorio se consideraba Francia Desocupada, una entidad pseudo-independiente que hacía lo que el gobierno de Vichy en París le decía. Y Vichy hacía lo que le decían sus amos alemanes. También había un numeroso grupo en la Francia Libre que quería que los territorios africanos fuesen independientes de los alemanes.

Para hacerlo más complicado, la Francia Libre estaba dividida en dos grupos: 1) los que simpatizaban con Charles de Gaulle (principalmente, de Gaulle mismo y la mayoría de los británicos) y 2) los que simpatizaban con cualquiera menos con de Gaulle (muchos de sus compañeros franceses y Franklin Roosevelt). Asumiendo (y deseando fervientemente) que la mayoría de franceses en África abandonarían Vichy como si de una patata caliente se tratase en el momento en que los Aliados llegasen, Día D, S. A. iba a necesitar un líder francés que hiciese el papel de hombre de paja colaborador y que atrajese a sus compatriotas al lado aliado.

Como FDR no quería tratar con de Gaulle, Ike y su equipo intentaron encontrar a alguien educado para el puesto de líder colaborador. El candidato más apropiado era el general Henri Giraud. Pero Giraud, tan arrogante como de Gaulle, exigió ser nombrado comandante supremo una vez que los Aliados terminasen el trabajo duro que era iniciar Torch. El hombre creía, sinceramente, que él era la persona ideal para tomar completo control operacional del proyecto aliado, ya que ocurría en suelo francés. Ignoraba el hecho de que toda la plantilla y el apoyo logístico del proyecto eran angloestadounidenses.

Eisenhower trató de negociar con Giraud, pero el general francés fue inflexible en cuanto a tener autoridad total sobre las fuerzas aliadas. Aquello estaba condenado al fracaso, así que Ike empezó a buscar otra persona. Se decidió por el almirante Jean Darlan, que era de lo malo lo mejor, según estimó Ike. Darlan era un hombre de Vichy, pero dejó muy claro que estaría encantado en convertirse en el líder simbólico de los franceses en Marruecos y Argelia. Eisenhower no parecía tener ninguna alternativa razonable, y aunque sospechaba que muchos de los franceses nunca perdonarían a Darlan su implicación con Vichy, lo nombró comandante francés. Resultó que Ike tenía razón. Muchos franceses, y un buen número de sus altos cargos aliados, estaban muy descontentos con la elección de Darlan.

Afortunadamente, Ike no era de esa clase de ejecutivos que se recriminan sus errores y se retractan. Al principio del proceso de búsqueda del líder francés, sabía que iba a tener que elegir el menor de los males, y habiendo hecho esto, siguió avanzando. Cuando se enfrentaba a la crítica, explicaba pacientemente las razones de su decisión, y en privado descargaba su cólera contra los que le criticaban con tanta facilidad sin disponer de toda la información relevante ni tener que aceptar la responsabilidad de la decisión.

## PRIORIZA

- **Toma tus decisiones y vive con ello**. Esto es un corolario para la lección de «aceptar el riesgo»: a veces ninguna de tus alternativas es buena. Escoge la mejor dependiendo de las circunstancias, y sigue adelante.
- **Comprométete**. No tienen por qué gustarte todos los aspectos de tu negocio. Los planes no tienen por qué ser bonitos. Sólo tienen que cumplir el cometido.

## MANEJA A TU GENTE

- **Amigos vs. Aliados.** No necesitas que te guste la gente con la que haces negocios. No son tus amigos, ni tus compañeros de juegos, ni tus amantes. No es nada personal, sólo negocios.

Otras realidades políticas empantanaban las aguas de la Operación Torch. Colindando con el territorio francés en el oeste y el sur estaba el Marruecos español, y al este la Libia italiana. España era oficialmente neutral, pero como dictadura fascista no era una fuente de consuelo para los Aliados. Italia era uno de los poderes del eje, un socio menor en las operaciones de Alemania. Era difícil prever lo activa que sería Italia en África, aparte de para defender sus propios intereses en Libia. Y, naturalmente, un gran número de tropas alemanas ya se habían desplegado en África, por ello los Aliados no podían asegurar que no cargarían hacia el oeste para apoyar el régimen de Vichy y echarles. No importa la cantidad de planes que hiciesen Ike y sus ejecutivos, ni cuánta información recopilasen, era inevitable que Día D, S. A. tuviese que descubrir la realidad sobre el terreno, literalmente.

Así como Día D, S. A. luchó por encontrar un terreno firme en el pantano político del norte de África francés, es posible que las corporaciones modernas descubran que entrar en nuevos mercados es difícil, en el mejor de los casos. Evaluar la situación y los riesgos inherentes que conlleva entrar en mercados foráneos puede ser tan duro como lo fue para Ike elegir al líder francés correcto. Por ejemplo, durante la mayor parte de los últimos cien años, el fantasma de la nacionalización se ha cernido sobre muchos países del mundo. Es fácil desestimarlo como un problema propio de naciones comunistas, como la Unión Soviética después de 1918 o como unos cuantos países del tercer mundo que afirmaban que era necesario nacionalizar empresas (habitualmente estadounidenses) para establecer sus economías.

Las democracias, no obstante, no han permanecido inmunes al cebo de la nacionalización. El Reino Unido y la Francia de los tardíos años 40 nacionalizaron las industrias del carbón, la electricidad, el gas y el transporte. (Sí, ambas estaban inclinadas al socialismo en aquella época, pero eran democracias.) Las corporaciones también deben permanecer atentas a una inversión de las tendencias. En el Reino Unido, Margaret Thatcher inició un curso de desnacionalizaciones en los 80, que creó nuevas oportunidades y, a la vez, alteraciones en el mercado.

El comunismo atacó de nuevo y fue el incitador de la nacionalización de empresas extranjeras en Cuba en 1960. La antigua xenofobia parece que fue el principal motivo de la nacionalización de las industrias de petróleo en México (finales de los años 30) e Irán (bajo el gobierno del Sha en 1951).

La nacionalización es una política muy antigua: el rey Enrique VIII de Inglaterra la empleó en 1532 para nacionalizar la Iglesia Católica Romana en Inglaterra y crear la Iglesia de Inglaterra consigo mismo a la cabeza. No fue sólo una disputa teológica; como cabeza de la iglesia, Enrique adquirió todo su dinero y bienes inmuebles, incrementando en gran medida su poder en Inglaterra.

La nacionalización sigue viva hoy en día; uno de los debates en curso sobre la intervención de EUA en la «Gran Recesión» es sobre si el gobierno nacionaliza instituciones financieras recibiendo acciones de esas compañías a cambio de fondos de rescate federales. Según la definición más literal («propiedad federal de cualquier porción de una compañía»), sí, algunas instituciones están siendo nacionalizadas.

Hay otras preocupaciones para las compañías estadounidenses que buscan operar en el extranjero. Si EUA entra en una disputa internacional con el país en el que estás operando, y si congela los otros bienes del país, ¿cobrará tu corporación? ¿Puede que el otro país te expulse, de hecho, como venganza por la actuación de EUA?

¿Y qué pasa con las compañías que tienen contratos con gobiernos extranjeros, especialmente las industrias de tecnología, defensa y energía? ¿Qué pasaría si los directivos electos de EUA (y sus colegas reguladores) deciden cerrar tu empresa extranjera para enviar un mensaje a esos gobiernos?

Como Ike y los ejecutivos de Día D, S. A., perfectamente puedes llegar a encontrarte en una situación sin opciones aceptables. Hay momentos en que todas las elecciones parecen desagradables: ¿Nunca te has sentido así al ir a votar? Pero por muy desagradables que puedan ser tus opciones, siempre hay una menos desagradable que las demás.

Para Eisenhower, encontrar un líder francés para África era la ruta preferente y el menor de los males para Torch. Designar un líder francés pro aliado en África significaba que Torch había vencido toda la resistencia encontrada al entrar en el territorio. Si Ike no podía nombrar un líder francés, significaba que la competencia de los franceses por el territorio era demasiado fuerte como para obtener tracción en África. Los informes de inteligencia de Día D, S. A. relativos al apoyo francés a los Aliados podían resultar erróneos. Las posibles pérdidas de la plantilla aliada eran asombrosas, por no mencionar la perdida de equipo y el dinero invertido. Por muy pésimas que fuesen las opciones para un líder francés en África, superaban a la otra opción: la derrota.

Eisenhower sabía que elegir a Jean Darlan produciría resultados muy dispares, y se preparó para afrontar las consecuencias frente a los franceses del lugar y frente a la junta de Día D, S. A.

Ike también se preparó para la derrota. Era la peor opción posible, pero era una posibilidad. Las fuerzas aliadas podían ser derrotadas al entrar en el norte de África francés. Era incluso posible que los Aliados fueran obligados a retroceder, buscando desesperadamente una forma de salir de ahí. Eisenhower dijo: «Los planes son inútiles, pero la planificación lo es todo».[11] Sabía que la realidad de la batalla dictaba el curso de los acontecimientos y que ni siquiera toda la planificación del mundo podría solventar todos los contratiempos de la batalla. Lo mismo se aplica a los proyectos de negocios; y, cuanto más grande, más complicado y más caro es el proyecto, más probable es que durante su desarrollo la realidad sea diferente de lo que se planeó. Cuantas más variables hay en el proyecto, más probable es que tengas que hacer variaciones.

Pero, ¿cómo lidiar con los acontecimientos imprevistos, cuando son, después de todo, imprevistos?

Necesitas un plan B. En las películas siempre se refieren a ello con dramatismo como el plan o la opción del Día del Juicio Final. A menudo implica presionar botones y provocar grandes explosiones. En el fragor de un proyecto tan inmenso como Torch, pulsar un botón no iba a servir de nada, y en tu caso lo último que quieres es que tu personal salte por los aires. Considerando las políticas del entorno local y que el despliegue de hombres y equipamiento desde el otro lado del Atlántico debía hacerse en el momento apropiado, y que aquello no se había hecho nunca antes, era más que probable que Torch se desviase de su plan. Y ese desvio podía llegar a ser catastrófico.

El plan B para Torch era simple: evacuar las tropas usando las vías del tren que recorrían el norte de África y sacar a los hombres de allí por mar desde Casablanca. Era fácil de describir, pero requería un gran número de decisiones para hacerlo posible. Los Aliados debían mantener bajo su control los puntos estratégicos de la línea ferroviaria, lo que significaba que necesitaban lanzar la Operación Torch en tres puntos diferentes a la vez: Argel, Orán y Casablanca. Un proyecto con triple origen no era algo sencillo, pero si Día D, S. A. necesitaba evacuar, debía tener acceso al ferrocarril, y eso significaba que tenían que empezar en esos tres lugares.

A veces, durante la creación de este plan B, tienes que preguntarte si el proyecto es absolutamente necesario para los fines de tu organización, porque cabe la posibilidad de que tengas que enfrentarte al fracaso. A finales de los años 50, Ford Motor Company decidió lanzar el Edsel. Estaba hecho para un sector de mercado en el que la compañía no operaba; requirió una reorganización importante de la red de distribuidores, por no mencionar los gastos de diseño, manufacturación y distribución. El Edsel se convirtió en un fracaso legendario, una catástrofe corporativa a un nivel anteriormente inimaginable, y viendo lo bien que lo estaba haciendo Ford antes y después del Edsel, es imposible argumentar que era un proyecto necesario para el propósito de la compañía. Sin embargo, como la misma familia Ford aún tenía el control de la compañía, el ejecutivo responsable del desastre, Henry Ford II, tenía a buen recaudo su puesto de trabajo.

La junta de Día D, S. A. decidió que Torch era necesario, y, afortunadamente para Ike y sus ejecutivos, nunca necesitaron el plan B. Al final, después de Torch, todo el mundo, desde la junta hasta Ike, y pasando por todos los ejecutivos de Día D, S. A., entendieron que Overlord era absolutamente esencial para el objetivo: arrebatarles el control del territorio europeo a los alemanes. Y el plan B de Overlord era muy simple: evacuar las tropas por las playas hacia los barcos que las trajeron. Representaría un horrendo revés para el objetivo último de Día D, S. A., pero permitiría a los Aliados salvar algunos de sus hombres y el equipo, diseñar nuevos planes, reforzar la tropa e intentarlo de nuevo. Overlord pasó la prueba para ser absolutamente necesario, y tenía un plan B del Día del Juicio Final factible.

Cuando los Aliados lanzaron el proyecto Market-Garden (una invasión aérea de la Holanda ocupada en septiembre de 1944, diseñada y dirigida por el Mariscal de Campo Bernard Law Montgomery), el proyecto no permitiría un plan B efectivo. Era una apuesta a todo o nada. No había una manera de evacuar al personal en caso de fracaso. El proyecto Market-Garden fracasó y las pérdidas de personal fueron muy altas. Lo peor de todo, fracasó en el test de lo «absolutamente necesario». En el fracaso de Edsel, Henry Ford se salvó del hacha metafórica porque su apellido adornaba el lateral del edificio de la empresa. El ejecutivo de Market-Garden, Montgomery, se salvó porque era el británico favorito de los Aliados, un maestro de las relaciones públicas, y Ike consideró que no existía una manera realista de degradarle o despedirle. Ike también fue culpable de autorizar el proyecto en primer lugar, y era consciente de que ignoró sus propias sospechas de que no era absolutamente necesario cuando lo autorizó.

Se verá más sobre Market-Garden adelante, pero ahora lo importante a destacar es que, en el fragor de la lucha directa, es necesario correr grandes riesgos. La palabra clave en esta frase es *necesario*. Cualquier proyecto arriesgado a gran escala tiene que pasar el test de lo *necesario, especialmente* si no hay forma de ejecutar el plan B.

# ESTUDIOS DE CASO: PLAN B

Los fracasos empresariales son siempre desagradables e indeseados. Si se convierten o no en desastres depende de los ejecutivos que llevan las iniciativas empresariales.

## JOHNSON & JOHNSON

En el otoño de 1982 murieron siete personas en la zona de Chicago cuando consumieron Tylenol contaminado con cianuro. El Tylenol tenía en su poder más de un tercio del mercado de analgésicos en aquel momento, que se redujo rápidamente a medida que la noticia de la contaminación de las pastillas se extendía. El sentido común sugería que Johnson & Johnson (J&J) retirase el producto, o al menos que no gastase más dinero en publicidad del producto contaminado. En vez de hacerlo, Johnson & Johnson aconsejó inmediatamente a sus clientes que evitasen Tylenol y retiró del mercado todos los productos que podían estar contaminados. Los ejecutivos de J&J se dieron cuenta de que tenían que ser honestos y demostrar que estaban poniendo a los consumidores en primer lugar. Pocos meses después, Tylenol, ahora en envases de prueba, ya se estaba vendiendo extremadamente bien y un cuarto de siglo después sigue siendo una marca fuerte.[12]

## COCA-COLA

En abril de 1985, la empresa Coca-Cola lanzó el nuevo sabor New Coke y abandonó los noventa y nueve años de sabor original de Coca-Cola. Casi al instante, una tormenta de protestas de los clientes explotó dentro de la empresa, y al cabo de tres meses el sabor original regresaba de nuevo al mercado. La compañía perdió casi treinta y cuatro millones de dólares en el proceso y sufrió una gran vergüenza, pero la conciencia de mercado de Coca-Cola estaba en lo más alto. Diez años más tarde, en una celebración en las oficinas de Coca-Cola en Atlanta, el entonces presidente y jefe ejecutivo, Roberto C. Goizueta, dijo: «Hoy estamos en la mejor forma como empresa en muchas décadas, y el precio de nuestras acciones y nuestras ganancias están en su punto más alto de todos los tiempos».

El plan B de Coca-Cola era como el plan de Torch u Overlord: retirarse a la posición original. En el caso de Coca-Cola, la empresa fue capaz de arrebatar el éxito de las fauces del fracaso simplemente con dar marcha atrás. (Mi padre, William V. Loftus, fue durante mucho tiempo director creativo de un par de agencias de publicidad. También fue un cínico durante toda su vida y afirmó que el proyecto de la New Coke no fue otra cosa que una forma de revivir el interés por Coca-Cola. Si estaba en lo cierto, el plan B de la New Coke era, de hecho, el plan principal.)[13]

## MCDONALD'S

La muerte y la enfermedad colocaron al gigante de la comida rápida McDonald's en la dolorosa y poco común situación de tener tres gerentes generales en el plazo de siete meses durante el año 2004. Muchas compañías luchan con la planificación de la sucesión, aun cuando no se enfrenten a una crisis. Según contó Forbes:

Dentro de las mil empresas estadounidenses más grandes (por ingresos) en 2008, se nombraron ochenta nuevos gerentes generales, y sólo cuarenta y cuatro de ellos, el cincuenta y cinco por ciento, fueron ascendidos desde dentro de la compañía. Si consideras que tener que contratar a alguien de fuera como gerente general es un fracaso en la planificación de la sucesión, eso representa entonces un fallo en el sistema. Un índice de fracaso del cuarenta y cinco por ciento significa que hay muchas cosas que no están funcionando como deberían.[14]

Sorprendentemente, McDonald's gestionó una suave transición cuando James R. Cantalupo falleció tras sufrir un ataque al corazón en un congreso sobre franquicias en abril en Orlando, Florida. Su sucesor, Charles H. Bell, era un empleado que tenía mucha antigüedad en la empresa. El mandato de Bell fue terriblemente corto porque le diagnosticaron un cáncer poco después de convertirse en gerente general, y renunció en noviembre. Lo sustituyó James A. Skinner. A pesar de las transiciones en la cúpula superior, McDonald's continuó funcionando a la perfección, con la subida de sus acciones un veinticuatro por ciento en el transcurso del año. ¿Por qué? Porque McDonald's tenía un plan B para el peor de los casos.

«Es una de las preguntas más básicas: ¿Qué pasa si un gerente general es atropellado por un autobús?», dijo Michael Mayo, por aquel entonces analista de Deutsche Bank, quien consideraba que muchas juntas directivas se habían quedado cortas en sus planes de sucesión. «En los viejos tiempos», dijo Mayo, «una compañía tendría preparados varios sucesores, cualquiera de los cuales podría asumir el cargo de gerente general con un día de preaviso». Afortunadamente para los accionistas de McDonald's, la empresa seguía funcionando como en los viejos tiempos. Cantalupo, Bell y Skinner eran ejecutivos que llevaban tiempo en la empresa, y todos estaban dispuestos a asumir la gran responsabilidad cuando golpease la crisis.[15]

## APPLE

En el verano de 2007, Apple introdujo uno de los productos más exageradamente promocionados de su historia (eso viniendo de una compañía que sabe cómo promocionar exageradamente): el iPhone. Los consumidores, literalmente, hicieron cola en la calle frente a las tiendas para comprar uno. El iPhone se convirtió en un enorme éxito, y dos meses después de su introducción, Apple rebajó el precio a 200 dólares. La rebaja de precio siguió un patrón general de descenso de los precios de la electrónica del consumidor, debido a la intensa competencia y la disminución constante del coste de los componentes electrónicos. Los compradores iniciales del iPhone inundaron la compañía con reclamaciones por email, blogs y llamadas telefónicas. Fue un paso de marketing raro y equivocado por parte de Apple.

«Nuestros primeros clientes confiaron en nosotros, y debemos estar a la altura de esa confianza con nuestras acciones en momentos como estos», dijo Steven P. Jobs en una carta publicada en la página web de Apple. Apple dio cien dólares de crédito a todos los compradores que pagaron el precio más elevado. Casi dos años después, el iPhone todavía domina el mercado en la categoría de *smartphone*.[16]

Aunque ninguna de estas compañías anticipó los peores escenarios, todos reaccionaron muy bien y continuaron teniendo éxito. Si era un plan específico, como el desarrollo de McDonald's de un talentoso grupo de ejecutivos capaces de hacerse cargo de la responsabilidad superior, o una política más general de cuidar del consumidor en primer lugar (como parece haber sido el caso de J&J, Coca-Cola y Apple), estas empresas nunca perdieron de vista sus objetivos o sus compromisos. Los planes B efectivos nacen de ese tipo de compromiso.

La Operación Torch también demostró el valor de la entrega «justo a tiempo». En el caso de Torch, «justo a tiempo» no significaba simplificar la logística eliminando almacenaje y recortando costes de inventario: era esencial para el éxito del proyecto. Si la entrega «justo a tiempo» no funcionaba, Torch fracasaría. No había plan de retirada, porque no había a dónde retirarse.

Una gran parte del equipamiento de Torch y un alto porcentaje de la tropa no estarían listos hasta muy adelantado el plan, y por lo tanto tendrían que ser enviados directamente al norte de África. Miles de tanques, jeeps y blindados salieron de las líneas de montaje estadounidenses, fueron transportados por tierra y cargados en barcos. Y la mayoría de la tropa estadounidense involucrada en Torch estaba todavía en fase de entrenamiento en agosto de 1942, cuando la fecha seleccionada para el inicio de la operación era el 7 de noviembre.* El entrenamiento no acabaría hasta que llegase el momento de embarcar (en las mismas naves en las que estaban cargando el equipo de las tropas que irían a bordo). Era un puzle fantásticamente complejo que debía encajar en el momento y el lugar exactos.

Una entrega «justo a tiempo» transatlántica ya era un desafío suficientemente grande, pero Día D, S. A. tenía que organizar

---

* El 7 de noviembre fue escogido a causa de otro asunto «justo a tiempo»: era la fecha más temprana en que la Armada de EUA podía proporcionar los barcos necesarios para el proyecto.

una segunda entrega. Una parte sustancial del equipamiento, así como personal estadounidense y británico, llegaba por mar desde Inglaterra. Los retos de la organización eran muy diferentes dependiendo del país. En Estados Unidos el equipo y la tropa serían nuevos en su mayoría, fluyendo directamente hacia los barcos para el transporte oceánico. En Inglaterra, las veteranas tropas británicas y los inexpertos estadounidenses llevaban esperando un tiempo. Debían ser enviados a los puertos correctos y luego embarcados en los barcos adecuados en el momento preciso.

Las reservas de equipo en Inglaterra habían estado amontonándose durante 1942, principalmente con el propósito de invadir Francia. El equipo debía adaptarse (armas y vehículos no válidos para el combate en el desierto fueron dejados para Overlord) y luego cargarse en barcos en el orden inverso a su despliegue una vez que empezase Torch. Resolver el orden de carga ya llevó de por sí un tiempo de planificación considerable.

Y si el hecho de tener dos grandes flujos de equipo y de personal que debían ser entregados «justo a tiempo» no fuese suficientemente complicado, todo debía llegar en el momento preciso a tres lugares diferentes para iniciar Torch.

## PLANIFICA PARA TENER ÉXITO

- **El riesgo es inevitable**. Sí, ya lo dije antes, pero vale la pena repetirlo. La competición implica un riesgo. A veces el único camino al éxito es tremendamente arriesgado. Si es la *única* forma y es *imprescindible* para tu misión, ve por ello.

Era la mayor entrega «justo a tiempo» llevada a cabo en la historia. Bien pudo haber sido el primer intento internacional, y a escala industrial, de su categoría. Innovador, nuevo y absolutamente esencial para el éxito de Torch. Si funcionaba, se convertiría en el modelo de operaciones de Sicilia, Italia y Francia. Si fracasaba, moriría mucha gente.

Funcionó.

## ESTUDIO DE CASO: HAZLO ORIGINAL

Cuando Eisenhower tomó por primera vez el puesto de gerente general de Día D, S. A., en junio de 1942, tuvo que construir una organización que hiciera algo que nadie había hecho nunca antes: invadir el territorio del competidor a una escala inmensa utilizando un personal aliado. El tamaño del proyecto era tan grande que creó desafíos sin precedentes y la organización tuvo que constituir una plantilla integrada por empleados multinacionales y plurilingües, por lo que se formó un equipo ejecutivo de hombres con diferentes puntos de vista sobre cómo competir. La solución para hacer algo que nunca se había hecho antes era construir una organización completamente original: Día D, S. A.

En 1990, la compañía General Motors (GM) se enfrentaba con un problema similar. GM tuvo que competir con fabricantes japoneses que construían los coches muy diferentes en diseño y marketing, en un entorno de trabajo diferente y ventajoso, y que vendían coches considerados de mayor calidad que sus equivalentes estadounidenses.

La solución: crear una nueva compañía de coches dentro de GM. Construir una nueva fábrica desde cero, en un lugar que no formara parte del entorno de Detroit y con un acuerdo de cooperación laboral con el sindicato de trabajadores del automóvil. Construir un coche de plástico, para que fuera más ligero y más sencillo de mantener libre de arañazos y ralladuras. Venderlo a un precio único, sin regateos. La nueva compañía se llamaba Saturn, y su original lema pregonaba su cualidad única: «Un tipo diferente de coche. Un tipo diferente de compañía». Jerry Flint, en un artículo de *Forbes*, dijo: «Saturn tenía excelentes gerentes y tuvo éxito ganándose los corazones y las mentes de los nuevos clientes. Los distribuidores, pocos y suficientemente alejados entre sí para no competir entre ellos, se ganaron la reputación de tratar a la gente de forma honesta. La estrategia de precio único también parecía extremadamente honesta».

Desafortunadamente, la mayoría de los ejecutivos de GM no querían hacer algo nuevo. Querían seguir haciendo las cosas a la manera tradicional, no importaba si eso no era efectivo a la hora de combatir contra las compañías fabricantes de automóviles japonesas. Flint, en un artículo del 2005, quince años después de que Saturn fuese creada, dijo:

> Hace unos pocos años GM empezó a desmantelar Saturn, quitándole la habilidad de designar, crear y fabricas sus propios coches. Hoy en día, Saturn es una compañía aparte sólo de nombre. [...] La antigua Saturn tenía su propia administración, sus propios ingenieros y su propia fábrica. La idea era alejarse de la forma tradicional de hacer las cosas que tenia GM. Pero ahora Saturn ha sido derivada y comprimida dentro del molde de GM. Los nuevos coches no tendrán esa carrocería de plástico: demasiadas dificultades. El pacto sindical especial ha expirado.[17]

Junio de 2009: GM, precipitándose hacia la bancarrota, vendió Saturn a Roger Penske.[18] Tres meses más tarde, el acuerdo Penske quebró, y GM anunció que cerraba la marca. Decir que Saturn podía haber salvado a GM quizá sea meterse en demasiadas conjeturas, pero teniendo en cuenta que ya por el 2008 GM lo estaba pasando difícil vendiendo contra los japoneses, y que sus tradicionales pactos sindicales se volvían onerosos hasta el extremo, quizás Saturn hubiera sido un ejemplo a seguir para hacer las cosas de forma diferente y exitosa.

Eisenhower se enfrentó con todo tipo de ideas arraigadas y tradicionales a medida que desarrollaba Día D, S. A. Consideraba que la nueva organización, con su estructura aliada, era el único camino hacia el éxito, por lo que se negó a abdicar. Resultó que tenía razón.

La impresionante entrega «justo a tiempo» de Torch no fue la única parte del proyecto que obligó a Ike y a los ejecutivos de Día D a la escuela. De hecho, el proyecto al completo era un ejercicio de entrenamiento para la compañía en general. Una vez completado el ejercicio, las ganancias para Torch fueron significativas:

- Un equipo ejecutivo aliado unificado. Nada une más a un equipo que la combinación de trabajo duro y éxito.
- Un proceso de planificación flexible y puesto a prueba.
- Nuevas técnicas que demostraron ser efectivas. Antes de Torch, nadie sabía si una operación transoceánica así de grande podía realizarse «justo a tiempo». Después de Torch, lo supieron.
- Un personal experimentado.

Hay un antiguo refrán que dice que la experiencia requiere experiencia. Hasta Torch, nadie tenía experiencia ejecutando este tipo de proyecto de negocios. Después de Torch, Día D, S. A. era el líder de la industria. Nunca cedió esa posición de liderazgo.

## NOTAS DEL INFORME

### ESTRATEGIAS: MANEJA Y MOTIVA A TU GENTE

- **Ajusta el personal a la misión**. Asegúrate de que tienes a la gente correcta en las adecuadas estructuras departamentales y geográficas para tener éxito.
- **Delega.** No puedes controlarlo todo.
- **Deja tu ego aparte.** Si pretendes liderar un equipo, tienes que ser tú también miembro del equipo. Si das ejemplo con esa clase de comportamiento, tus compañeros de equipo te imitarán.

### ESTRATEGIAS: DEFINE TU OBJETIVO, PLANIFICA PARA EL ÉXITO Y PRIORIZA

- **Fija metas.** Pero no en cemento.
- **El cambio es inevitable.** Hazte a la idea.
- **Encuentra la visión predominante.** Encuentra la opinión que predomina sobre las demás. Si está equivocada, cámbiala; si no se puede cambiar, síguela con todo lo que tengas.
- **El riesgo es inevitable.** Acéptalo y estate preparado. La competición conlleva riesgos.

# TRES

# PRIMERA OPERACIÓN

## Liderar cuando eres un director novato

El 5 de noviembre de 1942, tras una planificación intensiva (y muchos cambios de planes), los ejecutivos de Día D se trasladaron a Gibraltar, la única base militar aliada que estaba cerca de la localización de Torch y que tenía suficientes comunicaciones.

Nadie habría confundido Gibraltar con la suite ejecutiva de cualquier sede empresarial moderna. Los ejecutivos de Día D, S. A. iban a dirigir la operación más grande de su género desde «pasadizos subterráneos bajo la roca», escribió Ike.

> El aire frío y húmedo de los pasadizos, largos como bloques de edificios, era pesado debido al estancamiento. [...] A través de los arqueados techos nos llegaba el constante goteo, goteo, goteo de agua que certera pero tristemente marcaba los segundos de la interminable, casi insoportable, espera que acontecía entre la finalización de un plan militar y el momento en que empezaba la acción.[1]

A pesar de describir el intervalo entre planificación y ejecución como «interminable, casi insoportable», Eisenhower nunca mostró disgusto o impaciencia. Ike tenía un temperamento explosivo, que sólo sus más cercanos confidentes conocían, y era tan impaciente

como cualquier otro ejecutivo aliado, civil o militar. Pero proyec-
taba serenidad porque estaba seguro de que él y su personal habían
hecho lo necesario en la fase de planificación, y confiaba igualmente
en que podrían enfrentar cualquier contingencia. Eisenhower describió el estado de ánimo que reinaba en el húmedo y malsano
cuartel general: «A pesar [...] del lúgubre entorno, y de las mil y
una cosas que podían fácilmente salir mal en la gran aventura que
estaba a punto de comenzar, en el cuartel general había un cierto
optimismo».[2]

Sus debates internos (sobre qué acciones debían emprender y cuáles
no) habían terminado, por lo que Eisenhower tomó las decisiones finales. No quedaba mucho que hacer excepto ver cómo se desarrollaba la
operación y ajustarse a las circunstancias lo más rápidamente posible.

La Operación Torch se inició el 8 de noviembre con más de cien
mil hombres saliendo de cuatrocientas embarcaciones protegidas por
más de trescientos buques de la Marina. Les esperaban casi cien mil
soldados franceses y sus quinientos aviones: una oposición potencial-
mente dura para los Aliados. Los estadounidenses desembarcaron en
Casablanca en el extremo occidental de la operación; las tropas estadounidenses y británicas tomaron tierra en Orán y Argel, en Argelia.
Había casi mil doscientos kilómetros desde Casablanca hasta Argel.
Esto es casi como soltar un equipo de ventas novato en un territorio
virgen de consumidores que abarque la distancia entre Washington
D.C. y Boston, Massachusetts.

La inmensa mayoría de las tropas llegaron a tiempo y tomaron
tierra, encontrando en gran parte una oposición ligera. Pero las complicaciones políticas mencionadas en el capítulo anterior aparecieron
casi inmediatamente. Los alemanes se apoyaron en la Francia de
Vichy para ofrecer una resistencia aún mayor a los Aliados. Recuerda,
Alemania tenía el control total de todo el norte de Francia. Vichy
ordenó a las tropas francesas en África que luchasen, y lo hicieron.
Jean Darlan consiguió aprovechar sus contactos en Vichy y suprimir
la oposición a los Aliados convenciendo a sus compatriotas en África

de que se retirasen, pero no antes de que hubiese bajas considerables en ambos bandos.

Los Aliados tardaron solo tres días en resolver la oposición francesa, pero aquellos tres días fueron una eternidad. Eisenhower escribió: «Continuamente, en el fondo de nuestras mentes, existía la necesidad de darse prisa por entrar en la zona de Túnez. En la noche del octavo día esbocé un memorándum a lápiz [...] en el que aparece la anotación: "Estamos retrasándonos en el sector oriental, cuando deberíamos estar yendo hacia Bône-Bizerta cuanto antes"».[3] Bône estaba casi en la frontera de Argelia y Túnez, aproximadamente a quinientos kilómetros de distancia de los desembarcos aliados más cercanos en Argelia, y Bizerta era un puerto principal que se encontraba a casi ciento cincuenta kilómetros más hacia el interior de Túnez; por ello Ike estaba escribiendo acerca de adentrarse en ellas a partir del 8 de noviembre, el primer día de la Operación Torch.

## PLANIFICA PARA IMPLEMENTAR

- **Ajustar, ajustar, ajustar**. No importa cuántos planes hagas, tendrás que improvisar sobre la marcha. Acéptalo como parte de tus planes, y haz planes de emergencia. Esta es otra forma de decir que debes *manejar el riesgo*.

## MANEJA A TU GENTE

- **Apoya y sigue adelante**. Cuando tus subordinados, ya sean gerentes generales o jefes de departamento, te digan que lo están haciendo lo mejor posible en una situación difícil, necesitas confiar en ellos o echarlos. Si confías en ellos, dales todo el apoyo que puedas y déjales seguir adelante. FDR estaba desesperado por desentenderse de Darlan, y eso entorpeció muchísimo a Ike.

Desafortunadamente, los alemanes entraron en Túnez al noveno día, y estaban decididos a hacer luchar a los Aliados por cada pedacito de territorio en el norte de África. Habiéndose desplegado a lo largo de tanto territorio como se atrevieron para los primeros desembarcos, los Aliados no pudieron entrar en Bône hasta el 12 de noviembre.

Las repercusiones políticas de Torch continuaron; Darlan dejó un mal sabor en la boca en casi todo el mundo, y Ike tuvo que explicar una y otra vez a FDR, a Churchill y a George Marshall por qué hizo un trato con Darlan y cómo no encontró ninguna otra alternativa viable. Casi todo el mundo esperaba que el almirante Darlan fuese capaz de traer la flota francesa a los Aliados. En lugar de eso, el 25 de noviembre parecía que los alemanes estaban a punto de tomar el control de la flota. Los franceses decidieron hundir su propia flota y enviar tres acorazados, siete cruceros, y ciento sesenta y siete barcos más al fondo del mar. Darlan no logró prácticamente nada: fue incapaz de proteger la flota francesa para los Aliados, y su orden de cese del fuego a las tropas francesas llegó cuando «estaban listas para rendirse de todas formas».[4]

Las dos semanas y pico de regateo con Darlan produjeron un resultado negativo. Eisenhower pasó tanto tiempo trabajando en el acuerdo Darlan con oficiales franceses y con los gobiernos estadounidense y británico que fue incapaz de concentrarse en las operaciones de combate con la intensidad que estas requerían. A finales de noviembre Ike se fue de Gibraltar camino de Argel, a asumir el control operacional de los Aliados en el norte de África.

Estar sobre el terreno con su tropa significó un brusco despertar para Ike. Las áreas costeras de África a lo largo del mar Mediterráneo estaban increíblemente enlodadas. Las maniobras aéreas eran extremadamente difíciles dado que los aeroplanos tenían que sacarse de las pistas de aterrizaje pavimentadas y ponerse sobre tablas para que no se hundiesen en el barro. La vía de ferrocarril que ocasionó tantos problemas a los Aliados al intentar controlarla no era ni remotamente suficiente para movilizar grandes cantidades de tropa y equipamientos a sus localizaciones designadas. Las carreteras eran transitables sólo por los blindados (mitad camión sobre ruedas y mitad vehículo con tractor oruga, similar a la oruga de los tanques), pero los blindados se reservaban porque la vida útil de las orugas se agotaría rápidamente en ese terreno resbaladizo. Las tropas de Ike estaban, literalmente, atrapadas en el barro. Los Aliados lo tenían difícil para desplazarse a cualquier parte, y los alemanes reforzaban afanosamente su dominio de Túnez.

Eisenhower no perdió el tiempo y sacó los blindados, permitiendo a sus tropas moverse con mucha más libertad. ¿Para qué te sirve tener equipamiento capaz de ayudarte a alcanzar tus metas si no lo usas? Ike sabía que estaba en África para arrebatarles terreno a los alemanes, no para preservar los vehículos de su organización en excelentes condiciones. (Trabajé en una editorial de revistas hace mucho tiempo, y el gerente del edificio parecía pensar que nos dedicábamos al mantenimiento del edificio, el cual, casualmente, tenía inquilinos que publicaban revistas. Nunca pareció entender que el propósito de nuestra compañía era suministrar información, no mantener su edificio en perfectas condiciones.)

Si Ike no hubiese estado atrapado en el barro político de averiguar quién era el francés correcto, habría estado en condiciones de enviar los blindados a la acción dos semanas antes. Es difícil decir cuánto perjudicó la inexperiencia de Eisenhower. La realidad era que los franceses estaban ya establecidos cuando Torch comenzó, por lo que era sensato intentar negociar con ellos en lugar de competir directamente y sufrir pérdidas. Después de todo, los franceses no eran la verdadera competencia: cada segundo malgastado resolviendo la situación con los franceses era un segundo que retrasaba la confrontación directa de los Aliados con su competencia alemana. Pero, ¿tendría más suerte un gerente general diferente averiguando quién era el líder francés correcto? Poco probable.

Un gerente general con más experiencia podría haberse dado cuenta de que necesitaba personarse sobre el terreno lo más pronto posible. Sólo el alto ejecutivo puede decidir la mejor opción de entre aquellas que enfrentan a sus subordinados: la necesidad de un modo de transporte efectivo para las tropas se imponía al lógico deseo de proteger el equipamiento. Pero Ike quiso asumir el control en Argel mucho antes de cuando lo hizo, aunque sus superiores de Washington y Londres seguían reteniéndole para debatir aun más sobre el problema político. Es posible que hubiesen confiado antes en un gerente general más experimentado que a Ike cuando dijo: «Esto es lo mejor que puedo hacerlo, necesitamos seguir adelante».

Aunque noviembre avanzaba lentamente hacia diciembre, había poco progreso que reportar. La junta de directores de Eisenhower empezó a irritarse por la falta de progresos y por aquello que percibían como demasiada cautela de parte de Ike. Como los Aliados parecían incapaces de avanzar con éxito hacia el este contra los alemanes (por el barro de invierno), los jefes sugirieron que Eisenhower expandiese el campo de acción de las operaciones y tomase Cerdeña. Reconocieron que Ike no podría retirar mucha tropa de la Operación Torch, pero también pensaban que los italianos tenían un débil control sobre Cerdeña y era como una fruta al alcance de la mano, lista para tomar.

Eisenhower se quedó aturdido. Según Stephen Ambrose, «no tenía mapas, ni planes, ni información, ni preparativos» para una operación fuera de África. Ambrose citó la reacción de Ike a la sugerencia de Cerdeña de su junta: «Por el amor de Dios, vamos a hacer las cosas de una en una. [...] No soy dado a gritar "que viene el lobo" ni me dan miedo las sombras. [...] No dejen que nadie piense la absurda idea de que ya tenemos el trabajo hecho».[5] Si Cerdeña se descartaba, los jefes querían una actuación agresiva en Túnez, esperando así que los Aliados pudiesen derrotar rápidamente a los alemanes que estaban en el lugar. Le dieron un ligero codazo a Eisenhower con el comentario de que «una gran cantidad de bajas iniciales en un asalto enérgico eran muy preferibles al derroche inherente a una guerra de desgaste».[6]

A pesar de la presión de la junta directiva, Eisenhower evitó la acción agresiva consolidando las posiciones de sus tropas y avanzando sólo cuando consideraba que controlaba el territorio con seguridad. A finales de diciembre, creyendo que sus tropas no estaban preparadas para un asalto final agresivo a Túnez, detuvo el intento. Como resultado, los alemanes llegaron primero, sin oposición, y los Aliados se enzarzaron en una larga y pesada pugna para echarlos. Les costaría cuatro meses y miles de bajas conseguirlo.

Teniendo en cuenta el historial final de Eisenhower en la Segunda Guerra Mundial, es difícil poner objeciones a la manera en que dirigió Día D, S. A. Sin embargo, era un gerente general novato cuando condujo Torch, su falta de experiencia se hizo evidente. Incluso biógrafos simpatizantes como Stephen Ambrose y Michael Korda se sintieron obligados a mencionar que las cosas podían haber sido muy diferentes si un ejecutivo agresivo como George Patton hubiese estado al cargo. La junta de Ike estaba descontenta, según Korda: «Churchill se quejó de que el ejército de Ike era todo cola y nada de dientes». Roosevelt «se negó a ascender a Ike al rango de general hasta que hubiese alcanzado algún tipo de victoria». El general británico Alan Brooke dijo: «¡Me temo que Eisenhower como general no serviría!»[7]

Afortunadamente, la junta de Ike estaba dispuesta a escucharle. En enero de 1943, FDR, Churchill y los jefes de los servicios militares aliados llegaron a Casablanca para celebrar una conferencia. Eisenhower, enfermo con gripe, voló a través de la nefasta climatología para llegar allí. La primera impresión que dio fue la de que estaba nervioso. Pero se mantuvo firme en sus habilidades y concentrado en su trabajo, y redactó un informe sobre la situación en el norte de África que fue «satisfactorio y optimista». Entre otras cosas, Eisenhower fue capaz de informar de que Torch había alcanzado el que se consideraba objetivo mínimo necesario para el éxito: el control de todos los puertos principales entre Casablanca y Argel. «La acción exitosa de los primeros días aseguró la consecución del objetivo mínimo»,[8] escribió Ike. Roosevelt y Churchill se llevaron la buena impresión, suficiente para mantenerle como gerente general de Día D, S. A.

Parte del motivo por el que estaban dispuestos a hacerlo era que Churchill y Brooke reorganizaron la estructura ejecutiva debajo de Ike de tal forma que tuviese tres delegados británicos inmediatamente por debajo de él. Al miembro estadounidense de la junta, George Marshall, le gustó el nuevo arreglo porque dejó el mando más importante, al menos nominalmente, en las manos de un estadounidense.

## DEFINE TU OBJETIVO

- **Es un acto de equilibrio**. Descubrir tu apetito personal por el riesgo no es cosa fácil. Tienes que hacer malabares con tu tolerancia al riesgo y con la tolerancia de la organización, y después descubrir cuánto riesgo *debes* asumir si quieres conseguir tus objetivos. El equilibrio es necesario para construir una organización que pueda absorber el golpe cuando el riesgo salga mal. Pero las tendencias que ayudan a construir este tipo de organización (la anticipación y la planificación adecuadas), pueden llevar a la aversión al riesgo. Ser demasiado cauteloso puede ser tan malo como el fracaso mismo. Ike no fracasó en el norte de África, pero su cautela hizo que el éxito saliese mucho más caro.

## MANEJA Y MOTIVA A TU GENTE

- **Apoya a tu gente**. Por muy descontentos que estuviesen los jefes de Ike con su campaña africana, mantuvieron la confianza en que era el hombre adecuado para el trabajo. No tenían fe ciega, pero tras una cuidadosa valoración, decidieron seguir adelante con él. Recuerda, si reemplazas a un gerente, la persona nueva será un novato en ese puesto en particular, y tu organización tendrá que asumir los costes (económicos, de personal y de recursos) de la curva de aprendizaje de la nueva persona.

Al final resultó que Eisenhower decepcionó a todos los que pensaron que sería un traje vacío en la cumbre. Ike tenía dos cualidades que le sirvieron para tener el control real de Día D, S. A. Era tan competente y amable con sus tres lugartenientes británicos que se alegraron de trabajar con él en vez de entristecerse por controlar las cosas desde detrás del trono. Y el temperamento volcánico de Ike le favoreció en este caso. Se dio cuenta rápidamente de que los británicos de su junta pensaban que se habían hecho con las responsabilidades reales, y que le habían dejado a él sin ninguna. Si fue *nombrado* comandante, iba a *ser* comandante. Lanzó un furioso memorándum a los jefes militares de su junta, explicando cómo iba a estar al mando, sin *peros* ni *cómos*. El memorándum era tan mordaz que el jefe del Estado Mayor de Ike, Beetle Smith, un hombre conocido por sus ásperos modales, le suplicó a Ike que lo suavizase. Ike cedió y suavizó el tono, aunque no el contenido. No se trataba de ego; se trataba de tener un hombre que ostentase la definitiva responsabilidad una autoridad auténtica y unificada. Si Ike era ese hombre, quería que todo el mundo entendiese que estaba, de hecho, al mando.

## PLANIFICA PARA EL ÉXITO

- **Mantente firme**. Si crees que algo es imprescindible para el éxito (como Ike creía en un mando aliado unificado), lucha para conseguirlo.

## PRIORIZA

- **Lo importante son los principios, no el individuo**. La buena predisposición de Eisenhower a ocupar el segundo puesto en la estructura ejecutiva, por debajo de un general británico, demostró que realmente creía en la necesidad de un único gerente general aliado, independientemente de si él ocupaba el cargo o no.

Casi simultáneamente, Eisenhower se ofreció para el puesto de subcomandante del general británico Sir Harold Alexander, el lugarteniente de más alta graduación asignado a Ike en la estructura descrita más arriba. Ike realizó este gesto desinteresado porque una vez que las fuerzas aliadas de Marruecos y Argelia se juntasen con las fuerzas británicas de Egipto, la gran mayoría de la tropa sería inglesa. Ike pensó que si su junta quería un británico al mando de una fuerza militar predominantemente británica, deberían tener uno, y él apoyaría gustosamente a ese hombre.

La doble dosis de enfado sobre quién estaba al mando y el gesto desinteresado de Eisenhower ofreciéndose para ocupar el segundo puesto funcionó. La junta de Ike se vio forzada a resolver la situación y le reconoció como el auténtico líder.

Este reconocimiento no significaba que el puesto perteneciese a Eisenhower para siempre. Sólo porque Ike fuese el gerente general de Día D, S. A. mientras operaban en el norte de África no significaba que los demás esperaran que Ike estuviese al mando cuando el escenario principal, la Operación Overlord, comenzase en Francia. Toda la junta de Día D, S. A. esperaba que uno de sus propios miembros, George Marshall, se convirtiese en gerente general cuando llegase la hora de enfrentarse cara a cara con los alemanes en Europa. Ike trabajó sin hacerse falsas ilusiones sobre el estado de su carrera profesional. Tenía muy presente que seguía siendo un calienta sillas para el elegido final. Pero consideró que tenía un trabajo que hacer mientras mantenía el asiento caliente, y lo iba hacer lo mejor posible.

Los desafíos del invierno de 1943 eran dobles:

- Los Aliados tenían que dirigirse hacia el este a través de Túnez y encontrarse con las fuerzas británicas que se movían hacia el oeste desde Egipto, arrebatándoles por completo el control del territorio a los alemanes, lo que limitaría en gran manera la capacidad de Alemania de operar en el Mediterráneo, y al mismo tiempo crearía oportunidades para que los Aliados persiguieran a los aliados europeos de Alemania e Italia, intensificando la presión sobre los alemanes.

- Con la idea de aprovechar esas oportunidades, Ike fue impelido por su junta a planear la Operación Husky (la invasión de Sicilia), programada para ser llevada a cabo a finales de la primavera de 1943, a sólo unos pocos meses vista. Esto significaba que Ike tenía que planificar una operación completamente nueva al mismo tiempo que remataba la operación norteafricana de Torch (como pasa a menudo en el mundo corporativo, la realidad se entrometió en la agenda de Día D, S. A. y desplazó la actual fecha de la Operación Husky al día 10 de julio).

La presión nunca cesó; era el eterno problema de Eisenhower. Ike tenía que terminar un proyecto, Torch, y simultáneamente hacer toda la planificación y el trabajo para el siguiente: Husky.

Es el drama de la mayoría de los altos ejecutivos modernos. En el negocio del espectáculo, la película o canción de éxito de esta semana probablemente te consiga treinta segundos de bienestar antes de que tengas que preocuparte del próximo éxito. ¿Y de dónde saldrán los éxitos de los próximos doce meses? Lo mismo se aplica si produces juguetes o medicamentos. El juguete más vendido de este año proba-blemente estará en el cajón de las ofertas el año que viene. El fármaco más recetado de este año necesitará un ingrediente añadido para que pueda ser patentado de nuevo y seguir vendiéndose en su forma no genérica.

Nadie se libra de ello. La aplicación informática de moda este año necesitará una nueva versión muy pronto, por no mencionar un par de nuevos antivirus en los meses venideros para asegurarse de que continúa funcionado correctamente. Si resulta que estás en el sector servicios, ya sea entregas urgentes u hostelería o cualquier otra cosa, cada día se te presenta con un nuevo set completo de desafíos. Todos los paquetes tienen que ir a donde deben y llegar a tiempo. Cada comida debe ser preparada y servida. Y a la vez que te ocupas de la lista diaria de desafíos, como Ike hacía mientras los Aliados terminaban en el norte de África, te enfrentas con problemas a más largo plazo, como planificar el desarrollo, ocuparte del inventario, de la manufactura, de la distribución y de lo que sea: todas las cosas que Día D, S. A. tuvo que preparar para las operaciones en Sicilia.

Desafortunadamente para Día D, S. A., su competencia se movía con rapidez y destreza en el norte de África. El ejecutivo alemán a cargo de las operaciones norteafricanas, Erwin Rommel, ya era una leyenda debido a sus triunfos. Pulió su reputación mientras se enfrentaba a los Aliados en Túnez, asestándoles una derrota especialmente hiriente en el paso de Kasserine. Justo antes de la actuación de Rommel en Kasserine, Ike se desplazó a las líneas del frente para evaluar de primera mano la situación y pasar revista a su equipo ejecutivo sobre el terreno, liderado por Lloyd Fredendall.* La valoración de Ike fue que las tropas estadounidenses no estaban aún tan fortalecidas como debían, y que toda la operación de Fredendall parecía descuidada. Ike pensó en reemplazar a todos los ejecutivos de segundo nivel de Fredendall, pero lo descartó por ser poco realista. Su otra opción era reemplazar al mismo Fredendall y poner al mando a alguien que vigorizase a los estadounidenses.

Aquel hombre que previamente había despedido a ejecutivos estadounidenses por infracciones menores, como hacer comentarios antibritánicos, decidió no hacer nada. Eisenhower se mostraba

---

* En cierto momento de su viaje, Eisenhower escuchó el sonido de disparos, y según Michael Korda, se dirigió hacia el sonido, con su pistola en mano. Ike bien podría haber sido el único ejecutivo de su rango que hizo eso en toda la guerra, y es difícil recomendar este tipo de comportamiento como una buena técnica para la mayoría de gerentes generales, pero la actitud, la voluntad de hacerlo todo, es buena.

todavía cauto respecto a la gestión global de su operación, y aún le faltaba experiencia para liderar en combate. Dejó en paz a Fredendall. Los resultados fueron pésimos ya que las fuerzas de Día D, S. A. seguían avanzando extremadamente despacio hacia el interior de Túnez, y las bajas aumentaban.

Más o menos al mismo tiempo del desastre de Kasserine, Ike se encontraba en las fases iníciales de formación del equipo para la Operación Husky. Su junta le ordenó nombrar a su lugarteniente, el general británico Alexander, comandante de las operaciones en Sicilia. Los miembros británicos de la junta de Día D, S. A. pensaron que habían mandando a Ike escaleras arriba de una patada a una posición ejecutiva inefectiva, dejando las tareas importantes a Alexander. Los estadounidenses de la junta accedieron a esto porque pensaron que era importante tener un estadounidense en el puesto de gerente general de Día D, S. A. Esa fue la razón por la cual rechazaron la oferta de Ike de servir como lugarteniente de Alexander.

La estrategia cautelosa de Ike, demostrada por sus lentos y sistemáticos movimientos contra su competencia y su renuencia a despedir a un ejecutivo que consideraba inadecuado, hicieron que el triunfo definitivo sobre el norte de África tardara más en llegar, costando más vidas en el camino. Pero Eisenhower mantuvo su doble enfoque. Salió victorioso en África apoderándose de Túnez y aplastando la competencia en toda la región, y supervisó toda la planificación para Sicilia. A pesar de las derrotas, como en Kasserine, y el golpe que resultó para su ego el nombramiento de Alexander como comandante de campo, Ike continuó haciendo su trabajo, desahogando sus frustraciones sólo en privado y no permitiendo nunca agobiarse por las dudas. Más importante aun: nunca se dejó llevar por el pánico.

Al final resultó que el combate del paso de Kasserine era el punto culminante de la campaña alemana. Rommel se extendió demasiado y se retiró. De este modo, permitió a los Aliados consolidar sus fuerzas y causar casi tantos daños a los alemanes como los que habían sufrido ellos.

Las operaciones inmediatamente posteriores a Kasserine también fueron positivas porque Eisenhower tuvo la oportunidad de conocer mucho mejor a Alexander. La voluntad de Ike de dejar su ego fuera de la ecuación valió la pena; Alexander y él formaban una sólida relación de trabajo. Como dijo Ike: «Desarrollé rápidamente un gran respeto y admiración por sus cualidades de soldado, y un aprecio que continuaría creciendo hasta al final de la guerra».[9]

A medida que las bajas alemanas aumentaban y sus fuerzas se retiraban a una pequeña cavidad geográfica en torno a Túnez, desde la cual iban a evacuar las tropas, Eisenhower evaluó la situación:

> Esas lecciones (nacidas de las acciones emprendidas por los Aliados, así como de las no emprendidas) costaron caro, pero fueron valiosas. [...] Siempre que el enemigo toma la iniciativa se encuentra sujeto a que haya tensión y preocupación, porque es posible que pase cualquier cosa. Nadie se libra; a pesar de la confianza en la situación global y el resultado final, siempre existe la posibilidad de desastres aislados.[10]

Empezando con la retirada alemana hacia Túnez a mediados de febrero, los Aliados progresaron lenta pero constantemente contra los alemanes, mientras que toda la fuerza británica de Egipto presionaba a los alemanes y a los italianos desde la otra dirección. En marzo de 1943, George Patton obtuvo la primera gran victoria estadounidense contra los alemanes en Gafsa, un hecho memorable para la sección estadounidense de las tropas aliadas de Ike. Los estadounidenses habían vencido finalmente a los alemanes frente a frente, como ya habían hecho sus compañeros británicos muchos más experimentados.[11]

Junto con la muy necesitada experiencia para las tropas estadounidenses, los últimos meses de operaciones en África también sirvieron de presentación para algunos de los hombres que más tarde tendrían importantes roles ejecutivos en la guerra: Erwin Rommel, Bernard Law Montgomery, George S. Patton y Omar N. Bradley.

Erwin Rommel era el líder ejecutivo de los alemanes hasta marzo, cuando se retiró por razones de salud. Él sería el ejecutivo al cargo de las fuerzas de Francia en junio de 1944. Altamente competente, Rommel era uno de los pocos alemanes que pensaron que los Aliados entrarían en Francia por Normandía en vez de por Calais (que está mucho más cerca de Inglaterra). Organizaría una defensa masiva en Normandía que resultaría ser considerablemente dañina para la Operación Overlord.

Bernard Law Montgomery, *Monty*, era el comandante de las fuerzas británicas que se acercaban a los alemanes desde Egipto. Monty era un veterano condecorado de la Primera Guerra Mundial y el primer hombre, tanto de los británicos como de los estadounidenses, que lideraba una fuerza hasta la victoria contra los alemanes en El Alamein. Se convertiría en el principal comandante británico de Ike en Europa y pondría a prueba la habilidad de Ike de llevarse bien con la gente. Incluso otros británicos le insistirían a Eisenhower para que despidiese a Monty, pero Ike reconoció el poder estelar que el héroe británico aportaba a los Aliados y estaba absolutamente convencido de que una organización aliada multinacional era la única forma de triunfar. Si vas a operar con un aliado, no despidas a su mayor estrella, sin importar lo molesto que sea.

George S. Patton era el comandante de las fuerzas estadounidenses, primero en Casablanca y después en Túnez. Al igual que Montgomery, era un veterano condecorado de la Primera Guerra Mundial y se graduó unos pocos años antes que Eisenhower en West Point. Ike y Patton forjaron una gran amistad como ejecutivos intermedios antes y después de la Primera Guerra Mundial, porque ambos vieron las oportunidades de lo que era entonces una tecnología emergente: los tanques. Aprovecharon las posibilidades de un armamento móvil y acorazado.

Patton estaba al cargo de las fuerzas estadounidenses en Casablanca y se desplazó hacia el este a través del litoral africano, dirigiendo a los estadounidenses hacia su primera gran victoria. Poco después lo pondrían al mando de la tropa estadounidense que entraría en Sicilia como parte de la Operación Husky. Su trayectoria durante el resto de la guerra fue asombrosa. Era brillante, agresivo, afortunado y extravagante. Tarde o temprano casi todo el mundo deseó que Eisenhower despidiese a Patton, pero Ike sabía que era difícil encontrar un genio como él y que nadie más podría rendir de la manera en que él lo hacía. Al igual que Monty, Patton estiraría a menudo la paciencia de Ike casi hasta el punto de ruptura, pero Eisenhower siempre pensaría que Patton era el mejor ejecutivo para liderar una tropa de combate. Para Ike, la última medida de Patton como ejecutivo eran los resultados, y produjo los mejores de cualquier ejecutivo en ambos lados de la contienda.

Omar N. Bradley reemplazó a Patton como ejecutivo al cargo de las fuerzas estadounidenses en Túnez. Al igual que Eisenhower, había sido un empleado del Estado Mayor toda su vida y no poseía experiencia de combate previa a aceptar el cargo en el norte de África. El ser un empleado del Estado Mayor no le impidió tomar el principal puerto de Bizerta el 7 de mayo, cortando las principales líneas de suministro y de comunicación, y añadiendo otra victoria al total estadounidense.

Al igual que Monty, Bradley estaba a favor de un acercamiento lento pero seguro. Sin embargo, mientras que Monty demostraba que era demasiado lento en repetidas ocasiones, Bradley era, como un corresponsal de guerra informó, «un duro y comprometido luchador con la tremenda persistencia del general Grant, la astucia de un comerciante de caballos de Nueva Inglaterra y la dignidad personal de carácter y la honradez que sólo se podía comparar con las mismas cualidades mostradas siempre por el general Robert E. Lee». Los hombres que sirvieron bajo Bradley lo amaban y lo bautizaron como «G. I. general» (general de hierro, por sus siglas en inglés).[12] Eisenhower se apoyó en él cada vez más, colocándole al final por encima de Patton y a un nivel igual al de Montgomery mientras las operaciones en Francia se desarrollaban tras Overlord.

El manejo de Monty, Patton y Bradley por parte de Ike evidenciaba su habilidad para dejar de lado sus opiniones personales sobre cada uno de ellos y valorarlos con precisión por lo que aportaban a la misión. Monty, con su irritante personalidad y falta de resultados, frustraría en repetidas ocasiones a Eisenhower, pero era el general favorito de los británicos y cimentaba la naturaleza aliada de Día D, S. A. como ningún otro ejecutivo podría. Patton era una pesadilla constante con los superiores en Washington y Londres, así como con la prensa, pero era el ejecutivo más productivo de la organización. Ambos permanecieron en el personal de Ike hasta que se le arrebató a Alemania el control de Europa.

Bradley, por el otro lado, era un sueño administrativo. Ike describió la habilidad y la reputación de Bradley «como un soldado firme, diligente y ampliamente instruido. [...] Él [...] demostró una auténtica capacidad para el liderazgo. Era un agudo juez de hombres y de sus capacidades, absolutamente justo y equitativo en su trato con ellos. Añadido a esto, era emocionalmente estable y poseía un control de los asuntos importantes que claramente le señalaba para el alto cargo».[13]

El desafío administrativo con Bradley era que a finales de 1943 Eisenhower quería ascenderlo por encima de Patton y al mismo nivel de Montgomery, a pesar de que Bradley fuese menor en edad, llevase menos tiempo en servicio, y tuviese menos experiencia en combate que ambos. Ike no estaba dispuesto a dejar que una especie de sistema de jerarquía por antigüedad le condicionase. Cuando llegó la hora de entrar en Francia, Eisenhower estaba convencido de que Bradley era más el apropiado para dirigir todas las fuerzas estadounidenses, así que Ike le puso a cargo. Eisenhower y Bradley estuvieron juntos en West Point en el mismo curso, lo que ayudó a Ike a conocer la calidad del hombre. La disposición de Ike a hacer caso omiso del sistema y emplear el mejor hombre para el trabajo fue lo que caracterizó su uso de Bradley.

La ardua contienda en el norte de África continuó hasta mediados de mayo de 1943, cuando los Aliados tomaron el control total de Túnez, dejando al personal italiano y alemán fuera de juego, capturando a más de 240,000 hombres (de los cuales 125,000 eran alemanes, considerados generalmente como la fuerza más productiva).[14] Cuando las bajas (muertos y heridos) se sumaron a los capturados, los Aliados neutralizaron con éxito a casi 900,000 hombres de la competencia.[15] Obviamente, matar, herir o capturar a los trabajadores de tu competencia no son métodos que se puedan utilizar en los negocios. Pero esos resultados demostraron que, a pesar de que Eisenhower fue cuidadoso al aprovechar sus oportunidades, su rechazo a sucumbir al pánico, su elusión de las batallas políticas, y su firme confianza y acción directa produjeron resultados.

Para el 13 de mayo, los Aliados controlaban todo el territorio del norte de África, el mismo resultado que pretendían producir en Europa. El objetivo original de la Operación Torch era eliminar a los alemanes y a los italianos como competidores activos en el norte de África. La Operación Torch había sido lenta, torpe y cara. Día D, S. A. cumplió su objetivo y obtuvo valiosa experiencia. Ike aprendió algunas lecciones importantes acerca de lo que tenía que hacer como gerente y de con cuál de sus ejecutivos podía contar en el futuro.

Pero no había tiempo para disfrutar de la victoria. No hubo ningún alivio en la presión, la contienda con los alemanes y los italianos estaba lejos de terminar. La Operación Husky empezaría en menos de dos meses.

## NOTAS DEL INFORME

### ESTRATEGIAS: DEFINE TU OBJETIVO, PLANIFICA PARA EL ÉXITO, PLANIFICA PARA IMPLEMENTAR Y MANEJA A TU GENTE

- **Ajustar, ajustar, ajustar.** Tendrás que improvisar.
- **Manejar el riesgo.** Descubre cuánto riesgo *debes* asumir si quieres conseguir tus objetivos. Y haz planes de emergencia.
- **Manejar el riesgo, parte 2.** Ser demasiado cauteloso puede ser tan malo como el fracaso mismo.
- **Apoya y sigue adelante.** Confiar en tu gente o echarla.

# CUATRO

# PONTE RUDO

## Maneja los caracteres difíciles

Eisenhower se enfrentó a una presión familiar para muchos altos ejecutivos mientras empezaba la planificación para la Operación Husky (Operación Rudo): la invasión de Sicilia. (Aun estaba finalizando el seguimiento de la Operación Torch en el norte de África, el proyecto más grande que Día D, S. A. hubiera emprendido jamás.) Ike y su cuerpo administrativo tenían que planificar Husky y constituir un nuevo equipo al mismo tiempo que continuaban supervisando la enorme e intensa contienda centrada en Túnez. La junta de directores de Día D, S. A. le dejó claro a Eisenhower que querían que la conclusión del proyecto en el norte de África y el inicio de las operaciones en Sicilia se desarrollasen rápida y satisfactoriamente. El hecho de que una operación compitiese contra la otra por los recursos de Día D, S. A. era problema de Ike, no suyo.

Reunir la fuerza suficiente para entrar en Sicilia era un acto de malabarismo. A Patton se le retiró de su puesto en África casi inmediatamente después de que lograse la primera gran victoria de los estadounidenses sobre las fuerzas alemanas en Gafsa. Sería el líder estadounidense sobre el terreno en Sicilia. Trasladar a Patton fue algo fortuito. Su sustituto, Omar Bradley, ganó una valiosa experiencia que no poseía antes estando al frente de las tropas en combate, y cosechó una victoria personal en el paso hacia Bizerta. Montgomery estaba a cargo de las fuerzas británicas en Sicilia a la vez que continuaba dirigiendo a los británicos que avanzaban al oeste desde Egipto.

Las tropas eran una combinación de las experimentadas fuerzas estadounidenses y británicas trasladadas de África a Sicilia, además de nuevos soldados que venían directamente de EUA y Canadá. La delicada tarea de combinarlos era necesaria porque Eisenhower no quería retirar una gran cantidad de sus tropas de África demasiado pronto, y necesitaba mezclar «novatos» con veteranos para crear otra tropa integrada más. Como había hecho básicamente lo mismo en la Operación Torch, Ike confiaba en que podría hacerlo de nuevo, y desde que dirigía activamente las operaciones en África, estaba preparado para decidir qué tropas debían ir y cuáles debían quedarse. Normalmente, Ike hizo lo mejor en cualquier circunstancia que se le presentase. Sacar provecho de una situación así también podía haber sido como un paseo por arenas movedizas para Eisenhower, especialmente en la escala estratégica de competir con los alemanes por toda Europa. Cuanto más involucrada estaba Día D, S. A. en las operaciones en el Mediterráneo, más recursos se verían arrastrados a ese conflicto, y más difícil sería organizar Overlord.

## CÉNTRATE EN TUS OBJETIVOS

- **Céntrate en tu propósito principal**. Recuerda siempre por qué estás en el negocio. Si tu propósito original todavía es válido, cíñete a él. Si no lo es, adáptate. Pero es muy importante no perder de vista el objetivo original y asegurarte de que ha dejado de ser válido: ¿Acaso hay un mercado que aún necesita de tus servicios? ¿Sigue habiendo clientes para tus productos o servicios? ¿Les das la espalda si cambia tu objetivo en pos de una nueva oportunidad?

Mucha de la presión para que se realizasen más operaciones en el Mediterráneo venía de los británicos. Churchill habló con frecuencia de ir a por los alemanes pasando por «el talón de Aquiles» de Europa, concretamente Italia y el sur de Francia. Ike y su superior inmediato, George Marshall, creían que Churchill y muchos de sus altos cargos querían ir por los alemanes por cualquier sitio y de cualquier manera excepto por las playas del norte de Francia. El desastre de Gallipoli de la Primera Guerra Mundial y la evacuación desesperada de las fuerzas británicas de Dunkerque en 1940 les preocupaban mucho. Sin embargo, Eisenhower consideraba que Marshall y él «compartían la creencia de que todo lo que se hiciese en el Mediterráneo debía seguir siendo subsidiario y en apoyo al propósito principal de atacar a través del canal [de la Mancha] a principios de 1944». Ike añadió en *Cruzada en Europa*:

> Otros mantenían que, en la guerra, la oportunidad debía aprovecharse según surgía. [...] La doctrina del oportunismo, tan a menudo aplicable en las tácticas, es peligrosa de llevar a cabo en estrategia. Los cambios significativos en el campo de la estrategia tienen repercusiones que se retrotraen a la industria y al centro de entrenamiento. [...] Aun más, en este caso especifico, todas las razones originales para adoptar la operación a través del canal como meta de nuestra estrategia básica seguían siendo válidas.[1]

Eisenhower escribió *Cruzada en Europa* en 1948, tres años después de que acabase la contienda y mucho tiempo después de que las discusiones relativas a Overlord se solucionasen. Admitió los desacuerdos de la junta y su efecto en los debates estratégicos, pero era diplomático a la hora de admitirlos. En realidad, el tira y afloja de la junta de Día D, S. A. continuó casi hasta el momento en que los hombres llegaron a las playas de Francia. Ike no fue el primer ejecutivo, ni será el último, obligado a soportar mensajes contradictorios de su junta.

Stalin quería un segundo frente y lo quería lo más pronto posible. Necesitaba que los Aliados aliviasen la presión a la que le sometían los alemanes a lo largo de toda la sección occidental de la Unión Soviética. Stalin era el único miembro de la junta que competía directamente con los alemanes, cara a cara y en su propio territorio. Para Stalin, la única manera de hacer que los alemanes disminuyesen la presión era que Día D, S. A. penetrase en territorio alemán en Europa y se acercase lo suficiente a Alemania como para ser una amenaza. Eso significaba operaciones en el norte de Francia. Ninguna sustitución bastaría.

Churchill quería combatir contra los alemanes en cualquier sitio excepto en las playas del norte de Francia, y buscaba cualquier oportunidad para sugerir que los Aliados compitiesen en otro territorio. La mayoría de los militares británicos de alto rango en la junta de Ike estaban de acuerdo con Churchill (los que no lo estaban se lo callaron).

FDR intentaba mantenerse neutral, esperando a que sus tropas reuniesen el número, la formación, la experiencia y el material necesario para acometer algo tan grande como Overlord. Acordó no lanzar operaciones en Francia para calmar a Churchill mientras intentaba convencer a Stalin de que hablaba muy en serio sobre un segundo frente al iniciar esas otras operaciones. A pesar de que las operaciones en África, Sicilia e Italia involucraron en combate a un gran número de alemanes, la presión continuada sobre la Unión Soviética era angustiosa. Stalin siguió insatisfecho hasta que los Aliados desembarcaron en Normandía.

Los militares de alto rango de EUA en la junta de Día D, S. A. también estaban divididos a favor y en contra de Overlord. George Marshall, el jefe de la Armada de EUA, estaba totalmente convencido de que se debía entrar por el norte de Francia. Como Eisenhower, sabía esa era la única manera de vencer a los alemanes y liberar toda Europa. El almirante Ernest King, el más alto ejecutivo de la Armada de EUA, comprendió que su país estaba comprometido a colaborar con los británicos y los rusos en una política de «Europa primero». King estaba muy ocupado enfrentándose a los japoneses, que tenían tanto éxito en sus operaciones del Pacífico como los alemanes en Europa. Los japoneses empezaron la guerra por Estados Unidos, y muchos estadounidenses estaban más interesados en derrotarles que en preocuparse por los alemanes. King expuso frecuentemente al resto de la junta que si los británicos no iban a hacer las cosas al estilo estadounidense, quizás los estadounidenses debían coger sus fichas e ir a jugar exclusivamente en el Pacífico.

Es poco probable que FDR hubiera dejado que eso sucediese. Siendo un empresario político tan astuto, Roosevelt probablemente permitió que King hiciese el papel de su *pit bull* en la junta, empujando y pinchando a los británicos mientras Marshall utilizaba la persuasión en vez de la ira y la arrogancia.

Todas estas negociaciones estratégicas sobre Overlord y las operaciones mediterráneas causaban fascinantes debates en la junta; sin embargo, a Eisenhower sólo le provocaban dolores de cabeza. Dado que pasó mucho tiempo en Londres, Ike tenía que estar preparado para encontrarse con Churchill siempre que el primer ministro quería realizar otro intento de convencerle de ampliar las operaciones en el Mediterráneo y, con todo, Eisenhower debía permanecer fiel al cargo pro Overlord que le habían otorgado FDR y Marshall. Al mismo tiempo, Ike tenía que avanzar, siempre moviendo a Día D, S. A. en la dirección que consideraba necesaria para la realización satisfactoria de su cometido.

Junto a las operaciones en curso en África estaba la necesidad de planificar otra gran operación en Sicilia, a la vez que debían aferrarse a la estrategia a largo plazo en Francia y adaptarse a los constantes cambios de dirección de la junta. ¿Cómo logró Ike soportar toda esa presión?

## SÉ SINCERO

- **Sé fiel a ti mismo**. Si crees en ti mismo y en tu punto de vista sobre el objetivo de tu organización, no tengas vergüenza. Cuando llegue el momento de ejecutar el plan, hazlo con todo lo que tengas.

Para empezar, Eisenhower confiaba en sus habilidades y en su intelecto. A pesar de los fuertes caracteres de su junta, nunca pareció estar agobiado o dudar de sí mismo. Sabía que su experiencia y sus antecedentes eran perfectamente adecuados para el cargo que desempeñaba; sabía que entendía los problemas a los que se enfrentaba Día D, S. A. mejor que nadie, con la posible excepción de George Marshall.

Además, la presencia de Marshall en la junta era reconfortante, y no sólo porque fuera el adalid definitivo de Overlord. Era el jefe directo de Eisenhower en el Ejército, y Marshall y Ike estaban de acuerdo la gran mayoría de las veces. Sus concordancias no eran debidas a un politiqueo interno por parte de ambos sino que se fundaban en el respeto mutuo y en un enfoque filosófico similar respecto a las operaciones de Día D, S. A.*

Gracias a su innata confianza en sí mismo, Ike respondía directamente y con honestidad a cualquier pregunta o en cualquier debate sobre estrategia. Eisenhower le señalaba constantemente a la junta cómo afectarían sus decisiones a la misión final de Día D, S. A. Al mismo tiempo, una vez que la junta tomaba sus decisiones, aunque fuesen completamente contrarias a lo que Ike pensaba y creía, como pasó con la Operación Torch, se dedicaba a ello en cuerpo y alma. Su junta nunca dudó de que él estuviera siguiendo las órdenes. Estaban preocupados por la calidad de los resultados, pero nunca por la dirección de sus acciones.

La relación de Ike con su junta puede no parecer análoga a la de muchos ejecutivos modernos. Es fácil catalogar el comportamiento de Ike como el de un militar que sigue órdenes. Después de

---

* Eisenhower no era el único que tenía en alta estima a Marshall. Según Stephen Ambrose en una reseña escrita para *General of the Army: George C. Marshall, Soldier and Statesman* [General del Ejército: George C. Marshall, soldado y hombre de Estado] de Ed Cray: «Todos los grandes hombres de la época (Ike, Roosevelt, Churchill, Truman, Stalin, Patton, Bradley) opinaban que George C. Marshall fue el hombre más grande que conocieron jamás». En toda la historia de Estados Unidos, sólo Marshall ha sido el jefe de uno de los servicios militares para luego pasar a ser secretario de Estado y más tarde secretario de Defensa.

todo, no tenía elección.* Pero las empresas estadounidenses no son tan jerárquicas. Desde 2008 y 2009, algunas encuestas de la Society of Corporate Secretaries & Governance Professionals [Sociedad de Secretarías Generales y Profesionales de la Administración] demostraron que la mayoría de gerentes generales son también presidentes de sus juntas.[2] La mayoría de gerentes generales no tienen que dar parte a un único individuo, sino más bien a una junta en su totalidad, una junta de la cual el gerente general es el miembro más poderoso. Sin embargo, a partir de ese escrito, parece que la SEC (Comisión de Valores de Estados Unidos, por sus siglas en inglés) les facilitará a los accionistas el permiso para acceder a la toma de decisiones: el informe anual y la papeleta electoral para que los accionistas voten en la reunión anual de la compañía. El congreso está dispuesto a asegurarse de que la SEC tiene el «derecho» legislativo de conceder este permiso de delegación. Esto significa que los accionistas insatisfechos serán capaces de someter a votación sus propias iniciativas. La autoridad para dirigir la corporación, que ha permanecido inamovible durante años en manos de la administración corporativa y las juntas, será ahora compartida con los accionistas de forma más equitativa, quienes, después de todo, son dueños de la compañía.

Además, las iniciativas «Say on pay» buscan convertirse en algo común a todas las sociedades anónimas. «Say on pay» es el término utilizado para designar las leyes empresariales que autorizan a los accionistas a decidir la remuneración de los directivos de una compañía. Es común en varios países europeos, incluido el Reino Unido. Las compañías de EUA que reciben fondos TARP** federales también deben tenerlo. Los partidarios de «Say on pay» argumentan que hará

---

* Dicho sea de paso, la historia militar está llena de generales y almirantes que no siguieron las órdenes ciegamente, con resultados buenos y desastrosos por igual. Abraham Lincoln tuvo dificultades en los dos primeros años de la Guerra Civil estadounidense intentando encontrar generales que obedeciesen las órdenes de arriba.

** TARP: Troubled Asset Relief Program [Programa de Ayuda para Activos en Problemas], implementado en octubre de 2008, permite a las compañías vender acciones al gobierno federal para adquirir capital y aumentar su liquidez. TARP fue una primera parte del rescate federal de compañías durante la caída económica de 2008-2009.

que la administración y las juntas muestren más interés si los accionistas tienen un modo simple y directo de manifestar su desaprobación. Y, como la votación es consultiva, los accionistas no pueden atar las manos de la administración y de la junta e impedirles hacer cualquier cosa que sea necesaria aunque no sea de su agrado. Los detractores del «Say on pay» dicen que equivale a una dirección corporativa por referendo. La administración y las juntas de directores actuarán de forma realmente cautelosa si sienten el cálido y pesado aliento de los accionistas por encima de sus hombros.

Lo que el permiso de delegación y el «Say on pay» significan es que los gerentes generales (tanto si son presidentes como si no) necesitarán ser mucho más sensibles a los deseos de la gran masa de accionistas. Esto no se diferencia de la situación en la que el jefe supremo de Ike, el jefe ejecutivo de Estados Unidos y el presidente de la junta de Día D, S. A., Franklin Roosevelt, se encontraba sumido. Tenía millones de votantes (accionistas) que podían expresarse (y se expresaron) en manifestaciones políticas, protestas laborales, elecciones cada dos años y columnas periodísticas. Aunque los votantes no tenían la oportunidad de echarle del gobierno excepto a intervalos de cuatro años, necesitaba su apoyo todos los días que durase la guerra. Tenía que responder a sus deseos, y FDR era un experto en saber lo que la gente quería (bueno, experto en saber lo que quería cierta gente, en un momento dado).

## PLANIFICA PARA EL ÉXITO

- **Cuando el jefe tenga una buena idea, síguela**. Marshall solucionó el problema de qué hacer después de Sicilia sugiriendo dos cuerpos administrativos para crear dos grupos diferentes de planes, dándole a Eisenhower más opciones. Ike adoptó la sugerencia inmediatamente, permitiendo el avance de Día D, S. A.

## PLANIFICA PARA IMPLEMENTAR

- **Nunca hay demasiados planes**. Día D, S. A. estaba preparada para ir en la dirección adecuada porque ya tenía planes para hacerlo. Incluso los planes que no utilizas desarrollan las habilidades de tu personal para analizar, planificar y anticipar, lo cual siempre merece la pena. La planificación avanzada efectiva para múltiples escenarios está estrechamente relacionada con la gestión de riesgos, aumentando tus posibilidades de sobrevivir a una crisis.

- **Deja tus puertas abiertas a nuevas posibilidades y toma las decisiones de una en una**. Bien, esto puede resultar ridículo: algunas personas utilizan el «dejar tus puertas abiertas a nuevas posibilidades» como una excusa para no tomar decisiones. Pero como descubrió Día D, S. A. en 1943, también puede ser una manera de tomar las decisiones de una en una y darle la libertad a tu organización para avanzar cuando es imposible anticipar cada eventualidad futura.

El presidente, equilibrando lo que era necesario para el bien del país (la organización matriz) con las necesidades de los accionistas, tomaría las decisiones definitivas. Y dado que Eisenhower creía en el principio del liderazgo civil de las fuerzas armadas, no importaba lo mucho que discrepase con esas decisiones, siempre las respetaba porque el presidente, hablando en nombre del pueblo, tenía el derecho absoluto de tomarlas, incluso de equivocarse con ellas.

Con el permiso de delegación y el «Say on pay» vigentes, muchos gerentes generales más se van a ver en la piel de Ike: teniendo que ejecutar decisiones que puede que no sean las elecciones más estratégicas, pero que son necesarias teniendo en cuenta las demandas de la junta de directores influidas por los accionistas.

★ ★ ★

Eisenhower continuó siendo franco sobre lo que creía que era el rumbo más ventajoso para los Aliados. Nunca aprobó algo sólo para quedar bien con la junta. Pero las suyas no eran las decisiones finales, y entendía que los miembros de la junta estaban en una posición difícil mientras intentaban planificar las operaciones posteriores a Sicilia. Como dijo Ike: «Era completamente normal que se produjesen algunas diferencias de opinión, aún no estábamos suficientemente avanzados [...] para producir conclusiones cristalinas y unánimes sobre las acciones especificas que desembocarían claramente en la victoria».[3]

¿Cómo se resolvió el debate posterior a Husky? Yendo a por Sicilia y dejando las decisiones relativas a operaciones futuras para el futuro. Esto puede sonar un poco a «Qué será, será...» para muchos gerentes, y lo hubiese sido, excepto por un detalle: George Marshall sugirió que Eisenhower crease dos cuerpos administrativos para planificar dos operaciones completamente diferentes para después de Sicilia. La primera era la invasión de Cerdeña; la segunda era la invasión de la península italiana. Ike aceptó y constituyó los dos cuerpos inmediatamente. De esta manera, sin importar en qué dirección avanzara Día D, S. A. después de la Operación Husky, tendría los planes necesarios.

Los juegos malabares (de hacer la planificación para la Operación Husky en Sicilia), mientras se planificaba también para después (Cerdeña o Italia), al mismo tiempo se terminaba en Túnez, empezaron en febrero de 1943. A mitad de mes, Eisenhower pensó que la situación en Túnez requería su atención personal, por lo que recorrió el frente durante varios días. Casi al mismo tiempo, su doble administración comenzó el trabajo de planificación de las operaciones sicilianas. Aunque Ike supervisase la fase final de la campaña africana, también estaba a cargo de la planificación de la titánica campaña siciliana. La campaña africana que siguió a Torch fue tan inmensa que haría ganar a los Aliados todo el territorio de África del norte, eliminaría casi a un millón de soldados de las fuerzas alemanas e italianas (en comparación a las pérdidas totales de los Aliados, que eran aproximadamente de setenta y un mil), y finalizaría del todo la contienda con los alemanes en esa zona. La Operación Torch había sido, hasta la fecha de su comienzo en noviembre, el mayor ataque anfibio de la historia. La Operación Husky, que empezó a planificarse sólo unos meses después de Torch, la sobrepasaría. Los desafíos para Día D, S. A. eran continuos, y crecían en envergadura y dificultad.

En la conferencia de Casablanca en enero de 1943, los miembros británicos de la junta le habían impuesto a Eisenhower la estructura ejecutiva que ellos deseaban. Los británicos convirtieron al general Sir Harold Alexander en el lugarteniente general de Ike en Día D, S. A. Al mismo tiempo, Alexander estaba al mando del ejército de tierra implicado en Husky. El Mariscal jefe del aire, Sir Arthur Tedder, estaba al mando de las fuerzas aéreas de Día D, S. A. y el almirante Sir Andrew Cunningham estaba al mando de las fuerzas navales de la Operación Husky. Esta estructura obligó a Eisenhower a delegar la autoridad.

Ike podría haberse enfadado y haber maquinado para saltarse este arreglo, pero no lo hizo. Podría haber politiqueado entre bastidores para recuperar todo el poder, pero no lo hizo. Podría haberse rasgado las vestiduras de disgusto y haber desempeñado el papel de testaferro que los británicos eligieron para él. Pero no lo hizo.

Eisenhower adoptó la estructura de personal que le fue entregada y la hizo funcionar (sí, al mal tiempo le puso buena cara). La nueva estructura exigía que Ike tomase las decisiones finales sobre los planes que otros diseñaban, convirtiéndole en la práctica en el hombre del sí o del no definitivo pero con poca influencia sobre la dirección de la planificación o la implementación de la estrategia. Eisenhower delegó el trabajo de planificación en su personal, como su junta pretendía que hiciese, pero no se quedó cruzado de brazos en la cumbre de la organización mientras esperaba a dar el visto bueno o a desaprobar el trabajo de otros. Comprometió a sus tres ejecutivos «manteniendo reuniones semanales con los tres oficiales británicos, teniendo frecuentes conversaciones informales con ellos de forma individual, desempeñando el papel de árbitro para calmar sus disputas laborales, y, sobre todo, con la fuerza de su personalidad».[4] Ike explicó por qué funcionó su compromiso con el equipo ejecutivo: «La idea es tener a las personas trabajando juntas, no sólo porque les digas que lo hagan y les hagas cumplir tus órdenes, sino porque quieran hacerlo por ti de forma instintiva. [...] Debes estar consagrado al deber, ser honesto, justo y alentador».[5]

---

## MANEJA Y MOTIVA A TU GENTE (INCLUYÉNDOTE A TI MISMO)

- **Acepta la locura**. Cuando te enfrentas con una organización ilógica, incluso con una descripción de tu trabajo poco funcional, acéptalo y sigue adelante. Es increíble lo que se puede conseguir si inviertes tu energía en hacer las cosas en vez de en luchas internas o en malos humores.
- **Ten cuidado con los asnos**. Literal y metafóricamente. Pueden morderte en el trasero, y tienen también fuerza como para darte una buena coz.

---

La operación para tomar el control de Pantelaria, una pequeña isla rocosa más o menos a mitad de camino entre Túnez y Sicilia, demostró cómo las teorías organizativas de Eisenhower con sus ejecutivos funcionaban a la perfección. Pantelaria tenía un buen aeródromo que podía facilitar apoyo táctico a los desembarcos del sur de Sicilia, algo que no podría hacerse si los aeródromos más cercanos de los Aliados estaban en África (ni los cazas estadounidenses ni los británicos tenían suficiente autonomía para defender a las tropas en Sicilia si volaban desde Túnez). A pesar de la sólida lógica para querer el aeródromo de Pantelaria, ninguno de los tres ejecutivos de Ike quería tomar la isla. Tenía una línea costera rocosa, inadecuada para operaciones anfibias. Estaba, según los británicos, armada hasta los dientes. Y, para ser una isla pequeña, había un número importante de italianos allí, preparados para defenderla.

Ike no se inmutó y emprendió un reconocimiento personal en el HMS *Aurora* (Buque de Su Majestad, por sus siglas en inglés). *Aurora* y su cuerpo especial de operaciones bombardearon la isla a discreción, con una respuesta insignificante por parte de la artillería italiana costera. Eisenhower estaba convencido que se podía tomar la isla con un coste mínimo para los Aliados e insistió en seguir adelante con la operación. Resultó que no se equivocó. Se tomó la isla con un coste *microscópico*. Los italianos se rindieron antes de que los Aliados desembarcasen. Sólo un británico resultó herido porque le mordió una mula. Más de once mil italianos fueron capturados y sacados de la contienda, y más importante aun, Día D, S. A. ganó un aeródromo para dar soporte a sus operaciones sicilianas.[6] Todo esto porque el hombre en la cima delegó el trabajo que debía delegar, y al mismo tiempo, continuó colaborando con su equipo ejecutivo y su proceso de planificación.

## PLANIFICA PARA EL ÉXITO

- **Planificar es la disciplina que te otorga flexibilidad**. Todas esas sesiones de planificación interminables tienen un fin diferente al de producir tedio en los asistentes. Permite a los ejecutivos tomar en cuenta casi cualquier contingencia y prepararse para ella. Como afrontar la contingencia de necesitar construir y *comercializar* automóviles con un consumo eficiente de combustible.

## PLANIFICA PARA IMPLEMENTAR

- **Planificar es un ejercicio que fomenta el espíritu de equipo**. Si estudiar las opciones aparentemente infinitas no crea un espíritu de equipo, entonces decidir sobre si pedir pizza o comida china debería funcionar.

# ¿CUÁNDO LUCHAS POR UNA BUENA CAUSA?

A finales de los años 70, después de haber sufrido una gran crisis de petróleo, mucha gente en todo Estados Unidos empezó de repente a darse cuenta de la importancia de la energía. Todo el mundo fue alentado a consumir menos energía: apagando las luces en las habitaciones vacías, configurando termostatos para utilizar menos calor en invierno y menos aire acondicionado en verano. Una de las medidas de ahorro energético impuestas a las compañías de automóviles fueron las normas de kilometraje, que crearon un promedio de kilómetros para toda la flota de un fabricante. Con el tiempo, el criterio se aumentaría, lo que significaba que los fabricantes se verían obligados a diseñar y construir automóviles con un consumo más eficiente del combustible.

Los fabricantes de automóviles estaban comprensiblemente insatisfechos. ¿Quién quiere que el gobierno dicte la clase de productos y servicios que ofreces a tus clientes?

Si las compañías estadounidenses hubiesen seguido el modelo de Eisenhower, habrían demostrado que estaban en lo cierto con respecto a la inefi-cacia de los promedios, pero una vez que hubieran sido establecidos, habrían empezado a construir y a comercializar los coches más eficientes que les hubiera sido posible (las empresas extranjeras, que fabricaban una combinación más eficiente de automóviles en aquella época, tuvieron pocos problemas para cum-plir con los criterios para los coches que vendían en Estados Unidos). ¿Acaso Chrysler, GM y Ford siguieron el modelo de Eisenhower?

No.

Casi desde el instante en que los criterios se impusieron, las compañías de automóviles empezaron a presionar para que los disminuyesen o para que se promulgasen más adelante. Combatieron un desafío para el diseño y la fabrica-ción con una solución política. Y durante muchos años, con todos los gobiernos, recibieron prórrogas a la fecha límite. A decir verdad, los tres grandes de Detroit diseñaron y construyeron coches más eficientes, pero tuvieron mucho menos éxito vendiendo estos modelos del que tuvieron sus competidores extranjeros. Así que las compañías de automóviles estadounidenses invirtieron grandes cantidades de energía y esfuerzo en rebajar los criterios siempre que era posible.

Y después llegaron los años 90, y la explosión de las ventas del SUV (vehículo utilitario deportivo). Los SUV se consideran camionetas según los criterios de kilometraje de la flota, y las camionetas están exentas de promedios. Y como los SUV están construidos sobre chasis de camioneta, son mucho más rentables para las compañías de automóviles que los coches de precios equivalentes. Desde el momento en que el Ford Explorer se abrió paso a rugidos hasta la cúpula de los mejor vendidos, se estableció el rumbo de las compañías de automóviles. Empezaron a fabricar más y más SUV. Las ganancias llegaron, y las compañías continuaron presionando para conseguir más indulgencia en las normas de kilometraje. Las ganancias podrían haber sido reinvertidas en esfuerzos para fabricar automóviles de bajo consumo que fuesen suficientemente atractivos como para competir con las marcas extranjeras. O se podrían haber invertido en construir fábricas en estados no sindicalizados, como hicieron los fabricantes japoneses y europeos.

Pero eso no pasó.

Llegó la crisis de la gasolina alrededor del año 2006, y después la economía se derrumbó a partir de diciembre de 2007.

De pronto, las compañías de automóviles estadounidenses se encontraron en un apuro: tenían más SUV de los que podían vender. Las ganancias desaparecieron, y Chrysler, Ford y GM llegaron a la bancarrota en 2009; Chrysler presentó una solicitud para suscribirse al capítulo 11 (del código estadounidense que regula las empresas en quiebra) el 30 abril, y GM el 1 de junio. Ford a duras penas evitó el desastre liquidando muchas de sus operaciones y lidiando con grandes líneas de crédito para asegurar su flujo de efectivo.

En verano de 2009, el programa «Cash for Clunkers» [Dinero por tu coche viejo], subvencionado por el gobierno federal, permitió a los fabricantes de automóviles tener algunos de sus mejores meses de ventas en mucho tiempo. Los clientes podrían entregar automóviles antiguos e ineficientes, recibir una devolución en efectivo a cambio, y comprar automóviles nuevos y eficientes en tratos muy ventajosos. Sólo dos automóviles estadounidenses llegaron a la lista de los más vendidos: el Ford Focus (en cuarta posición) y el Ford Escape (en décima posición). Los vehículos de las tres grandes compañías de Detroit llenaron por completo la lista de los diez automóviles más canjeados.[7]

Si las tres grandes compañías de Detroit hubiesen manejado las normas del kilometraje de acuerdo con la metodología de Ike, se puede llegar a pensar que sus posibilidades de construir *y vender* automóviles eficientes durante más de tres décadas hubieran sido mejores. Cuando la crisis económica golpeó con toda su fuerza en 2008, quizás no hubiesen tenido que declararse en bancarrota.

Pero nunca lo sabremos. En vez de aceptar normas onerosas y sacar lo mejor de ellas, las compañías de automóviles politiquearon para evitar las normas y se hicieron valer de las lagunas jurídicas.

Husky fue la operación más grande de su tipo. En cuanto al área inicial (ciento cincuenta kilómetros de costa de playa), era incluso más amplia que Overlord en Normandía un año después. Husky, como Enrique VIII de Inglaterra probando sus múltiples esposas, necesitó ocho planes diferentes antes de que Eisenhower se decidiese por uno. Aunque oficialmente se suponía que no debía participar en los debates de planificación, Ike hizo algo más que esperar a que se los presentasen. Como dijo Stephen Ambrose: «Extraoficialmente, [...] estaba profundamente implicado, sobre todo haciendo visitas [...] y discutiendo detalles con los comandantes».[8] Lo bueno que tenían los múltiples planes era que Eisenhower se sentía absolutamente tranquilo en la víspera del inicio de la operación: todo lo que necesitase ser planificado y considerado, lo estaba. Ike pensaba que cuanto más meticulosamente planificases, más fácilmente podrías improvisar si eras sorprendido por oportunidades o catástrofes.

La fase de planificación también reordenó el equipo ejecutivo de Eisenhower. Todos sus principales lugartenientes, el británico Alexander (número dos global y del Ejército de Tierra), Cunningham (Marina), y Tedder (Fuerzas Aéreas) acabaron respetando a Ike y apoyándole sin objeciones. Originalmente asignados como una manera de tener militares británicos experimentados al cargo, todos acabaron

siendo hombres de Eisenhower, reconociéndole como el verdadero
líder de Día D, S. A.

Aunque sería bonito que cada ejecutivo tuviese el apoyo total de
su superior, la realidad es que los superiores, incluso las juntas de
directores, a veces se sienten obligados a entrometerse en la gestión
de un departamento, de una división de una compañía. En vez de
supervisar al gerente o al ejecutivo, se involucran en el funcionamiento de la organización. En vez de asegurarse de que el ejecutivo
comprende la estrategia, permanece centrado en el objetivo y dirige
la organización consecuentemente, dictan la estructura del departamento o deciden fechas de inicio, cuando la decisión debería ser, por
lógica, del ejecutivo.

## DEFINE TU OBJETIVO

- **Noquéalos**. Si tu objetivo es que tu competencia quiebre, no puedes
  permitirte hacerlo de un modo pausado. Cuando la oportunidad se presente,
  ve rápidamente por ella.

Eisenhower hizo frente a esta intromisión sin perder de vista la
estrategia ni el objetivo, aceptando la estructura que le fue impuesta,
y entonces trabajando tan duro y tan bien que los hombres que se
suponía que debían usurpar las funciones importantes de su cargo se
volvieron leales a él. El Ejército, como la mayoría de corporaciones,
está lleno de personas a las que les gusta maquinar y explotar la política de la organización para sacar ventaja. Ike demostró lo que puedes
lograr ignorando la política y centrándote en tu objetivo.

La planificación de Husky seguía adelante con sus ocho combina-
ciones, y cuando tuvo lugar otro problema ejecutivo que acosaría a Ike
durante el resto de la guerra: Montgomery contra Patton. De hecho,
realmente el conflicto era Monty contra todos los demás de Día D,

S. A. Nadie tenía una mejor opinión de Bernard Law Montgomery que él mismo. Como escribió Michael Korda, «Monty era solitario, arrogante, vanidoso, rencoroso, brillante en lo profesional, y estaba convencido de que siempre llevaba la razón».[9] Monty era increíblemente cauto, asegurando cada pequeño detalle antes de realizar un movimiento. Eisenhower se dio cuenta de que Monty siempre esperaba hasta tener tantos hombres y tanto material listo antes de actuar, que era casi imposible que nadie fallase en las mismas circunstancias. Sólo había un problema con este estilo: era lento.

Monty fue el primer comandante aliado en derrotar a los alemanes en la batalla de El Alamein, y esa victoria le convirtió instantáneamente en una leyenda. Eric Larrabee resumió el impacto de Montgomery:

> El-Alamein era más un símbolo que una batalla decisiva; era una reafirmación triunfal de coraje nacional. [...] Montgomery se convirtió en un símbolo apreciado, [...] entró en la compañía de los grandes capitanes. [...] Multitudes le seguían, anhelando tocar su manga. Se convirtió en una ley y no podía errar.[10]

La persecución posterior a la batalla de las fuerzas alemanas de Rommel en retirada por parte del general «No Podía Errar» no tuvo, por decirlo suavemente, velocidad. Los hombres de Rommel se retiraron de El Alamein en buenas condiciones y fueron capaces de unirse a las fuerzas alemanas que se enfrentaban a los Aliados que habían irrumpido en el oeste como parte de Torch. Este cuidadoso enfoque al estilo «todo está en orden» fue la marca registrada de Monty a lo largo de toda la misión de Día D, S. A., por lo que solía fallar a la hora de rematar con rapidez y tomar las oportunidades cuando se presentaban. Sin embargo, Montgomery estaba convencido de que él era el más capaz y el más brillante de todos los ejecutivos aliados; era desdeñoso con los estadounidenses y, en realidad, también con muchos de sus compañeros británicos. La arrogancia de Monty le llevó a decir que los ejecutivos de la Operación Husky estaban estructurados en demasiados niveles y producían planes demasiado pobres. Escribió en su diario: «La solución correcta era eliminar a Alexander, (lugarteniente de Ike y comandante de tierra) de Husky. Yo debo dirigir Husky. Con el nuevo plan (a la manera de Monty) sería una agradable y ordenada directiva para un cuartel general».[11]

La suposición de Monty de que ahora él estaba al mando de Husky lo hizo pasar mal a los hombres que realmente estaban a cargo de la operación: Eisenhower, Alexander, Cunningham y Tedder. Pero Ike reconoció que sólo porque Monty pensase que siempre tenía razón no significaba que no la tuviese en algunas ocasiones. La estructura ejecutiva de Husky (impuesta por la junta de Día D, S. A., recuerda) era liosa y tenía demasiados niveles. La idea principal de Monty también iba por buen camino: en vez de que las tropas desembarcaran en los extremos oriental y occidental de Sicilia, para dirigirse entonces al norte hacia Messina, tenía más sentido hacer que los británicos desembarcasen en la «esquina» oriental de la isla con los estadounidenses cerca como apoyo.

Messina era la llave de Sicilia. Si Día D, S. A. la alcanzaba con suficiente rapidez, podían dejar atrapados a un gran número de tropas alemanas e italianas en la isla. Controlarían toda Sicilia, y como Messina es la ciudad siciliana más cercana a Italia, tendrían un excelente punto de partida para operar en Italia. De acuerdo con el plan de Monty, los británicos avanzarían a lo largo de la costa este de Sicilia hacia Messina, con los estadounidenses avanzando en paralelo en su flanco occidental, protegiéndoles. Esto significaba que Patton, el líder de las fuerzas de tierra estadounidenses, no comandaría un desembarco propio e independiente, sino que seguiría a las tropas británicas en Sicilia, adoptando un rol subordinado a Monty.

A pesar del ego de Monty al presuponer que estaba al mando, y a pesar de cómo sacaba de quicio a los otros comandantes, especialmente el impredecible y brillante Patton, Eisenhower estuvo de acuerdo con él en la mayoría de los puntos importantes de su plan. Cuando Eisenhower cedió, eso reforzó la suposición de Monty de que él era el hombre apropiado para estar a cargo y enfureció a casi todos los ejecutivos de Día D, S. A. Seguir adelante con el plan de Monty también preparó a los Aliados para tener éxito en Sicilia, pero al habitual paso lento de Monty, que podría haber significado un gran número de bajas para las fuerzas de Día D, S. A. y un gran número de fuerzas de los competidores escapando con éxito a Italia, en donde el combate tendría que reanudarse.

¿Por qué tomó Ike esta decisión? Por dos motivos: el plan de Monty *era* mejor, y Ike estaba convencido de que la misión no tendría éxito si Día D, S. A. no era una organización completamente aliada. No podía tener favoritismos con sus compañeros estadounidenses. Ike no estaba dispuesto a darle un toque de atención a Monty cuando era un héroe para el pueblo británico. Por mucho que hubiese querido poner a Monty en su sitio, Eisenhower refrenó su ira e hizo lo que pensó que era mejor para permitir que Día D, S. A. alcanzara su objetivo.

## MANEJA A TU GENTE

- **Tener razón o estar a cargo**. No importa lo mucho que pueda desagradarte uno de tus compañeros ejecutivos, si él o ella tienen razón sobre alguna cosa, admítelo. Ni te molestes en defender tu antigüedad o tu poder. Casi nunca ayuda a completar el trabajo.

Puede que hubiese otros intrincados factores en la resistencia de Eisenhower a disciplinar a Monty. Aunque Ike no había estado al mando directo de las unidades de combate, había permitido a las unidades aliadas, especialmente a las estadounidenses, adentrarse muy lentamente en Túnez. Su cuidadoso acercamiento imitó el de Montgomery. Otro factor fue que durante los primeros días de Día D, S. A., Ike fue lento en despedir a cualquiera. A medida que los Aliados se desplazaban al este hacia Túnez, se hizo evidente que se necesitaba reemplazar inmediatamente al estadounidense Lloyd Fredendall.[*] Era incluso más cauteloso que Montgomery y perdió ante Rommel en Kasserine. Y había un hombre agresivo disponible esperando entre bastidores: George Patton. Patton dirigió con éxito el desembarco de las tropas con éxito en Casablanca y estaba al mando de un cuerpo de ocupación en Marruecos, pero no había competencia activa en esa zona. Patton no hacía nada excepto pasar revista a las tropas regularmente. Sin embargo, Eisenhower no intercambió a los dos hombres, permitiendo que el largo y lento avance a rastras hacia Túnez continuase. Ike era cauteloso debido a su inexperiencia y Monty era cauteloso porque estaba en su naturaleza serlo.

Una vez terminadas las operaciones africanas, Eisen-hower quedó libre para motivar a sus ejecutivos estadounidenses a procurar más productividad para sus tropas. Pero fue mucho después de Sicilia, e incluso muchos después de Normandía, más de un año más tarde, cuando finalmente comprendió cómo hacer que Monty avanzase más rápido: dándole órdenes muy específicas y no dejando, en lo posible, que Monty decidiese sobre sus planes y prioridades. Pero incluso cuando Ike, de mala gana, adoptó este método de microadministración, Monty continuó resistiéndose, rindiendo a un nivel mediocre, en el mejor de los casos, debido a su lenta y cauta aproximación a cada proyecto. La cruda realidad es que, según la mayoría de pruebas de rendimiento, Montgomery estaba por debajo de la media. Y Eisenhower fracasó al dirigirle y motivarle adecuadamente. En una sociedad anónima, la carencia de una adecuada gestión de los ejecutivos causará pérdidas significativas en el valor de las acciones. En el ambiente competitivo de Día D, S. A., contaba vidas.

---

[*] Fredendall fue finalmente reemplazado en marzo de 1943 y regresó a Estados Unidos a asumir un puesto de instructor. Nunca más fue puesto a cargo de unidades de combate.

## MANEJA A TU GENTE

- **Reemplázalos**. Probablemente es lo que más le cuesta a un gerente, pero cuando la gente no cumple, te tienes que deshacer de ellos.
- **Microadministración**. Si consideras que tienes que conservar a alguien (a lo mejor el sobrino del jefe), dale instrucciones muy específicas. Es una forma terrible de administrar, pero si estás comprometido, lo estás.

La Operación Husky también proporcionó a Eisenhower una ventaja sobre su ejecutivo estadounidense más provocador: Patton. Una vez que Día D, S. A. hubo entrado en Sicilia, a Patton le irritaba desempeñar un rol de apoyo para el lento Montgomery. Patton sabía que podía hacerlo mucho mejor y demostró su descarada brillantez abandonando el plan operacional, atajando por el oeste hasta Palermo, y luego avanzando deprisa a través de la costa norte hasta Messina por delante del resto. El éxito de Patton le tocó las narices a Monty. Además, Patton sólo fue capaz de ir al oeste y luego girar al norte dejando atrás al compatriota estadounidense Omar Bradley para que siguiese el plan original avanzando en paralelo a Monty y combatiendo sobre terreno salvaje y contra una oposición alemana de primera categoría. En secreto, Ike estaba contento con la agresividad de los estadounidenses, tanto por la velocidad de Patton como por la resistencia de Bradley. Ambos superaron a Montgomery. Pero Eisenhower estaba comprometido con una estructura ejecutiva aliada para su organización, y eso significaba que tenía que preocuparse por el ego herido de Monty (que Patton dejase a Bradley para que continuase protegiendo el flanco de Monty enfureció a Bradley, pero era demasiado bueno para hacerle la vida difícil a Ike).

Poco después de ilusionar a la mayoría de Día D, S. A. por tomar Messina, no obstante, Patton desató un infierno para Eisenhower. Abofeteó a un soldado en un hospital, llamándole cobarde en voz alta en presencia del horrorizado personal médico. Ike solicitó una investigación, esperando que una pesquisa rápida y eficiente le permitiese ocuparse del incidente en silencio. Su opinión de la situación era que: «Si esto llega afuera, aullarán por la cabellera de Patton, y ese será el fin del servicio de Georgie en esta guerra. Sencillamente no puedo dejar que eso ocurra. Patton es *indispensable* para el esfuerzo de la guerra, uno de los garantes de nuestra victoria».[12]

Eisenhower tuvo que resignarse a menudo a aguantar la ilimitada arrogancia de Monty por el bien de la alianza, necesaria para que Día D, S. A. tuviese éxito. Ahora se enfrentaba a la pérdida de Patton, su hombre indispensable. Ike estaba consternado por la conducta de Patton; le dijo a Patton que nada podía «excusar el ensañamiento, el maltrato de los enfermos ni la exhibición de un temperamento incontrolable delante de los subordinados». Ike continuó, diciéndole que el incidente causó «serias dudas […] acerca de tu utilidad futura».[13] Reprendió a Patton con severidad, aunque de manera extraoficial, diciéndole que otro paso en falso sería el fin. Ike y Patton llevaban siendo amigos mucho tiempo, y Ike era optimista al pensar que su amistad, así como la sed de Patton de gloria militar personal, mantendrían al arremetedor general bajo control.

El incidente del soldado abofeteado pareció estar resuelto durante dos días. Varios periodistas fueron al despacho de Eisenhower y dijeron que tenían los datos concernientes al maltrato del soldado por parte de Patton. Si Ike despedía a Patton, mantendrían la historia en secreto.

Eisenhower respondió diciéndoles que «la tensión emocional y la impulsividad de Patton son las mismas cualidades que le convierten, en situaciones difíciles, en tan destacable líder de un ejército. Cuanto más dirija a sus hombres, más salvará sus vidas».[14] Ike les dijo que Patton era crucial para el éxito de Día D, S. A. Los periodistas accedieron a mantener el suceso en secreto. Patton continuó con sus aportaciones a la misión.

## MANEJA A TU GENTE

- **Principios antes que individuos**. No importa el por qué ni lo mucho que alguien te moleste; si él o ella contribuye al éxito de la misión, averigua cómo trabajar juntos.

## SÉ SINCERO

- **La sinceridad es la mejor política**. En estos tiempos de medios de comunicación carroñeros, la sinceridad de Ike con la prensa podría no haber funcionado. Pero no puedes esconderte de los medios. Bob Nardelli, gerente general de Home Depot, tomó la decisión de no darle siquiera la hora ni a la prensa ni a sus accionistas, y esa actitud arrogante le costó su puesto.

Eisenhower consiguió conservar a sus dos ejecutivos estrella, Monty y Patton. Estaba absolutamente seguro de que ambos eran necesarios para que la organización alcanzase sus objetivos principales, así que hizo los ajustes necesarios. Puso la misión por encima de su propio bienestar emocional al lidiar con ambos hombres. Monty continuó haciendo su trabajo despacio y con arrogancia, pero desempeñó a la perfección su papel de chico inglés con *glamour* en el equipo aliado. Patton continuó causando altercados con las relaciones públicas, pero también arrasó a su oposición casi a cada paso.

Omar Bradley, el tercero de los tres comandantes de división de combate, continúo su éxito en el norte de África demostrando en Sicilia que era tranquilo, duro, y extremadamente astuto. No causó ninguno de los problemas de sus dos colegas; era más productivo que Monty y casi tan productivo como Patton. Puede que no fuese indispensable, como Ike dijo de Patton, pero en Bradley se podía confiar. Cuando el jefe de Eisenhower, George Marshall, pidió una recomendación para el ejecutivo que se encargaría de la Armada estadounidense en Inglaterra, Ike propuso a Bradley de inmediato y con entusiasmo. Cuando llegó la Operación Overlord, en junio de 1944, Bradley, no el veterano Patton, era el líder ejecutivo de todas las fuerzas estadounidenses en Francia; Patton acabó trabajando para Bradley. Hacia el final de 1944, Bradley estaba en una posición igual a la de Monty en Día D, S. A.

Bradley, Montgomery y Patton desempeñaron importantes roles según Día D, S. A. progresaba. La Operación Husky permitió a Ike comprender con claridad qué es lo que cada hombre aportaba a la organización y cómo usarlos de la mejor forma para alcanzar el objetivo.

## ADMINISTRA TU EQUIPO EJECUTIVO

Podrías leer este título y decir: «Vamos, ¿acaso es tan difícil dirigir un equipo con tus propios chicos?» («Chicos» en este uso no especifica el género.) Por un lado, no siempre se pueden escoger los miembros de tu propio equipo, y a veces, incluso cuando haces la elección, puede que cometas el error y tengas que quedarte callado. *De acuerdo*, piensas, *todavía soy el que da las órdenes así que ¿cómo de difícil puede ser?* Recuerda que el título de Eisenhower durante gran parte del periodo de Día D, S. A. era comandante supremo. Hablando de la capacidad de dar órdenes, Ike era el jefe supremo. Seguro que lo tuvo muy fácil, ¿no? Sólo que ya vimos que no era verdad. Monty nunca escuchaba a nadie más que a sí mismo, Patton prometía comportarse y después actuaba de mala manera una y otra vez. La supremacía de Ike no garantizaba el tipo de equipo que él quería. Puesto que es poco probable que cualquiera que lea este libro tenga un título superior o más poder aun que el supremo, conseguir que tus ejecutivos formen parte de un equipo de jugadores es un problema que todos los gerentes tendrán que tratar en algún momento.

En los años 70, Henry Ford II no quiso trabajar con Lee Iacocca y acabó despidiéndole. Iacocca llevó sus ideas, como la *minivan*, a Chrysler, donde inventó una categoría entera de productos dentro del mercado de automóviles y devolvió a la compañía la solvencia en los años 80. Y lo hizo, en gran parte, con las ideas que había intentado implementar en la compañía de Ford. Henry Ford solucionó sus problemas personales con Iacocca de la peor forma posible. Se deshizo de Iacocca y permitió que su competencia se beneficiase de las ideas y energía de su ex ejecutivo. Eisenhower, por el contrario, se tragó su desacuerdo con Monty y su aborrecimiento hacia la actitud de Patton y se aprovechó del carisma de Monty con los británicos y de la brillante agresividad de Patton en el campo de batalla.

En otro desastre de equipo, a mediados de los años 90 la compañía de Walt Disney luchó de un modo espectacular con la mala administración de su equipo gerencial, especialmente con su plan de sucesión. El presidente y gerente general Michael Eisner quería traer a un gran talento como presidente de Disney y su futuro heredero. El presidente de Disney, Frank Wells, murió en un accidente de helicóptero en 1994 y Eisner tenía problemas de salud. Un claro sustituto para Wells era Jeffrey Katzenberg, presidente de la división de películas de Disney y responsable de una serie de películas de éxito (*La Sirenita, el Rey León*) así como también de la firma de un acuerdo con Pixar (*Toy Story*) y de la adquisición de Miramax. Eisner decidió absorber las funciones de Wells y forzó a Katzenberg a marcharse de la empresa en 1994. Katzenberg unió fuerzas con Steven Spielberg y David Geffen para fundar Dreamworks SKG y produjo el estupendo éxito *Shrek*, así como películas ganadoras del Oscar como *American Beauty, Gladiador y Una Mente Maravillosa*.[15]

Eisner, mientras tanto, había decidido que Michael Ovitz, el jefe de la Agencia Creativa de Artistas y conocido por todos como el hombre más poderoso de Hollywood, iba a ser un perfecto número dos. Después de un prolongado cortejo, Eisner consiguió a su hombre.

Catorce meses más tarde, Eisner despidió a Ovitz. Gracias al paracaídas de oro negociado por Ovitz, sólo le costó a Disney 140 millones de dólares el despedirle. Sí, 140 millones de dólares por hacer su trabajo tan mal como para ser despedido. Esto se convirtió en el chiste de las conversaciones de pasillo de las empresas estadounidenses: «Caramba, me podían haber contratado a mí por diez o veinte millones de dólares y habría sido feliz cuando me hubieran despedido. Se habrían ahorrado más de cien millones de dólares, y estoy convencido de que podría haberla cagado tanto como Ovitz».

El despido y la indemnización causaron tanta indignación que, después de varios años, dos de los principales accionistas de Disney, incluyendo el sobrino de Walt Disney, Roy Disney, demandaron a la junta directiva, incluido a Eisner. En el juicio, dependiendo de quién estuviese declarando, los testigos decían que Ovitz había sido bloqueado por Eisner porque había intentado adquirir una parte de Yahoo!, contratar un nuevo talento y montar una empresa conjunta con Sony. Dos de los directivos de Disney informaron a Ovitz de que no iban a rendirle cuentas a él. Otros declararon que los altos cargos odiaban a Ovitz y que en vez de ir en autobús con el resto de sus compañeros ejecutivos a un retiro de la empresa, Ovitz prefirió ir solo en una limosina.

En 2005, el canciller William B. Chandler III del Tribunal Superior de Delaware resolvió a favor de Disney. Pero arremetió contra la manera en que administró Eisner a su equipo ejecutivo, que incluía a la junta directiva de Disney: «Sus equivocaciones fueron muy numerosas. Fracasó a la hora de mantener a su junta informada como era debido. En virtud de su maquiavélica (e imperial) naturaleza como gerente general, y su control sobre la contratación de Ovitz en particular, Eisner es en gran parte el responsable de los fallos en el proceso que infectó y obstaculizó la capacidad de la junta directiva de tomar decisiones».[16]

En resumen: Eisner echó a un gran talento que ya estaba dentro de la empresa, contrató al hombre equivocado, le despidió por 140 millones de dólares, y gastó aun más millones del dinero de la empresa en honorarios de abogados. A pesar de que Eisner y la junta directiva fueron exculpados, Eisner perdió su posición como presidente de Disney y luego se retiró un año antes de que su contrato como gerente general venciese. Es posible que Jeffrey Katzenberg tuviera más éxito en Dreamworks que el que hubiera tenido en Disney, pero, ¿no hubiese sido mejor para Disney mantener su talento en la empresa en vez de pagar 140 millones de dólares por un tipo que fracasó? A pesar de los problemas personales que tuviese Eisner con Katzenberg y Ovitz, es difícil imaginar que fuese más estresante o contraproducente que lo que Eisenhower padeció con Montgomery y Patton. Pero Ike mantuvo y manejó a ambos hombres, y Día D, S. A. salió beneficiada de ello.

En cuanto a Disney, gracias a Dios que Mickey Mouse era (y es aún) más importante para su futuro que Michael Eisner.

Las fuerzas estadounidenses de Patton tomaron Messina antes que Monty, finalizando la Operación Husky con eficiencia. Pero ni siquiera la velocidad de Patton fue suficiente para atrapar a las fuerzas alemanas, que se retiraron ante Patton y Monty mientras infligían un daño sustancial durante la huída. A pesar de que Día D, S. A. tuvo éxito al obtener Sicilia y ahora controlaba el Mediterráneo, en términos de rendimiento, los alemanes lo hicieron mucho mejor que su competencia, obligando a los Aliados a dedicar mucho tiempo, recursos militares y hombres a alcanzar su objetivo.

Casi al mismo tiempo que Patton tomaba Messina (a mediados de agosto de 1943), a Eisenhower le diagnosticaron hipertensión y le ordenaron pasar una semana de reposo en la cama. Ike acabó tomándose sólo un día, e incluso no fue completamente de reposo. En este día libre, Ike evaluó su actuación como gerente general de Día D, S. A. durante las operaciones Torch y Husky. Realizó su autoevaluación en presencia de Harry Butcher, un viejo amigo de la familia que servía como edecán naval de Ike, pero que realmente desempeñaba el rol de confidente.

Stephen Ambrose escribió: «Fue una autocrítica precisa, aunque dolorosa, y una señal de que el hombre la realizó de forma sincera». En su crítica, Eisenhower dijo que había cometido graves errores. Los desembarcos de Torch no debían haber sido en Marruecos y Argelia, sino más lejos, hacia el este de Túnez. Y, echando la vista atrás, consideró que debía haber iniciado Husky a ambos lados de Messina, al norte de Sicilia, para atrapar rápidamente a los alemanes en la isla. Pero había sido demasiado cauteloso, sobreestimando la fuerza de la oposición a la que se enfrentarían sus tropas. En vez de ir directo a por el corazón de las operaciones de su competidor, Túnez en Torch y Messina en Husky, escogió una estrategia lenta pero segura que tomó demasiado tiempo y costó demasiadas vidas. Eisenhower se consideró culpable del mismo fallo que Fredendall en Túnez y que Monty en el norte de África y Sicilia: fue demasiado tímido. Eisenhower escribió: «Una persecución veloz e implacable es la acción más provechosa en la guerra»,[17] y no había sido implacable ni veloz. Ambrose resumió la autocrítica de Eisenhower: «Quedaban varias campañas por llegar, y no quería repetir sus errores».[18]

## SÉ SINCERO

- **Da un paso adelante**. Eisenhower era sincero en sus autoevaluaciones y siempre estaba dispuesto a aceptar la responsabilidad del resultado de sus acciones. No malgastes el tiempo buscando el modo de echar las culpas a otros. Admite errores; aprende de ellos; sigue adelante.

La Operación Avalanche, la invasión de la península italiana en septiembre de 1943, casi llegó a última hora. Husky fue abordada con la premisa de que el siguiente paso se decidiría según progresasen las operaciones en Sicilia. Churchill y los militares británicos en la junta de Día D, S. A. estaban de acuerdo en expandir las operaciones en el Mediterráneo y esperar a ver qué pasaba para iniciar Overlord. Tenían su esperanza puesta en que un éxito en el Mediterráneo haría innecesarias las operaciones en Francia. George Marshall quería retirar el máximo posible de tropas de Sicilia y enviarlas a Inglaterra para que fuesen equipadas de nuevo y entrenadas para Overlord, para lo que faltaban nueve meses. Eisenhower normalmente coincidía con Marshall en que toda la atención de Día D, S. A. debía centrarse en Francia, pero también pensaba que Italia era una oportunidad demasiada buena de golpear a su competencia alemana como para dejarla pasar.

El jefe del gobierno italiano, Pietro Badoglio, empezó a hablar de negociar algún tipo de rendición italiana con los Aliados mientras Husky estaba aún en vías de ejecución (también estaba negociando con los alemanes al mismo tiempo, aparentemente en busca del mejor trato). Ike no dudó en considerar esa posibilidad de negociación, a pesar de su experiencia negativa con el almirante francés Darlan en el norte de África. El acuerdo Darlan causó a Eisenhower quebraderos de cabeza con los franceses y con los miembros de su junta en Washington y Londres. Y nunca aportó realmente ningún beneficio apreciable para Día D, S. A. Sin embargo, Ike estaba dispuesto a intentar cualquier cosa que pudiese generar beneficios para su organización, especialmente cualquier cosa que pudiese salvar vidas. Desafortunadamente, las señas de Badoglio eran confusas, y las negociaciones no fueron productivas.

Al mismo tiempo, los alemanes estaban aumentando el número de sus tropas, especialmente en torno a Roma. Eisenhower ordenó a Monty entrar en Italia desde Messina, y el 3 de septiembre de 1943, los británicos se convirtieron en las primeras fuerzas de Día D, S. A. en entrar al continente europeo, desembarcando en Calabria, la parte más meridional de Italia. Montgomery se enfrentaba a la misma competencia alemana que acababa de retirarse con éxito de Sicilia, y se enfrentaba a ellos en un terreno que era incluso peor que cualquiera de los retos geográficos de Sicilia. Si Día D, S. A. quería tener éxito en Italia, necesitaba lanzar otra gran operación anfibia mucho más al norte de la bota italiana.

Había problemas logísticos para lanzar otra gran operación anfibia. El equipo de planificación de Eisenhower quería más bombarderos pesados para allanar el terreno y más lanchas de desembarque para llevar las tropas de Día D, S. A. a tierra en Italia, y Ike estaba completamente de acuerdo con ellos. Pero los bombarderos estaban ocupados bombardeando Alemania y la mayoría de las lanchas de desembarco tenían programado el ir a Inglaterra como parte de los preparativos para Overlord. Si se usaban demasiadas lanchas de desembarco para entrar en Italia para Avalanche, retrasaría las operaciones en Francia para Overlord.

Otro problema era que, al igual que con las lanchas de desembarco, Ike no tenía tropas ilimitadas para dedicarlas a la operación. Marshall insistió en que la concertación de tropas para Overlord se iniciase en Inglaterra. Muchas de las tropas que Eisenhower mandaría a

Italia eran relativamente inexpertas. Por último, debido a la poca autonomía de los aviones de combate, Dia D, S. A. solo podría llegar hasta
Salerno, y en realidad necesitaba llegar aún más cerca de Roma, unos
250 kilómetros más al norte.

Eisenhower era tan consciente de las limitaciones de la tropa y de
Salerno como destino como lo era de los problemas de insuficiencia de
aviones y barcos. Admitió en su diario que sus lugartenientes le advir-
tieron acerca de los aviones y las lanchas, y le pidieron que cancelase
la invasión. Pero Ike decidió seguir adelante, incluso con un limitado
número de efectivos. Escribió en su diario que la decisión de continuar
«era únicamente mía, y si las cosas salían mal no hay nadie a quien cul-
par excepto a mí mismo». En una nota a Marshall dijo que si Avalanche
fallaba, «simplemente […] anunciaré que uno de nuestros desembarcos
ha sido rechazado debido a mi error».[19]

Los desembarcos no fracasaron, aunque por un margen muy
pequeño.

Como de costumbre, Eisenhower y su equipo tenían un plan B
para un escenario en el que todo saliese mal: las fuerzas invasoras de
Salerno se retirarían por la playa y embarcarían de nuevo en las mismas lanchas que los habían depositado allí. Al poco de desembarcar
pareció que aquel caso estaba a punto de ocurrir. Los alemanes avanzaron por una brecha entre las tropas británicas y estadounidenses y
estuvieron a punto de eliminar a toda la tropa. Mark Clark, que estaba
al cargo de la acción en Salerno, luchó por mantener el control de
sus tropas divididas. Envió un mensaje a Ike diciendo que planeaba
evacuar su cuartel general a un barco para que pudiese comunicarse
más fácilmente con sus tropas separadas y concentrar sus energías en
la que pareciese tener una oportunidad de ganar.

Eisenhower estaba furioso. Respondió a Clark que «el cuartel
general debía ser desplazado en último lugar y que el comandante
general debía permanecer con sus hombres para darles confianza.
Debía mostrar el espíritu de un capitán naval, y, si era necesario, hun-
dirse con su barco».[20]

## PLANIFICA PARA EL ÉXITO

- **Dalo todo**. La competencia, como se ha dicho anteriormente, implica riesgo. A veces el tipo de riesgo en que te juegas el todo por el todo. Si haces ese tipo de apuesta, sigue con ella. Respáldala con tus acciones. No malgastes tiempo buscando una manera de minimizar tus pérdidas: lo apostaste todo, ¿no es así?

Clark permaneció en tierra, y sus tropas demostraron un asombroso arrojo al repeler a los alemanes. Los artilleros se negaron a emprender la retirada a pesar de estar bajo ataque directo de tanques alemanes; las naves británicas y de EUA se acercaron a la orilla, en aguas muy poco profundas, y dispararon su armamento hasta que se quedaron sin munición; y los hombres de la 82ª División Aérea realizaron dos lanzamientos en paracaídas nocturnos en la cabeza de playa de Clark y entraron directamente en acción. Día D, S. A. resistió en Salerno. A finales de septiembre, incluso con Salerno asegurada, se hizo evidente que Avalanche fue un fracaso estratégico. Las operaciones en Italia no brindarían una oportunidad para una rápida victoria sobre la competencia alemana. Y ahora que Día D, S. A. estaba en Italia, no podía salir de allí fácilmente. Cada hombre y cada ápice de material que fue desplegado en Italia eran un hombre o una pieza de material que no podía ser utilizado en Francia. En unos pocos días, tras conseguir Salerno, se hizo evidente para casi todo el mundo que las operaciones en Italia no serían suficientes para finalizar la misión contra los alemanes. Overlord era necesaria. Como Churchill se angustiaba tanto al pensar en hombres aliados muriendo en playas francesas, fue el último de los miembros de la junta de Ike en aceptar esta realidad. Pero después de Avalanche, a pesar de la duda y de las continuas sugerencias de planes alternativos de parte de Churchill, Overlord se volvió inevitable. Día D, S. A. se centró por completo en Overlord.

Roma no fue liberada del control alemán hasta el 5 de junio de 1944, pero la noticia se perdió en el impresionante contexto de Overlord. Eisenhower y toda la organización de Día D, S. A. al completo obtuvieron una valiosa experiencia al afrontar Avalanche, sin embargo, y las operaciones en Italia sí que consiguieron mantener ocupadas a una gran cantidad de tropas alemanas contra las que los hombres de Día D, S. A. hubiesen tenido que enfrentarse en Francia. Pero sólo había una manera de alcanzar la victoria contra los alemanes: combatir cara a cara por el territorio. Y sólo había una manera de hacerse con el territorio de la competencia: tomarlo por la fuerza.

Eso es lo que haría Overlord.

## NOTAS DEL INFORME

### ESTRATEGIAS: DEFINE TU OBJETIVO, CÉNTRATE EN TUS OBJETIVOS

- **Céntrate en tu propósito principal.** Recuerda siempre por qué estás en el negocio.

### ESTRATEGIAS: PLANIFICA PARA EL ÉXITO, PLANIFICA PARA IMPLEMENTAR

- **Cuando el jefe tenga una buena idea, síguela.**
- **Nunca hay demasiados planes.** La planificación avanzada y efectiva para múltiples escenarios está estrechamente relacionada con la gestión de riesgos, aumentando tus posibilidades de sobrevivir a una crisis.
- **Deja tus puertas abiertas a nuevas posibilidades y toma las decisiones de una en una.**
- **La planificación es la disciplina que te da la flexibilidad.** La planificación te permite considerar todas las contingencias y prepararte para ellas.
- **La planificación es un ejercicio de formación de equipo.**

## ESTRATEGIAS: MANEJA A TU GENTE (INCLUYÉNDOTE A TI MISMO), MOTIVA A TU GENTE

- **Acepta la locura.** Cuando te enfrentas con una organización ilógica, incluso con una descripción de tu trabajo poco funcional, acéptala y sigue adelante. Es increíble lo que se puede conseguir si inviertes tu energía en hacer las cosas.
- **Reemplázalos.** Si la gente no cumple, deshazte de ellos.
- **Microadministración.** De acuerdo, unos cuantos capítulos atrás, dije que no hicieses esto, pero si estás comprometido con un incompetente (a lo mejor, algún pariente de alguien), dale a él o a ella instrucciones muy específicas.
- **Principios antes que individuos.** Si alguna persona difícil contribuye al éxito de la misión, averigua cómo trabajar con este individuo.

## ESTRATEGIA: SÉ SINCERO

- **Sé sincero contigo mismo.** Cree en ti mismo y en tu visión del objetivo de la organización.
- **La sinceridad es la mejor política.** Sí, lo es.
- **Da un paso adelante.** Admite errores, aprende de ellos, sigue adelante.

## ESTRATEGIA: PLANIFICA PARA EL ÉXITO

- **Dalo todo.** La competencia, como se ha dicho anteriormente, implica riesgos. A veces el tipo de riesgos en los que te juegas el todo por el todo. Si haces ese tipo de apuesta, sigue con ella. Respáldala con tus acciones. No malgastes tiempo buscando una manera de minimizar tus pérdidas: lo apostaste todo, ¿no es así?

# CINCO

# OVERLORD–DÍA D: EL COMANDANTE SUPREMO

## Cómo tomar decisiones de vida o muerte

Mientras la campaña italiana realizaba su difícil y lento progreso a lo largo del otoño de 1943, la junta directiva de Día D, S. A. centró su atención en Overlord. Stalin y Marshall querían concentrar los esfuerzos de la organización en Francia. Churchill y sus militares de alto rango se mostraban aún renuentes, pero también reconocieron que las operaciones en Italia no iban a proporcionarles una vía rápida para triunfar contra sus enemigos. Churchill también sabía que Stalin se estaba impacientando, y con razón. Los soviéticos llevaban tres años combatiendo con los alemanes; el daño a su país, su industria, y su población era asombroso. Stalin estaba convencido de que solamente las operaciones en Francia, tan cerca del corazón del territorio alemán, aliviarían la incesante presión que la Unión Soviética estaba experimentando. Quería Overlord, y lo quería ya, o incluso antes.

FDR, como ocurría a menudo, se estaba tomando su tiempo para decidir. El presidente de Día D, S. A. siempre respaldó a Overlord como la operación que conduciría a la derrota alemana, pero se dio cuenta de que había problemas logísticos. Overlord no fue posible hasta la primavera de 1944: no había suficientes lanchas de desembarco. Winston Churchill resumió el problema cuando dijo: «El destino de dos grandes naciones parece que está determinado por algunas [...] cosas que se llaman LST y LCI».[1] (LST: lancha de desembarco para tanques; LCI: lancha de desembarco de infantería, por sus siglas en inglés.) Por frustrante que fuese esperar, FDR, Churchill y todos los miembros de Día D, S. A. tendrían que hacerlo hasta que las lanchas de desembarco estuviesen disponibles. Al mismo tiempo, FDR no quería que los recursos que ya estaban allí se utilizasen hasta 1944, pero (y era un «pero» muy grande) cuantos menos recursos se utilizasen en otras operaciones que no fuesen Overlord, más pérdidas se causarían, y eso perjudicaría los preparativos para Overlord. Puesto que Roosevelt no sabía qué hacer, se demoró en tomar las decisiones.

La decisión más apremiante que arrastraba FDR era la de quién estaría al mando de Overlord. Stalin necesitaba la operación para aliviar la presión sobre sus fuerzas y consideró que si los estadounidenses y los británicos se comprometían seriamente con Overlord, pondrían un ejecutivo al mando. Dejó muy claro a FDR y Churchill que hasta que alguien fuese nombrado jefe él permanecería insatisfecho. Dado el enorme esfuerzo que los soviéticos hacían contra los alemanes, no era el mayor interés de los Aliados dejar a Stalin insatisfecho durante más tiempo del necesario.

Sin embargo, Roosevelt retrasaba el momento de tomar la decisión. Recuerda que cuando al principio Eisenhower llegó como gerente general a Inglaterra, en junio de 1942, sólo se le consideró gerente general en *funciones*. Ike no era más que un ejecutivo provisional, encargado de designar y construir la organización capaz de llevar a cabo Overlord. Poco más de un año después nada había cambiado. Prácticamente todos los altos cargos estadounidenses y británicos pensaban que el comandante de Overlord sería George Marshall. FDR llegó a confiar en Marshall como su hombre para todo y estaba desesperado por conservar a su asesor más fiable cerca. Pero también quería que Marshall tuviese su oportunidad de hacer historia en el mando más importante de la guerra. FDR dijo a Eisenhower: «Tú y yo, Ike, cono-cemos el nombre del jefe del Estado Mayor en la Guerra Civil, pero pocos estadounidenses fuera de los servicios profesionales lo saben».[2]

Tanto FDR como Ike sabían que el jefe de operaciones de mayor éxito en la Guerra Civil, Ulysses S. Grant, se presentó a presidente. En octubre de 1943, el estatus de Eisenhower como gerente gene-ral en funciones era más que suficiente para crear la sensación de que podría ser candidato para presidente en las elecciones del año siguiente. El hombre que estaba a cargo de Overlord podría hacer historia después de la guerra.

Decía mucho de Marshall y de Eisenhower que ninguno de los dos ejerciera presión para obtener el puesto. En realidad, Marshall dijo que con mucho gusto serviría donde el presidente le colocase. Eisenhower estaba dispuesto a dar el paso y tomar el cargo de coman-dante de la Armada estadounidense dentro de Día D, S. A. Los dos ejecutivos estadounidenses no eran los únicos que actuaron desinte-resadamente. El general británico Alan Brooke, que tenía el mismo puesto que Marshall en Inglaterra, también fue considerado para el alto cargo, pero se retiró debido a que Estados Unidos había contri-buido con más hombres y material a Día D, S. A.

Stalin no era el tipo de hombre que se preocupaba de los poli-tiqueos entre bastidores de Día D, S. A. ni de las posibles futuras consecuencias para el hombre que tenía que dirigir Overlord. Sólo quería que lo designasen de inmediato. Como el puesto estaba libre, eso significaba para Stalin que los estadounidenses y los británicos carecían de voluntad de iniciar la operación.

Churchill, al igual que Alan Brooke, pensaba que un estadouni-dense debería estar al mando. Estaba lejos de sentirse entusiasmado con Overlord, pero si tenía que ocurrir, un estadounidense debería ocupar el primer puesto de la organización.

Eso le dejó la decisión a Roosevelt.

Estaba dividido entre su deseo de nombrar a George Marshall para el puesto y su dependencia de la sensatez y sabiduría que aquel

hombre ponía a su disposición todos los días como su jefe de personal. FDR revisó todas las opciones:

- Marshall era el gran campeón de la junta directiva de Día
  D, S. A. para Overlord. Todos los gerentes británicos le
  respetaban y le escuchaban.
- Incluso Ernest King, de la Armada de EUA, un carácter
  especialmente difícil, respetaba a Marshall.
- Douglas MacArthur, que era gerente general de la
  división sudoeste del Pacífico de la Armada de EUA, era
  otra persona difícil que escuchaba a Marshall.
- Eisenhower tenía más experiencia en operaciones del tipo
  de Overlord que ninguna otra persona viva, habiendo
  dirigido con éxito Torch, Husky y Avalanche.
- Eisenhower había construido Día D, S. A., conocía a
  todos los participantes, y trabajaba bien con todos los
  implicados, especialmente con los británicos.

FDR dejó a un lado sus deseos personales, se centró en la misión,
y entendió que Marshall prestaría un mejor servicio a la organización permaneciendo en su cargo. A comienzos de diciembre de 1943,
Roosevelt se reunió con Eisenhower en Túnez. FDR estaba volviendo a
Washington después de reunirse con Churchill y Stalin en Teherán. Ike
se reunió con el presidente en el aeropuerto; mientras se alejaban en el
coche, FDR se giró hacia él y dijo: «Bien, Ike, vas a dirigir Overlord».[3]

## MANEJA A TU GENTE

- **Selecciona gerentes que se adecuen a tu misión**. Suena obvio, ¿no
  es así? Pero Michel Eisner no lo hizo cuando expulsó a Jeffrey Katzenberg y
  contrató a Michael Ovitz para Disney. FDR, mirando más allá de todos sus
  impulsos y deseos personales, tomó la decisión correcta, con la única idea
  de cumplir el objetivo de Día D, S. A.

Roosevelt hizo público el nombramiento en la Nochebuena de 1943. El rango de Eisenhower fue una sorpresa: Comandante Supremo de las Fuerzas Expedicionarias Aliadas. Michael Korda escribió que FDR intentó tranquilizar a Stalin y enviar un mensaje a Churchill y a Hitler diciendo que nada podría «interferir o atrasar la principal operación de la Segunda Guerra Mundial: la invasión de Europa y la conquista de Alemania». Con el título de comandante supremo, FDR estaba reafirmando el objetivo de Día D, S. A., y no podía haber escogido un hombre mejor. Nadie más que Eisenhower, a excepción de George Marshall, había puesto toda su atención en Overlord como la operación principal en la lucha contra la competencia alemana. Korda dijo de FDR que «consiguió el objetivo más importante para él: la concentración de todo el poder de Estados Unidos, el Reino Unido y Francia en manos de un hombre, que lo usaría con el único propósito de derrotar a Alemania».[4]

Las operaciones en Italia pasarían a manos de un nuevo gerente general para las operaciones en el Mediterráneo, el general Sir Henry Maitland Wilson, con el general británico Alexander y el general estadounidense Mark Clark al mando de las fuerzas de tierra. El largo y duro esfuerzo continuó incluso después de que Italia se rindiese oficialmente el 8 de septiembre de 1943. Los italianos habrían preferido que las hostilidades cesasen, pero cuando dos grandes rivales extranjeros tienen el control de todo tu país, tu rendición no cuenta demasiado para detener la contienda.

Inmediatamente Eisenhower empezó a reunir a su personal ejecutivo para Overlord. Quería que Alexander continuase en su puesto de comandante de regimiento. Durante las operaciones de Husky y Torch, Alexander actuó como número dos de Ike y como comandante del Ejército de Tierra. Pero Churchill insistió en que Alexander se quedase en Italia. Insistiendo de nuevo, Churchill le dio a Monty el cargo de comandante del Ejército de Tierra de Overlord.

Eisenhower no quería que Monty fuese su lugarteniente general, en lugar de eso, Ike solicitó y recibió al Mariscal del Aire Sir Arthur Tedder como su número dos. Tedder y Ike habían colaborado muy bien juntos en las operaciones anteriores. Monty sería solamente el comandante del Ejército de Tierra, y Ike incluso puso una limitación en ello. En cuanto las tropas de Día D, S. A. pasaran las playas y se encontraran dentro del territorio francés, Ike iría a Francia y tomaría el control directo de las fuerzas de tierra. En ese momento, la función de Monty en la organización se reduciría aún más que en las operaciones en Sicilia.

Eisenhower y Churchill estaban de acuerdo en que el almirante Bert Ramsay de la Marina de guerra fuera el comandante naval de Ike (el almirante Cunningham iba a volver a Londres para convertirse en jefe de la Armada británica, el equivalente aproximado al jefe de las Operaciones Navales de EUA, que era Ernest King). Ramsay había organizado la flota de pequeños barcos y embarcaciones que había evacuado al Ejército británico de Dunkerque en 1940, y además se había llevado bien con los estadounidenses. El Mariscal en Jefe del Aire Sir Trafford Leigh-Mallory reemplazaría a Tedder como dirigente de las Fuerzas Aéreas. El historial de Leigh-Mallory era sólido, aunque limitado. Había sido un exitoso líder de pilotos de caza, pero no entendía el apoyo aéreo a las tropas de tierra ni las operaciones de paracaidismo de la División Aérea. Tanto el apoyo aéreo como las operaciones de la División Aérea serían cruciales para Overlord, y Leigh-Mallory (otra asignación de Churchill) era el miembro más débil del equipo ejecutivo de Ike.

## MANEJA A TU GENTE

- **Escogiendo equipos**. Al igual que elegir buenos gerentes (anteriormente en este capítulo), permanecer centrado en tu propósito es crucial cuando estás completando tu equipo ejecutivo. Ike hubiese preferido no tener que lidiar con Monty, pero sus aliados británicos querían que Monty estuviese en el cuerpo administrativo, así que allí estaba. Ike estructuró el trabajo de Monty de manera que maximizase su impacto positivo en la alianza a la vez que minimizaba su impacto negativo en las propias operaciones.
- El nuevo lugarteniente de Ike para la Fuerzas Aéreas, Leigh-Mallory, era un hombre de Churchill, no de Ike. Cuando eliges un gerente para el equipo de otra persona, tienes que saber cuáles son las necesidades de ese equipo. Churchill estaba más interesado en tener una presencia británica significativa en la plantilla ejecutiva de Ike que en asegurarse de que hombres cualificados estuvieran en ella.

Ike insistió en que *Beetle* Smith permaneciese como su jefe de Estado Mayor, y en que Omar Bradley fuese el ejecutivo al mando de la infantería estadounidense. Una vez que Eisenhower fuese a Francia, Bradley y Monty estarían igualados en responsabilidad, si no en rango.

Con Tedder, Ramsay, Smith y Bradley en el equipo ejecutivo, y con Monty en él, pero limitado gracias a la meticulosa estructuración de plantilla por parte de Ike, Día D, S. A. tenía un congruente cuadro ejecutivo.

Eisenhower quería volver a Londres desde el norte de África a principios de enero de 1944 para volcarse totalmente en Overlord, pero antes de que pudiese hacer eso, Marshall le ordenó volver a Washington para unas breves vacaciones. El jefe sabía que Ike necesitaba estar fresco para enfrentarse a lo que se le venía encima e hizo caso omiso de las razones de Eisenhower para saltarse el viaje. Después de tomar obedientemente sus vacaciones, Ike llegó a Londres e inmediatamente se topó con problemas.

Los planes para Overlord, el producto de dieciocho meses de planificación por parte del cuerpo administrativo británico, eran insatisfactorios. El punto de entrada para las operaciones, la cabeza de playa en Normandía, era demasiado angosto. Las tropas iniciales eran demasiado escasas. Las tropas estadounidenses y británicas deberían desembarcar en las mismas playas, lo que llevaría inevitablemente a la confusión debido a las diferencias en estructura administrativa y equipo. Monty, que recibió los planes a petición de Churchill, opinó que eran deficientes porque habían sido elaborados por planificadores y no por gente con experiencia real.

## COMUNÍCATE

- **Asegúrate de saber de lo que hablas**. Y si no lo sabes, infórmate. El hecho de saber de lo que hablas genera autoconfianza y te aporta credibilidad de cara a los demás. Si no sabes de lo que estás hablando, cállate. Fingir, incluso cuando lo hace el jefe, no funciona. Un líder fanfarrón no beneficia a su organización.

Generalmente, Monty salía de los debates con Churchill y Eisenhower creyendo que ahora estaba al mando de la planificación de Overlord. Dado que Ike ni siquiera había mencionado la discusión de su planificación inicial con Monty en *Crusade in Europe*, es altamente improbable que hubiera existido una autorización de ese tipo.

Sin embargo, gracias a las consideraciones de Ike y de Monty del plan original, se añadieron kilómetros de playa al área de desembarco, ampliando la cabeza de playa, y se les asignaron a los estadounidenses y a los británicos zonas separadas en las que operar. Lo más importante fue que Eisenhower añadió un número significativo de fuerzas aéreas que entrarían en la cabeza de playa de Overlord, por el extremo oeste (tierra adentro de la playa de Utah cerca de Ste. Mère Église) y por el extremo este (tierra adentro de la playa de Sword cerca de Caen). Agregar el elemento aéreo fue resultado de la experiencia de Ike en operaciones anteriores. Tenía suficiente conocimiento (ganado con mucho esfuerzo) y suficiente confianza en sí mismo como para imponerse a un grupo de planificadores que trabajaban a petición del primer ministro. Eisenhower podía estar de acuerdo con Montgomery sin necesidad de que todos supiesen que él ya había pensado en ello antes, o que ya había hecho los cambios necesarios para aumentar la probabilidad de éxito. Hace falta experiencia para tener experiencia, y es posible que la verdadera recompensa de Torch, Husky y Avalanche fuese la experiencia que estas campañas le permitieron acumular a Eisenhower. Ya había sido capaz de operar con éxito bajo una presión extrema.

A pesar de que el cuerpo administrativo de Eisenhower estaba consolidado, había un problema técnico con la estructura de la organización de los Aliados. Día D, S. A. tenía su propia Fuerza Aérea dedicada al apoyo de sus operaciones, pero no controlaba las Fuerzas Aéreas Estratégicas. Este grupo era responsable del bombardeo de largo alcance de los depósitos de petróleo y refinerías, fábricas e instalaciones militares en Alemania o en los países que estaban bajo el dominio de Alemania. Ike luchó para conseguir un apoyo aéreo suficiente durante la Operación Avalanche cuando sus tropas llegaron a la cabeza de playa de Salerno. No quería volver a luchar otra vez.

Insistió en tener el control de *todas* las fuerzas aéreas en el periodo inmediatamente anterior a Overlord, durante toda la invasión y hasta que las tropas de Día D, S. A. hubiesen penetrado considerablemente en Francia y Bélgica. Varios miembros de la junta directiva, especialmente Churchill, no estaban dispuestos a dar este poder a Eisenhower porque querían que las Fuerzas Aéreas Estratégicas continuasen con su propia misión.

El desacuerdo entre Ike y su junta sobre las Fuerzas Aéreas Estratégicas se centraba en dos cosas: que Ike tuviera el control real de estas fuerzas y de qué dos formas las utilizaría (bombarderos intensos cerca de Normandía para atenuar la oposición y para implementar «el Plan de Transporte»).

La idea de reducir tu oposición con artillería o bombardeos parece obvia ahora. Pero casi nadie que no estuviera involucrado con Día D, S. A. parecía entender lo difícil que iba a ser llegar a las playas de Normandía.

El bombardeo estratégico fue un concepto nuevo en la Segunda Guerra Mundial. Los pequeños aviones de la Primera Guerra Mundial no eran capaces de volar lo suficientemente lejos o de llevar bombas pesadas para causar mucho daño. A principios de 1944, los bombardeos intensos de largo alcance eran un hecho, pero de forma limitada. El bombardeo de objetivos para anular la capacidad de combatir de la competencia era una práctica común. Tenía mucho sentido impedir que la oposición produjese combustible, aviones o barcos u otras armas. Muchos de los ejecutivos de alto rango de las Fuerzas Aéreas de EUA e Inglaterra pensaban que si bombardeas a tu competencia de forma suficientemente exhaustiva, llevar tropas sobre el terreno para vencerlos era innecesario. Con esta forma de pensar, ¿esperarías que las fuerzas aéreas quisieran bombardear en apoyo a las tropas que estaban avanzando? Los ejecutivos de las Fuerzas Aéreas pensaban a muy pequeña escala.

El otro problema al decidir si utilizar o no las Fuerzas Aéreas Estratégicas en Overlord era que, a excepción de Eisenhower y su personal, la mayoría de los cuales ya habían tenido éxito en tres operaciones anfibias a gran escala, nadie sabía cuáles eran las enormes dificultades inherentes a una operación del tamaño y escala de Overlord. Los ejecutivos del aire británicos y de EUA que dirigían los bombardeos estratégicos aliados no tenían experiencia en proyectos anfibios. Si bien no era culpa suya, eran incapaces de entender lo importante que podría ser su apoyo para Overlord.

Por otra parte, Eisenhower y Tedder (su número dos en aquel momento, su jefe del aire para el norte de África, Sicilia e Italia) sí lo sabían. Cuando Día D, S. A. empezó sus operaciones en el norte de África y Sicilia, no estaban compitiendo contra un enemigo bien consolidado. Tanto en Túnez como en Sicilia los alemanes entraron en la zona sólo un poco antes que Día D, S. A. e, igual que Ike y compañía, los alemanes tenían largas líneas de suministros con las que lidiar. Cuando Día D, S. A. desvió su atención a Italia, especialmente a la operación de Salerno, se dio cuenta de que la oposición se intensificaba. Los alemanes fueron capaces de reforzar sus posiciones antes de la llegada de los Aliados. Tenían líneas de suministro internas y más cortas para apoyar a sus tropas. Y tenían una gran fuerza aérea: la Fuerza Aérea alemana, la Luftwaffe, que había sido formada en gran medida como un brazo de apoyo para sus fuerzas de tierra y estaba bien adaptada a la tarea. En Salerno, Día D, S. A. no realizó ningún bombardeo anterior a la invasión y sólo tuvieron un apoyo aéreo anémico durante las operaciones en la cabeza de playa. La falta de soporte aéreo era uno de los principales factores que contribuyó al casi fracaso de Avalanche. Ike y Tedder no querían que se repitiese cuando llegase la hora de Overlord.

Otro conflicto ideológico entre los jefes de las Fuerzas Aéreas y los ejecutivos de Día D, S. A. era averiguar cómo las Fuerzas Aéreas podrían contribuir mejor al éxito de Overlord. Los ejecutivos de las fuerzas estratégicas, junto con Churchill y la directiva de alto rango británica (todos ellos formaban parte de la junta de Ike, recuerda), consideraron que ayudarían más a Overlord atacando los depósitos de combustible y las refinerías de Alemania, así como sus fábricas de munición. Después de todo, armas que no se fabricasen no podrían ser utilizadas en tu contra.

Eisenhower, Tedder, y Leigh-Mallory (el ejecutivo aéreo de Día D, S. A.) estaban preocupados por garantizar que, una vez en tierra, sus tropas permaneciesen en tierra. La mejor forma de hacerlo era impedir que los alemanes trajesen nuevas tropas. Su idea de hacer justo eso: el plan de transporte.

El plan de transporte fue fruto del ingenio del profesor británico de anatomía Solly Zuckerman, uno de los miles de científicos y expertos técnicos británicos que se dedicaron al esfuerzo de la guerra. El plan de Zuckerman requería ataques a un número cuidadosamente escogido y limitado de estaciones de ferrocarril en Francia. El programa de bombardeo debía desarrollarse por adelantado, manteniéndolo en marcha durante un largo período de tiempo; sin embargo, si se hacía bien podría paralizar los ferrocarriles de toda una región. Si Día D, S. A. pudiese cercenar las patas del apoyo logístico de sus rivales alemanes, no habría nuevas fuerzas alemanas. Eso aumentaría inmensamente las posibilidades de los hombres en las playas, lo que era la primera prioridad de Ike. Tanto Tedder como Leigh-Mallory se dieron cuenta del potencial del plan de transporte, persuadieron a Eisenhower (que tampoco necesitaba que le convenciesen mucho porque se dio cuenta rápidamente de las ventajas del plan), y cabildearon intensamente sobre ello con Churchill y los ejecutivos militares de alto rango británicos.

Churchill, su gabinete de guerra y sus militares de alto rango detestaban la idea. No querían desviar a las Fuerzas Aéreas Estratégicas de su objetivo de causar daño a las fábricas de armas y a las refinerías de petróleo. No querían dar el control de casi todas las fuerzas aéreas a Eisenhower: la política interna estaba en juego. Incluso en tiempo de guerra, hay personas que se preocupan más en no permitir que alguien de dentro de la organización construya una base de poder demasiado grande. En lugar de eso, tendrían que centrarse en lo que era bueno para la misión. Y Churchill y sus militares británicos de alto rango no querían bajo ningún concepto destruir las vías ferroviarias francesas ni, muy probablemente, matar civiles en el proceso.

Nadie en Día D, S. A. quería destruir recursos franceses y matar hombres, mujeres y niños franceses. Fue una decisión muy difícil de tomar. Pero Eisenhower y su equipo recordaron que su objetivo principal era detener la matanza a gran escala y liberar a la gente, incluyendo a los franceses, del control alemán. Consideraron que la mejor manera de hacerlo era el Plan de Transporte. Afortunadamente, Charles de Gaulle, entre otros franceses, hizo saber que estaba de acuerdo con Eisenhower.

Pero la lucha por el control continuó, y también la oposición de Churchill y de algunos otros miembros de la junta para aprobar el Plan de Transporte.

Finalmente, Eisenhower lo puso fácil. O se le entregaba el control de todas las Fuerzas Aéreas y la aprobación para poner en marcha el Plan de Transporte, o dimitiría de Día D, S. A.

Ike obtuvo el control de las Fuerzas Aéreas y la aprobación para el Plan de Transporte.

A pesar de todos los conflictos que Eisenhower experimentó como jefe de Día D, S. A., el problema combinado del control de las Fuerzas Aéreas y de la aprobación del Plan de Transporte fue el único momento en el que Eisenhower amenazó con dimitir en caso de no recibir lo que demandaba. Y lo hizo tras múltiples discusiones y debates, después de exponer sus necesidades y sus planes una y otra vez, tranquila aunque enérgicamente. La lucha sobre el mando de las Fuerzas Aéreas continúo casi a lo largo de todo Overlord, pero Eisenhower nunca se rindió y acabó consiguiendo lo que quería.

El Plan de Transporte funcionó. Los analistas de Día D, S. A. calcularon que el índice de uso de los ferrocarriles en enero y febrero fue del cien por cien. Tras poner el plan en marcha, el uso de los ferrocarriles bajó al sesenta y nueve por ciento a mediados de mayo y hasta el treinta y ocho por ciento para cuando llegó el Día D.

Stephen Ambrose escribió: «[El Plan de Transporte] fue un éxito rotundo. [...] Hizo que fuese casi imposible para los alemanes transportar refuerzos hasta la cabeza de playa. Eisenhower pensaba que el Plan de Transporte fue el factor decisivo en su victoria en Overlord, y tenía razón».[5]

---

## PRIORIZA

- **Si debes tenerlo, tómalo**. Si necesitas algo de otra parte de tu organización, incluso una empresa matriz, tómalo. Podrían tener lugar algunas desagradables riñas políticas, pero todo será perdonado cuando tengas éxito.
- **Recuerda el bien mayor**. Nadie quiere infligir dolor generalizado (de acuerdo, casi nadie). Pero tienes que recordar el bien mayor para tu organización y tu objetivo. En tiempos económicos difíciles la supervivencia de tu compañía, y la mayor parte de los puestos de trabajo de tus empleados, podrían depender de tu disposición para despedir a gente.

---

Otro problema de planificación era algo realmente importante: «¿Qué hacer el día siguiente al Día D?» Como podrá afirmar casi cualquier persona que haya dirigido algo alguna vez, no es suficiente con poner en marcha una iniciativa y después sentarse con los brazos cruzados. En los primeros días de la «burbuja punto com» más de una empresa se esforzó mucho para lanzar su página web y después se dio cuenta de que no se había preparado debidamente para los problemas de inventario, entrega, y comunicación que el éxito en Internet podía acarrear. Se encontraron con que vendían más productos y servicios de los que podían manejar. Los planes de Día D, S. A. para Overlord incluían expandir su alcance territorial más allá de la cabeza de playa, y después abrirse paso inmediatamente hacia Alemania. No habría descanso.

La directriz para Overlord de los jefes del Estado Mayor Combinado (los comandantes militares de alto rango británicos y estadounidenses, todos parte de la junta directiva de Eisenhower) era simple. Como lo describió Ike: las fuerzas de Día D, S. A. debían «aterrizar en la costa de Francia y a partir de ahí destruir las fuerzas de tierra alemanas».[6] De la destrucción de la oposición era de lo que trataba el día siguiente al Día D. Desafortunadamente, había un gran conflicto sobre la mejor manera de hacerlo. Stephen Ambrose escribió: «La propuesta de Montgomery para derrotar a los alemanes en Francia era superarles en astucia y engañarlos; Eisenhower quería vencerlos luchando».[7]

Montgomery estaba al mando de la parte este de Overlord, donde los británicos y los canadienses avanzarían directamente por el norte de Francia hasta Bélgica y después hasta Alemania. Era la ruta más corta para llegar al corazón de la competencia, y Monty planeaba conquistar puertos a medida que avanzase, asegurando sus líneas de suministro y facilitando el apoyo logístico. Consideraba que las fuerzas de tierra de Día D, S. A. debían atacar en un frente estrecho: a lo largo de la ruta general que le asignaron a sus tropas, moviéndose con rapidez para entrar en el territorio del competidor. Monty expresó su confianza de que este enfoque le permitiría desestabilizar «al enemigo mientras yo permanezco estable».[8]

Había por lo menos dos problemas con este acercamiento. Monty había demostrado una y otra vez durante las operaciones en África, Sicilia e Italia que avanzar rápidamente no era su lado fuerte. Y si Día D, S. A. avanzaba con una ofensiva estrecha, sería muy fácil para los alemanes retroceder y establecer fuertes posiciones defensivas. Muchas veces a lo largo de la historia mundial los ejércitos renunciaron a territorios para conseguir una defensa segura y sobrevivir, al igual que las corporaciones dejan algunos mercados para asegurar la supervivencia corporativa. En los primeros años del siglo XXI las tres grandes compañías de coches de Detroit cerraron sucursales (Oldsmobile, Buick, Playmouth, Saturn) y vendieron sus posiciones de propiedad de varios fabricantes extranjeros (Opel, Jaguar,

Volvo). Entre otros beneficios, esto les permitió aumentar el efectivo y centrarse más intensamente en el único mercado absolutamente necesario para su supervivencia: Estados Unidos. Para Día D, S. A. la posibilidad de que su competencia alemana se atrincherase hasta el final era demasiado dolorosa para ser contemplada.

Los Aliados necesitaban finalizar la contienda lo más rápido posible.

## SÉ SINCERO

- **Conócete a ti mismo**. Monty era consciente de la necesidad de movimiento y velocidad pero ignoró completamente sus propios antecedentes de fracaso en ambos aspectos.

## PLANIFICA PARA EL ÉXITO

- **Ten presente lo importante**. Y después piensa a lo grande. Ike se dio cuenta de que podía crear presión a gran escala al combatir en una larga extensión geográfica. Sabía que había problemas de suministro, pero combatir con mucha movilidad podría solucionar muchos de sus inconvenientes: así que lo hizo funcionar. Decide lo que tienes que hacer, y después averigua cómo hacerlo.

Si el enfoque de Monty de superar en astucia a los alemanes no era factible (no es que él lo hubiera admitido), eso dejó a Día D, S. A. con el enfoque de Eisenhower de ser mejores combatientes que ellos. Ike quería enfrentarse a los alemanes en un frente lo más amplio posible, desde Bélgica bajando por la frontera de Alemania con Francia. Después del lento avance de Túnez, Sicilia e Italia, Eisenhower estaba consagrado a la movilidad. «Una guerra de movimiento a gran escala era lo que él tenía en mente, una que mantuviese a los alemanes desestabilizados e incapaces de mantener o formar una línea defensiva».[9]

La estrategia móvil y de frente amplio de Ike requería una enorme cantidad de vehículos no combatientes, mayormente camiones y *jeeps*. Churchill se quedó pasmado ante el número: aproximadamente un vehículo por cada cinco soldados en Francia. Pero el concepto de Eisenhower incluía estos requisitos indispensables:

- Transporte básico para la velocidad de movimiento que Eisenhower tenía en mente.
- Movimiento para entablar combate con la competencia a lo largo de un frente gigantesco.
- Entablar combate con los alemanes en un frente amplio les mantendría fuera de sus posiciones defensivas y permitirá la destrucción de sus fuerzas.

Puesto que Eisenhower era el jefe, su punto de vista prevaleció sobre el de Monty. Eso resultó ser muy positivo, ya que Monty no avanzó en su parte del frente con nada parecido a velocidad, lo que significó que los principales centros de transporte, como Caen en el norte de Francia y el gran puerto de Amberes en Bélgica, tardaron muchísimo en ser controlados por Día D, S. A. Esta carencia de puertos agravó el mayor inconveniente de la estrategia móvil y de frente amplio de Ike. Las operaciones móviles necesitan muchos suministros, y sin el control de los centros de transporte, especialmente los puertos, era difícil mantener a las fuerzas en primera línea correctamente abastecidas.

Durante el invierno y la primavera de 1944, los problemas de personal con el equipo ejecutivo de Ike continuaron. Monty seguía pensando que estaba al mando de la planificación de Overlord y estaba convencido de que sería el ejecutivo al cargo de toda la infantería de Europa. Ike dejó claro que él tomaría el control de las fuerzas de tierra personalmente, pero Monty ignoró ese detalle. Montgomery tendía a ignorar a cualquier persona y a cualquier cosa que entrasen en conflicto directo con su punto de vista.

Monty también se involucró en todo tipo de actividades que no tenían nada que ver con Overlord: sugirió al arzobispo de Canterbury que se celebrase un gran oficio en la abadía de Westminster, «con los atuendos de la consagración real», para «consagrar la fuerza de la nación». Monty presentó los detalles del oficio al arzobispo asegurándose de que él, Montgomery, fuese la estrella (la idea fue rechazada por órdenes del rey y del primer ministro). Un chiste que circulaba por aquel entonces decía que Churchill se reunía con el rey y le decía: «Estoy muy preocupado, creo que Monty va tras mi puesto»; el rey suspira aliviado y contesta: «Me alivia mucho escuchar esto, creía que iba por el *mío*».[10]

Después de las decepciones con la lentitud de Montgomery en África del norte, Sicilia e Italia y de meses de arrogancia, incluso los miembros británicos del equipo de Eisenhower querían que Ike despidiese a Monty.

Pero la adoración pública del hombre era demasiada intensa como para despedirlo. En lenguaje contemporáneo, Monty era una estrella de rock. Ike sabía que no había manera de despedir a Monty sin dañar la imagen de su mando aliado, y Eisenhower no iba a hacer nada que dañase la Alianza. Continuó ignorando la arrogancia de Monty y al mismo tiempo usando sus ideas. Nunca desacreditó públicamente a Montgomery; incluso en su libro *Crusade in Europe*, escrito tras la guerra, trata a Monty con respecto. Y cuando fue necesario, Ike creó una estructura que le aportó los beneficios del *glamour* de Monty y mantuvo el control, como hizo con la decisión de dirigir las fuerzas de tierra en cuanto Día D, S. A. estuviese establecida adecuadamente en Francia.

Mientras que Monty era un sueño para las relaciones públicas y una pesadilla interna, George Patton era casi lo opuesto. A Patton se le asignó el mando del Tercer Ejército, que seguiría a las fuerzas de Bradley en Francia. Como la tarea del Tercer Ejército era una continuación a la invasión, su plazo para reunirse y equiparse estaba más lejos en el tiempo que la fecha de invasión. Mientras tanto, Día D,

S. A. puso a Patton al mando de un cuerpo fantasma, supuestamente operante en el este de Inglaterra: el lugar más lógico para reunir un cuerpo en el caso de que el lugar de la invasión fuese Calais, el punto en Francia que está más cerca de Inglaterra. Su proximidad a Inglaterra convenció a los alemanes de que era el sitio con más posibilidades para ser invadido (aunque Calais estaba considerada como el punto de partida para Overlord, fue rápidamente abandonado por varias razones) el equipo de inteligencia de Día D, S. A. reforzó la convicción alemana de que Calais era el objetivo real de Overlord porque Patton actuó como el jefe de un gran cuerpo fantasma que estaba preparado para invadir Calais.

Estar al mando de una organización ficticia no es muy divertido, no obstante. Dado que no hay una organización real ni hay tropas, no hay nada que dirigir. Patton estaba inquieto y deprimido. En los meses previos a Overlord, parecía que cada vez que hablaba en público metía la pata. En más de una ocasión, Patton se equivocó al hablar, provocó un tumulto, y fue regañado por Eisenhower: «Te he advertido una y otra vez contra la impulsividad de tus actos y de tus palabras y te enseñé rotundamente a no decir nada que pudiera ser malinterpretado». Entonces, en la apertura de un club para soldados unos seis días antes de Día D, S. A. en abril de 1944, le pidieron a Patton que dijera algunas palabras improvisadas al público. Habló de la necesidad de una unidad anglo-estadounidense: «Ya que es el destino evidente de los británicos y de los estadounidenses dominar el mundo».[11]

Un periodista envió la declaración a las agencias de información y en pocos días la lista de los ofendidos incluía a los rusos y a las naciones más pequeñas (que no formaban parte del destino evidente), a los periodistas británicos y a los diputados de todas las tendencias políticas. Patton había dado un gran golpe de indignación.

La tormenta de relaciones públicas que siguió se sumó al pasmoso estrés de Eisenhower. Envió un mensaje a Marshall, con quien estuvo hablando de los problemas de Patton en numerosas ocasiones, diciendo: «Estoy considerando seriamente la decisión más drástica».[12]

Marshall dijo a Eisenhower que apoyaría cualquier decisión de Ike, ya fuera quedarse con Patton o despedirle. Patton fue a ver a Eisenhower a los pocos días del incidente y le pidió perdón. En un momento determinado de la discusión, Ike pensó que Patton estaba a punto de echar a llorar. Fue una situación embarazosa, y Eisenhower terminó la conversación. Calculó cuál sería su siguiente paso. El acto donde Patton había hecho su observación sobre el «destino evidente» se suponía que era privado, sin la presencia de la prensa. Patton había hablado pensando que sus palabras se mantendrían en secreto. Sopesando el incidente frente a los desafíos de vencer a la competencia alemana, Ike sabía que Patton había luchado con Rommel en África y que ahora Rommel estaba al mando en Francia. Patton, a diferencia de Monty, tenía en su historial el ser agresivo y cumplir sus promesas.

Eisenhower decidió no echar a Patton.

El objetivo de Día D, S. A. era derrotar a los alemanes. Ningún otro ejecutivo en su plantilla había hecho el trabajo mejor que George Patton. Cuando se tomó la decisión, Ike dijo a Patton: «Nos debes algunas victorias; paga y el mundo me considerará un hombre sabio».[13]

Como demostraron los hechos, Ike fue un hombre muy sabio con respecto a esto.

Eisenhower también estaba realizando la intrincada danza que requería el manejarse con sus superiores. Winston Churchill, que de hecho era el vicepresidente de Ike, vivía y trabajaba cerca de Eisenhower. Con frecuencia invitaba a Ike a comer (un asunto que siempre se prolongaba hasta las primeras horas de la tarde) o a cenar (una ocasión que normalmente no terminaba hasta las dos de la madrugada). Churchill era un genio excéntrico, con pasión por el detalle, un compromiso firme de derrotar a Hitler a cualquier precio, y tenía tantas ideas en la cabeza que nadie en su lugar sabría qué hacer con ellas. Algunas eran excelentes: Churchill defendía la idea de construir puertos artificiales hundiendo barcos antiguos para formar «arrecifes». Aquello obtuvo el nombre en clave de *mulberries* (moras), y de hecho se utilizó para Overlord (fue bastante exitoso, pero insuficiente para hacer frente a las necesidades cada vez mayores de las fuerzas de Día D, S. A. a medida que se alejaban de la costa).

Otras muchas ideas eran, diciéndolo suavemente, de menor calidad. Pero Churchill quería hablar de casi todas ellas con Ike, con frecuencia en llamadas telefónicas que empezaban a medianoche. Las conversaciones con Ike rara vez eran breves. Todas las reuniones y las conversaciones telefónicas con Churchill eran un necesario (y a veces improductivo) desgaste del tiempo y de la energía de Ike.

## MANEJA A TU GENTE

- **Maneja a tus superiores**. Como último recurso, si nada más funciona, siempre puedes organizarte mandando a la gente por debajo de ti. Esa no es una opción cuando te toca manejar tu relación con tus superiores. No dudes en solicitar la experiencia de tu jefe si eso puede ayudar. Pero administra las cuestiones cotidianas por ti mismo. Si puedes satisfacer la curiosidad de tu jefe, hazlo, por supuesto. Intenta anticipar sus peticiones; eso creará confianza en tu forma de administrar. Si tu jefe es un micro administrador implacable, abróchate el cinturón. Vienen curvas, y no hay nada que puedas hacer al respecto.

Eso no significa que Eisenhower quisiera que su junta fuese un cuerpo distante, que le guiase con una mano vagamente omnipotente. Ike estaba en contacto constante con George Marshall.* Ningún otro miembro de la junta de directores de Día D, S. A. tenía el conocimiento de planificación que Marshall tenía; ninguno de ellos creía en Overlord como *la* operación prioritaria de la guerra, mientras que

---

\* Ike era un subordinado de Marshall en el ejército de EUA, y, a través de Marshall, del presidente Roosevelt. Pero como gerente general de Día D, S. A., operando en una organización aliada, Ike realmente respondía ante toda la junta. En ese sentido, Marshall era sólo uno de los directores con los que trataba Eisenhower.

Marshall la había defendido desde el principio. Marshall entendía la manera de trabajar de la Armada estadounidense y sabía cómo estaban entrenados los soldados. Era completamente consciente de los desafíos logísticos, especialmente de la manufactura de las importantes lanchas de desembarco. Eisenhower se dirigió a Marshall por su experiencia, su conocimiento técnico y su sabiduría. Debido al trasfondo de Marshall, la mayor parte del contacto entre él y Ike era productivo, a diferencia de lo que ocurría normalmente con Churchill.

Había otros dos asuntos del personal de Día D, S. A.: la seguridad y la moral.

Día D, S. A. había congregado un ejército de aproximadamente dos millones y medio de soldados en los meses anteriores a Overlord, todos apiñados en los dos tercios del sur del Reino Unido. Los puertos de Inglaterra tenían una actividad frenética. Las tropas continuaron entrenando, y tuvieron lugar prácticas operacionales a gran escala que implicaban a miles de persona a la vez. Con tantas personas y tanta actividad, las posibilidades de que la competencia se diera cuenta de lo que Día D, S. A. estaba tramando, al menos en parte, eran elevadas.

Eisenhower era un supervisor distante de la mayoría de medidas de seguridad que estaban siendo empleadas para mantener Día D, S. A. a salvo. Esto no quiere decir que no estuviese preocupado, pero no era su campo de especialización, y los británicos lo tenían bien controlado. Para la primavera de 1944, la inteligencia británica había capturado a todos los agentes secretos que los alemanes hubiesen podido colar en Inglaterra y los utilizaban para alimentar la desinformación de sus jefes alemanes.

La otra gran campaña de desinformación, montada en gran parte por los británicos y apoyada con entusiasmo por Ike, fue la creación del ejército fantasma para que la competencia se asustase y empezase a defender Calais en vez de Normandía. Se construyeron puertos falsos en la costa este de Inglaterra; los aeródromos se llenaron de aviones hechos de lona y madera de balsa y pintados para que pareciesen reales; y había filas infinitas de tanques y jeeps, también de madera de balsa astutamente pintada. Falsas comunicaciones llenaban las ondas de radio. La mayor contribución de Ike a este engaño fue la nominación de George Patton como jefe ejecutivo. Nunca se les habría ocurrido a los alemanes que un talento como Patton se utilizase con el sólo propósito de tender una trampa. Un mes después de que las tropas estuviesen en Francia, los alemanes todavía retenían una gran cantidad de tropas en el área de Calais. Mantener a estas tropas fuera de la contienda durante un mes proporcionó un inmenso ahorro de hombres y material para Día D, S. A. y ayudó a las fuerzas de Ike a llegar con más facilidad a tierra y quedarse allí.

Es fácil para los ejecutivos modernos restarle importancia a esta gigantesca campaña de desinformación situándola en un periodo de guerra romántico de capa y espada. Pero en esta era de blogs, Facebook, Myspace y Twitter, divulgar desinformación no es tan difícil. Unas pocas falsas noticias escritas en un blog anónimo pueden recorrer todo el mundo casi al instante. Por supuesto, esto significa que las corporaciones tienen que estar en guardia respecto a los cotilleos y la desinformación dirigida hacia ellos.

Otra herramienta moderna de desinformación es el *rumorware*. Es el equivalente contemporáneo del ejército fantasma que Día D, S. A. usó para dejar inmovilizados a los alemanes en Calais. El *rumorware* es sencillo: empiezan a circular rumores (no importa cómo) sobre un nuevo producto que va a salir al mercado pronto. El nuevo producto es inmensamente mejor y más atractivo que todo lo que la competencia tenga en el mercado en el momento actual. Estos rumores sólo tienen un fallo: no son ciertos. O el producto no es tan maravilloso como los rumores lo hacían parecer, o no saldrá al mercado tan pronto como se rumoreaba.

¿Qué sentido tiene el *rumorware*? Si funciona, impide que los consumidores compren el producto de la competencia mientras esperan a que la nueva y magnífica pieza de *rumorware*, tu nuevo producto o servicio, se haga realidad.

A pesar de que Eisenhower no era la mano dirigente tras las campañas de contraespionaje y desinformación, como el ejército fantasma de Patton, fue muy activo a la hora de ocuparse de las filtraciones desde dentro de la misma Día D, S. A. El cuartel general de la organización tenía más de dieciséis mil personas trabajando en él. Las posibilidades de fisuras en la seguridad eran pasmosas. En marzo de 1944, menos de tres meses antes del inicio de Overlord, se encontraron documentos que incluían información sobre el número de tropas, los territorios objetivo, el equipo, y la fecha provisional de la operación en la oficina de correos de Chicago. Una docena de carteros de aquella oficina vieron algunos de los documentos, si no todos. Resultó que no se trataba de espionaje, sino de nostalgia del hogar: un sargento, soñando despierto con su hogar, envió accidentalmente el paquete a su hermana en vez de al Departamento de Guerra en Washington, D.C.

En Abril de 1944, un general de las Fuerzas Aéreas de la Armada de EUA asistió a un cóctel. *In vino veritas*, porque después de unas pocas copas, el general empezó a hablar del Día D, y anunció que empezaría antes del 15 de junio. Incluso propuso hacer apuestas sobre la fecha. Cuando Ike se enteró, actuó con firmeza, degradando al general al rango de coronel y enviándole de vuelta a Estados Unidos. Y el ahora coronel imploró clemencia. Era un compañero de curso de West Point de Eisenhower y un viejo amigo, pero Ike lo mandó a empacar sus cosas con su rango rebajado.

Un mes después, un oficial de la Armada de Estados Unidos se emborrachó y, supuestamente, reveló un gran número de detalles de manera similar a lo que hizo el oficial de las Fuerzas Aéreas. Eisenhower no tenía autoridad sobre los oficiales navales, así que pidió a los superiores del hombre que manejasen la situación como

---

* La Armada de Estados Unidos era un servicio aparte, y sus oficiales daban parte a Eisenhower sobre operaciones del Día D pero no en cuestiones de disciplina. La Fuerza Aérea de Estados Unidos todavía formaba parte del Ejército de Estados Unidos durante la Segunda Guerra Mundial, así que Ike tenía autoridad directa sobre los oficiales que trabajaban para Día D, S. A.

mejor considerasen. Las buenas noticias eran que el oficial, aunque borracho, no reveló nada que no fuera de conocimiento público en los periódicos. Las malas noticias para el oficial fueron que sus superiores estaban tan enfadados a causa de su lengua suelta como lo estaba Eisenhower y fue enviado también de vuelta a Estados Unidos.

Ike dijo sobre este tipo de filtraciones: «Me pongo tan furioso cuando suceden peligros tan inútiles e innecesarios, que podría disparar alegremente al culpable yo mismo».[14] Como cualquier gerente general, Eisenhower no podía detener todas las fugas de información confidencial. Lo que sí que podía hacer, e hizo, era dar ejemplo sobre la custodia de confidencias y castigar severamente a cualquiera que violase la seguridad sobre la información confidencial. Ike siempre estaba frustrado por la carencia de seguridad perfecta; sólo podía esperar que la organización tuviese *suficiente* seguridad. Afortunadamente para Día D, S. A., la tenía.

Otro asunto del personal que Eisenhower y sus ejecutivos tenían que tratar era la moral del ejército de Día D, S. A. Había unos dos millones y medio de soldados en la organización, la mayoría de ellos, como los estadounidenses y canadienses, estaban muy lejos de su hogar, otros, como los británicos, franceses, polacos, checos y holandeses, estaban cansados de años de lucha contra los alemanes. Ike y su equipo pidieron a estos hombres entrar en situaciones de peligro. A medida que la cuenta atrás para el Día D, S. A. seguía adelante, la formación y las prácticas operativas terminaban, dejando a estos millones de hombres sin nada que hacer excepto esperar ansiosamente, preguntándose si volverían a ver su hogar de nuevo. Eisenhower también se preocupaba por si jamás regresaban a su hogar. Stephen Ambrose escribió: «Le causó una depresión pensar en "cuántos jóvenes se han ido para siempre", [...] no podría "escapar jamás del hecho de que allá en casa las noticias traían angustia y sufrimiento a las familias de todo el país"».[15]

## MANEJA Y MOTIVA A TU GENTE

- **Cuida de tu gente.** Si no eres capaz de sentir preocupación porque es lo correcto, actúa como si la sintieses por razones pragmáticas. Es un cliché trillado, pero no por eso es menos importante: la gente es tu recurso más importante. Sin ellos, tu compañía no va a ninguna parte.

La preocupación de Ike por sus tropas le llevó, en los meses anteriores al lanzamiento de Overlord, a visitar dieciséis divisiones, veinticuatro aeródromos, cinco barcos de guerra, y almacenes, tiendas, hospitales y otras instalaciones; según Ambrose: «Se aseguró de que cada soldado que fuese a desembarcar en el Día D tuviese, por lo menos, la oportunidad de ver a la persona que le enviaba a la batalla; logró hablar con centenares de soldados personalmente».[16] En todas las visitas, preguntó a los hombres por sus nombres y de dónde eran. Les miró a los ojos, y estrechó tantas manos como pudo. Bradley, Montgomery, Patton, Tedder y otros ejecutivos de Día D, S. A. hicieron tantas visitas como pudieron. A pesar de sus otros defectos, las visitas de Monty eran fabulosas: se ponía de pie en el capó de su jeep y pedía a los hombres que se reuniesen alrededor, y entonces decía, «quitaros los cascos para que pueda veros».[17] Señalaba con el dedo a uno de los hombres y preguntaba: «¿Cuál es tu pertenencia más valiosa?» El soldado daba la respuesta semioficial: «Mi fusil, señor». Monty contestaba: «No, es tu vida, y voy a salvarla por ti».[18] Las tropas (¿quién podía culparles?) adoraban esto.

«Todas las visitas dieron resultados. En la víspera del Día D, [el jefe de Estado Mayor de Ike, Beetle] Smith informó de que la confianza de las tropas en el alto mando no tenía parangón».[19]

## LA GENTE ES LO PRIMERO: TU GENTE

Esta idea de visitar a tu tropa en primera línea te debería sonar familiar. Solía conocerse por el término «administración por contacto». Actualmente, visitar a los empleados no es la única forma de conectar con ellos; políticas empresariales progresistas pueden reportar beneficios con empleados, consumidores, y accionistas. Herb Kelleher, uno de los fundadores y antiguo gerente general de Southwest Airlines, es conocido por cuidar de sus empleados. En 2001, el *New York Times* citó a Kelleher:

> Tienes que tratar a tus empleados como a los clientes. [...] Cuando los tratas bien, ellos tratarán bien a tus clientes del exterior. Esa ha sido una poderosa arma competitiva para nosotros. [...] Nunca tuvimos despidos. Podríamos haber ganado mucho más dinero si le hubiésemos dado excedencias a la gente. Pero no lo hacemos. Y les respetamos todo el tiempo. Nuestra gente sabe que si están enfermos cuidaremos de ellos. Si hay momentos de dolor o alegría, estaremos ahí con ellos. Saben que les valoramos como personas, no como piezas en una máquina.[20]

Según el *New York Times*, Southwest ha sido el éxito más grande del negocio de las aerolíneas: la única compañía que ha sido capaz de tener ganancias en estos tiempos tumultuosos, incluso cuando muchos competidores se declaraban en bancarrota o cerraban la empresa. A pesar de que tenía un sindicato, Kelleher logró manejar las negociaciones sin enfados. No veía a los pilotos como enemigos porque estuviesen en el sindicato. Para Kelleher, primero eran empleados, y después miembros del sindicato. De hecho, cuando se retiró del puesto de presidente de la junta de Southwest en 2008 (abandonó el puesto de gerente general en 2004) los pilotos publicaron un anuncio de una página entera en el *USA Today* diciendo: «Los pilotos de Southwest Airlines desean manifestar su sentimiento hacia Herb y decir que ha sido un gran honor y privilegio formar parte de su legado de la aviación».

Antes de la crisis económica de septiembre de 2008, Southwest había sido rentable durante dieciséis años consecutivos. En abril de 2009 la compañía sufría su tercer trimestre consecutivo con perdidas y empezó a recortar los gastos. Estos recortes no incluían despidos de personal: a los empleados se les ofreció un programa de compra de acciones.[21] A pesar de la pobre economía, un año después del comienzo de la crisis las acciones de Southwest subieron un doce por ciento frente a un promedio de la industria de -0,23% hasta esa fecha. Su capitalización bursátil era de 7,200 millones de dólares en comparación con un promedio de la industria de 5,000 millones de dólares. Parece ser que hay algo detrás de la teoría de «tratar a los empleados como clientes» de Kelleher.[22]

Para los hombres de Overlord la parte difícil de la operación empezaría cuando sus aviones y sus barcos partiesen hacia Francia. Para Eisenhower, la parte difícil vendría antes de esas partidas. Ike tuvo que tomar algunas decisiones difíciles. *Difíciles* puede que sea una palabra demasiado amable. *Brutales* o *agónicas* serían probablemente más apropiadas. Lo que diferencia al gerente general de todos los demás ejecutivos es que él o ella es el que tiene la última palabra, la persona autorizada a decidir sobre el destino de los empleados optando por despedir a gran parte de la plantilla, por ejemplo. Aun cuando la presión aumenta al máximo (tanto si es debido a una mala economía, un problema administrativo, una asombrosa derrota en los tribunales, o a un desastre como la explosión de una fábrica) el gerente general tiene que tomar las decisiones necesarias no sólo para la supervivencia de la compañía sino también para su futuro éxito. A una escala menor, esto también se aplica a los ejecutivos que administran cualquier unidad comercial.

Eisenhower era el jefe ejecutivo de la unidad comercial más grande y arriesgada de la guerra. Otros ejecutivos, como FDR y Churchill, tenían incluso mayores responsabilidades, pero ninguna con la inmediatez del deber de Ike con Día D, S. A. No se enfrentaba con las típicas presiones y riesgos comerciales, no estaba decidiendo sobre el lanzamiento de un nuevo producto o servicio en una nueva zona del globo ni sobre si emitir o no las ganancias del trimestre ni sobre cerrar una planta y realizar despidos. Las decisiones de Ike concernían a dónde y cuándo enviar a miles de jóvenes a ser heridos y, en demasiados casos, a morir. Era el gerente general de Día D, S. A., y esas decisiones iban con el cargo. Eisenhower se consideraba a sí mismo como el director de una compañía. Hacía continuas referencias al coste de las operaciones y consideraba que era necesario justificar el gasto de vida humana a sus accionistas, quienes resultaban ser los pueblos estadounidense y británico. Lo que sea que decidiese sobre estos jóvenes debía justificarse a todos sus compatriotas y aliados.

Eisenhower se enfrentó a dos decisiones angustiosas en particular:

- Si enviar o no las Divisiones Aéreas 82ª y 101ª de la Armada de Estados Unidos a la acción en el extremo occidental de Overlord, como apoyo a las fuerzas de Bradley en la playa de Utah.
- La fecha específica para iniciar la invasión entera.

Emplear las dos divisiones en apoyo a las operaciones en la playa de Utah fue una de las mayores contribuciones de Eisenhower a la planificación de Overlord, y la duda de si cancelar o no su despliegue surgió casi en el último minuto. El 29 de mayo de 1944, una semana antes de la supuesta fecha de inicio de Overlord del 5 de junio, se recibió información de inteligencia diciendo que los alemanes estaban reforzando la zona terrestre de la playa de Utah. El ejecutivo del aire de Eisenhower, Leigh-Mallory, suplicó a Ike que cancelase el despliegue de unidades aéreas: estimó que las bajas de ambas divisiones podrían llegar al setenta por ciento, un estremecedor porcentaje que significaba más de diez mil hombres heridos o muertos. Si las pérdidas se acercaban siquiera a esa cifra, la división aérea posiblemente no podría apoyar a las fuerzas de Bradley en Utah, y las pérdidas en la playa hubieran sido también horrorosas. Si las operaciones de la división aérea se cancelaban, tenía sentido cancelar también el desembarco en Utah. La cancelación de Utah podía crear un efecto dominó de ajustes de último minuto a gran escala desplazándose hacia el este a lo largo de los ochenta kilómetros de playa de Overlord.

Los planes operacionales de Día D, S. A. estaban detallados con exactitud, y tardaron dieciocho meses en ser elaborados. La idea de reajustarlos todos con sólo siete días de antelación para llevar a cabo el nuevo plan no tenía sentido. Pero si las operaciones de la división aérea y de la playa de Utah no se cancelaban, las posibles pérdidas serían insoportables. Eisenhower se encontraría a sí mismo intentando justificar decenas de miles de muertes de jóvenes después de haber sido advertido del desastre inminente. Ike dijo: «Sería difícil concebir un problema más tortuoso para el alma».[23]

Eisenhower fue a su tienda para tomar la decisión solo. Él ya sabía que Bradley quería el apoyo de la división aérea y que Leigh-Mallory quería cancelar las operaciones. La guerra, como la mayoría de las iniciativas comerciales, está relacionada con el riesgo. Ike evaluó los riesgos:

- Sin la división aérea, Utah podría fracasar.
- Sin Utah, Overlord podría fracasar.

La posibilidad de fracasar era tan devastadora que en ninguna parte en los planes de Día D, S. A. había un plan de evacuación en el caso que Overlord fracasase. El no tener un plan alternativo no es la mejor práctica para ningún negocio, pero si el fracaso no es una opción bajo ninguna circunstancia, ¿por qué molestarse con planes B? Además, el plan B sobreentendido era replegarse hacia las playas igual que los ingleses en Dunkerque. El plan alternativo que no se habla pero se entiende para muchos negocios es el cierre de la planta, división, empresa, o cartas de despido para todos los empleados. Cuando los riesgos son tan elevados, no es de extrañar que no se hable de los planes alternativos. Eisenhower llegó a la conclusión de que por muy grave que fuese el riesgo para las divisiones de la aerotransportada, para Overlord era aún más elevado. La división aérea entraría como estaba previsto; los hombres de Bradley operarían en la playa de Utah como estaba previsto. Habría que correr el riesgo.

La segunda decisión (cuándo se lanzaría Overlord exactamente) parecía más fácil a primera vista. Después de todo, Estados Unidos, Gran Bretaña y Canadá estaban comprometidos a llevarlo a cabo. La única duda era «cuándo», y no «si debía hacerse». Pero los factores de riesgo implicados en el «cuándo» eran tan complejos que si la decisión era incorrecta, llevaría al fracaso. Además de las complicaciones de conseguir que las tropas embarcasen en los aviones y barcos en el momento preciso (los hombres se desplazaron en tren por toda Gran Bretaña durante días para viajar desde sus bases a los aeródromos y puertos exactos), había un número de factores climáticos y marítimos que debían ser analizados:

- Las fuerzas de la división aérea necesitaban oscuridad hasta que llegaran sobre sus zonas y se lanzaran en paracaídas, tras lo cual querían luz de luna.
- Las mareas debían estar bajas más o menos al amanecer para que los obstáculos defensivos colocados en el agua fuesen visibles y se pudiesen sortear.
- Día D, S. A. necesitaba un día «largo»: mucha luz diurna para operar.
- Debía haber de nuevo marea baja cerca del final del día para que los refuerzos desembarcasen antes del anochecer; este factor mareal reducía el número de días aptos de cualquier mes a solo seis.
- Los buques de guerra y los bombarderos necesitaban buena visibilidad para identificar sus objetivos.
- Debían soplar vientos suaves desde el canal inglés hacia Francia para despejar las playas de humo y mantener la visibilidad.
- Tres días de clima suave debían seguir al Día D para facilitar una rápida concentración de refuerzos.

- Mares en calma. Lo último que querían Ike o sus ejecutivos era que los hombres a bordo de las lanchas de desembarco llegasen demasiado mareados para combatir.

Eisenhower era un optimista, pero no estaba loco, él y su equipo ejecutivo eran muy conscientes de que era imposible que todos los factores se diesen a la vez. Cornelius Ryan dijo que Ike «se instruyó a sí mismo, en incontables sesiones de práctica con su personal meteorológico, para reconocer y analizar todos los factores que le darían las mínimas y justas condiciones para el ataque».[24]

Eisenhower dijo: «La necesidad de ponernos en marcha con la próxima marea favorable es tan grande y la incertidumbre del tiempo es tal que no nos es posible anticipar un clima totalmente perfecto que coincida con unas condiciones marítimas adecuadas, así que debemos empezar a no ser que se produzca un deterioro verdaderamente serio del clima».[25]

Las mareas serían óptimas los días 5, 6 y 7 de junio de 1944 y otra vez a partir del 19 de junio. El 19, no obstante, las condiciones de luz lunar no serían adecuadas para la División Aérea. Y si el clima descartaba el día 19 completamente, Overlord tendría que esperar hasta julio. Dado que doscientos mil hombres llegaron a sus barcos y aeródromos entre el 3 y el 4 de junio, si Overlord se posponía hasta el 19 de junio o julio, Ike tendría que dar la orden de mantener confinados a todos los hombres en los reducidos espacios de sus barcos y en sus aeródromos en un intento de mantener el secreto de Día D, S. A. intacto. Eso también significaba que miles más que iban a llegar a Francia en los días justo después de Día D, S. A. (hombres que ya se dirigían a los puertos y a los aeródromos), tendrían que dar la vuelta y volver a sus bases, para mantenerse confinados ahí.

La posibilidad de un retraso tenía a todo el equipo ejecutivo de Día D, S. A. con los nervios de punta. «Era tan espantoso pensar en el aplazamiento que muchos de los comandantes más cautelosos de Eisenhower estaban incluso preparados para arriesgarse a atacar el

8 o el 9 [de junio]».[26] Eisenhower estaba preocupado por los hombres. Dijo: «Podía decirse que esos hombres que estaban ya listos en los barcos para empezar estaban encerrados en jaulas. [...] Estaban amontonados, y todo el mundo estaba descontento».[27] Si el clima era bastante malo, no obstante, Día D, S. A. no podría utilizar la ventaja de la superioridad aérea, y esto era crucial. Día D, S. A. enviaba una cantidad muy elevada de tropas a Francia, pero las tropas alemanas que estaban esperando para recibirlos eran mucho más numerosas. Overlord dependía del apoyo aéreo para obtener el éxito. Sin él, Día D probablemente sería aplastada.

Hablando sobre la decisión de cuándo enviar a sus hombres a Francia, Eisenhower dijo: «Esos compañeros significaban mucho para mí. Pero estas son las decisiones que tienen que tomarse cuando estás en una guerra. Te dices a ti mismo: voy hacer algo que resultará en un beneficio para mi país al menor coste. No puedes decir sin ningún coste. Sabes que vas a perder algunos de ellos, y es muy, muy duro».[28]

Pero a Ike, como a todos los líderes corporativos, le pagaban para tomar decisiones difíciles. Sabía que el éxito de la organización iba a requerir un sacrificio. Era dolorosamente consciente de que el nivel de su sacrificio, el constante, agónico e interminable estrés, no estaba ni remotamente cerca de lo que le pedía a su gente. Y sin embargo, ser capaz de tomar la decisión final es lo que separa al gerente de una unidad de negocios de la gente que trabaja para él o ella. Eisenhower nunca renegó de esa responsabilidad. Sólo esperaba y suplicaba que la decisión que tomase fuese la correcta.

El Día D en sí estaba originalmente programado para iniciarse el 5 de junio, el primero de los tres días que tenía las mareas propicias y que tenía posibilidad de luz de luna después de que la División Aérea hubiese llegado. La reunión final sobre el clima se celebró a las 4:00 de la madrugada, hora local, el 4 de junio. Con la convicción de que Overlord comenzaría el 5 de junio, muchos barcos ya estaban en camino. Estaba lloviendo sin parar y el agua estaba agitada. La mayoría de las lanchas de desembarco eran relativamente pequeñas, barcos de poco calado con muy poca estabilidad y sin un techo con el que mantener a la multitud de hombres y equipamiento secos. Los hombres que iban a bordo estaban empapados, y muchos estaban mareados. Ambrose lo describió: «Para los hombres […] cuyos transportes y lanchas de desembarco habían dejado el puerto, el olor en el aire era vómito».[29]

En la reunión sobre el clima, Ike y su cuerpo administrativo superior se congregaron en Southwick House, el cuartel general de la marina en Postmouth, para escuchar el informe de su comisión meteorológica. El capitán del grupo, J.M. Stagg, presentó su informe, como lo llevaba haciendo para Ike a diario desde hacía un mes. La predicción para el 5 de junio era terrible. Un frente de bajas presiones se acercaba, y había posibilidad de chubascos con nubes bajas y vientos considerables.

Eisenhower pidió a sus ejecutivos y a su equipo de expertos sus opiniones. El almirante Ramsay opinaba que los desembarcos serían difíciles pero realizables. El mar picado haría que el fuego naval de apoyo a las tropas de desembarco fuese muy impreciso. Tedder y Leigh-Mallory, los dos hombres de las fuerzas aéreas, querían aplazar. El manto de nubes bajas descartaba el apoyo aéreo. Montgomery opinaba que el retraso era peor que cualquier condición meteorológica y quería poner en marcha Overlord. Ike meditó sobre el informe de Stagg y las opiniones de su equipo. Señaló que sin apoyo aéreo Overlord era demasiado arriesgado y preguntó si alguien estaba en desacuerdo sobre eso. No hubo desacuerdo.

Ike aplazó la operación veinticuatro horas, esperando que el tiempo mejorase.

Después de tomar la decisión de posponer la operación, Eisenhower pasó mucho tiempo en su tráiler, lo que él llamaba su «vagón de circo»[30] cerca de Southwick House. La mayor parte del resto de generales y almirantes tuvieron mucho mejor alojamiento, quedándose muchos de ellos en grandes mansiones. Pero Ike quería estar cerca de los puertos y de sus hombres, así que ordenó el establecimiento de un pequeño cuartel general constituido por tiendas de campañas y tráileres. La sala de conferencias privada de Ike era una amplia carpa frente a su tráiler. El tráiler mismo, como el uniforme de Eisenhower, no era ostentoso. No tenía adornos ni detalles de ego: ni fotos enmarcadas con hombres célebres, ni encargos especiales, ni menciones en las paredes.

El uniforme de Ike era un uniforme estándar, con su insignia de rango (cuatro estrellas), su parche de unidad en el hombro, y una sola línea de galones sobre un bolsillo del pecho. Compara esto con el casco plateado de Patton; la boina de Monty; el sombrero chambergo de MacArthur, su gran pipa y sus gafas de sol; o la fila interminable de galones que muchos otros oficiales llevaban encima. Con Ike había un sentimiento personal y de sencillez hacia el hombre y hacia sus aposentos: los únicos toques hogareños del tráiler eran fotos de su mujer y su hijo y una colección de novelas del oeste muy usadas que le gustaba leer para relajarse. Era su santuario en momentos de decisión.

El 4 de junio, a las 19:30, Eisenhower y sus ejecutivos se reunieron de nuevo para escuchar las últimas noticias de Stagg sobre el clima. Las noticias eran muy buenas. La tormenta amainaría y Día D, S. A. tendría un margen de treinta y seis horas para operar. Las Fuerzas Aéreas podrían maniobrar entre la media noche del 5 de junio y la madrugada del 6 de junio, a pesar de las nubes dispersas.

A Leigh-Mallory, el ejecutivo del aire, no le gustó cómo sonaba eso. Si las nubes obstaculizaban las maniobras aéreas, las fuerzas de tierra podían quedar expuestas. Quería aplazar la operación hasta el 19 de junio. Ike sondeó a su equipo. Su jefe de Estado Mayor, Beetle Smith, dijo: «Es una apuesta arriesgada, pero es la mejor apuesta posible».[31] Tedder, el número dos de Eisenhower y un miembro de las Fuerzas Aéreas como Leigh-Mallory, quería posponer. Monty quería intentarlo.

La decisión estaba de nuevo en manos de Ike, donde había estado siempre.

Observando a Eisenhower, Smith se dio cuenta de la «soledad y el aislamiento que acompañaban a un comandante en los momentos en que debía tomar semejante decisión, con pleno conocimiento de que el fracaso o el éxito dependían plenamente de su juicio personal».[32] Ike empezó a pasear de un lado a otro (paseaba a menudo mientras deliberaba). Nadie dijo nada; las puertas francesas de la habitación vibraban con fuerza a causa del viento, y la lluvia seguía arreciando. El clima en este preciso momento argüía que Overlord debía ser aplazada.

Eisenhower dijo: «Estoy completamente seguro de que la orden debe ser dada».[33]

Ramsay, el ejecutivo naval de Día D, se apresuró a enviar las órdenes necesarias a la gran flota. Ike volvió a su tráiler para ir a dormir, y se despertó aproximadamente cinco horas después, a las 3:30 de la madrugada, y regresó a Southwick para la última conferencia climática con su equipo ejecutivo.

La tormenta continuó; si la tormenta duraba mucho más, Eisenhower no tendría elección. Tendría que hacer volver a los barcos y aplazar el Día D. En la reunión, Stagg confirmó que la tormenta acabaría pronto y que podría lanzar Overlord. Las malas noticias eran que el margen de buen tiempo que había predicho para las maniobras se había reducido: era posible que las fuerzas iniciales llegasen a tierra y después quedasen desamparadas sin que los refuerzos pudiesen tomar tierra durante el resto día. O incluso el día después.

Ike preguntó a sus ejecutivos. Smith y Monty querían intentarlo. Y Ramsay pensaba que el fuego de artillería naval sería problemático pero que debían poner en marcha Overlord. Los comandantes del aire, Tedder y Leigh-Mallory, se mostraron muy reticentes, y dado que el apoyo aéreo era muy importante para el éxito de Overlord, sus opiniones contaban mucho para Eisenhower. Y también cabía la posibilidad de que Stagg y su comité se equivocasen. La tormenta podía no amainar. Día D, S. A. podía dejar hombres debilitados y mareados en las playas sin apoyo aéreo o de artillería. Si la tormenta no amainaba, Ike enviaría sus fuerzas a ser masacradas. Había tomado la dolorosa decisión la noche anterior; ahora tenía que tomarla de nuevo.

Se paseaba de un lado a otro y no hablaba. A los hombres que estaban presentes en la sala les pareció que el silencio duraba mucho tiempo. Finalmente, Ike dejó de pasear, se giró hacia sus ejecutivos y dijo con tranquilidad: «De acuerdo, vamos allá».[34]

La sala de conferencias se quedó vacía cuando el equipo de Eisenhower la abandonó para poner en marcha la operación. En cuestión de segundos Ike se quedó solo. Su trabajo había sido el de tomar la decisión, y en cuanto la decisión se hubiese tomado, el trabajo de sus ejecutivos era llevarla a cabo. No había forma de que un solo hombre pudiese dirigir los diferentes componentes de una organización tan descomunal como Día D, S. A. Después de haber dado la orden de proceder a Overlord, Eisenhower se encontró solo y prácticamente sin poder. Ike dijo: «Este es el peor momento para un comandante de alto rango. He hecho todo lo que se podía, toda la planificación y el rumbo. No hay nada más que yo pueda hacer».[35] Pero Ike había construido un equipo ejecutivo fuerte y capacitado: y ahora era el momento de delegar, de dejar a los ejecutivos hacer su labor.

## PLANIFICA PARA IMPLEMENTAR

- **Tomar una decisión**. Nada es más importante para un gerente que tomar decisiones. Recuerda tu objetivo, considera tus opciones, sopesa las posibilidades, y toma una decisión. Y después no pierdas el tiempo criticándote a ti mismo.

## MANEJA A TU GENTE

- **Delega**. Si has tomado las decisiones correctas al constituir tu equipo ejecutivo, o las maniobras de administración correctas con los miembros del equipo que te han sido impuestos, sigue adelante y delega. Tu gente lo puede manejar.

# LA GUERRA DE LA WEB: UTILIZANDO TUS VENTAJAS

Cuando Microsoft decidió luchar contra Netscape por la supremacía de Internet, estaba en una posición análoga a la de Día D, S. A. enfrentándose a los alemanes (esto se dice sin que se equipare en absoluto a Netscape con los nazis). Netscape tenía mucho éxito y dominaba el mercado. La Associated Press describió al navegador de Internet de Netscape, Navigator, como «el primer navegador comercial y el punto de partida del boom de Internet».[36] En agosto de 1996 Netscape tenía el control completo de su territorio: «Por lo menos una participación del ochenta por ciento del mercado de navegadores de Internet».[37]

Microsoft consideró que era absolutamente necesario entrar al ruedo con los navegadores. La amenaza de Netscape iba más allá del sistema operativo, donde Microsoft era el dominante. Cualquiera que fuese la compañía que controlase el navegador marcaría las pautas, y probablemente controlaría el mundo de la informática conectada a la red. A mediados de los años 90, Microsoft ya dominaba el mercado de los ordenadores personales: su auténtico potencial de expansión se encontraba en la informática en red. Si Netscape se convertía en la empresa dominante en ese sector en primer lugar, en fin...

Eisenhower también se enfrentó a un competidor con un completo control del territorio. Tenía dos principales ventajas sobre este rival: la superioridad aérea y la movilidad a gran escala de jeeps y tanques. La superioridad aérea permitiría a las fuerzas de Día D, S. A. establecer un punto de apoyo en Europa incluso a pesar de que se enfrentaban con una fuerza mucho mayor, ya atrincherada en posiciones defensivas. Y el asombroso músculo industrial de Estados Unidos produciría suficientes vehículos no combatientes, como camiones y jeeps, de modo que Eisenhower sería capaz de desplazarse demasiado rápido como para que los alemanes pudiesen contraatacar adecuadamente.

Microsoft tenía dos ventajas similares cuando compitió con Netscape. El sistema operativo de Microsoft, Windows, era tan popular como Navigator («utilizado por más del ochenta por ciento de todos los ordenadores personales»[38] en el año 1996). La versión de Microsoft de la superioridad aérea era Windows: la compañía incluía su navegador, llamado Internet Explorer, con Windows. Todos los ordenadores personales ya venían con el Internet Explorer instalado, y la gente que tenía ordenadores más viejos tenía la posibilidad de descargar el navegador de Microsoft gratis.

La segunda ventaja que Microsoft poseía era casi la misma que la de Día D, S. A.: puro músculo. Día D, S. A. dependía de la base de manufactura de Estados Unidos; Microsoft asignó más de quinientos programadores para que trabajaran en sus proyectos de Internet, permitiéndole moverse mucho más rápido que la pequeña Netscape.

Un año después de que Microsoft lanzara el Internet Explorer, sólo poseía el diez por ciento del mercado de navegadores,[39] pero estaba ganando terreno. Se ciñeron a su plan de regalar el software e incorporarlo dentro de Windows (a pesar de los considerables desafíos legales), dos años después *Forbes* declaraba: «Para el otoño de 1998 Microsoft había ganado la guerra».[40] Unos cinco años después de la presentación de Internet Explorer, en noviembre de 2000, Microsoft poseía el ochenta y seis por ciento del uso de navegadores[41] y Netscape se había convertido en una parte menguante de America Online (AOL). Microsoft desplegó sus versiones de superioridad aérea y músculo de fabricación de una forma muy efectiva, prácticamente exterminando a su competidor.

## PLANIFICA PARA EL ÉXITO

- **Aprovéchate**. Si tienes algo que tu competencia no tiene, aprovéchate de ello. Microsoft vio su crecimiento futuro amenazado por Netscape y superó a su rival porque hizo cosas que Netscape no pudo: incorporó el explorador dentro de Windows, ofreciéndolo gratis a los actuales clientes de Windows, y dedicando más recursos que Netscape a producir y perfeccionar su explorador.

## SÉ SINCERO

- **Reconócelo**. Tomaste la decisión; ahora asume la responsabilidad. Hay un dicho popular en las calles: «No cometas el delito si no puedes cumplir la pena». Estar al mando es, irónicamente, lo mismo. No aceptes el talón de la paga si no puedes tomar las decisiones y después asumir la responsabilidad.

El 5 de junio, después de la conferencia sobre el clima a las 3:00 de la madrugada y la decisión final de poner en marcha la operación, Eisenhower desayunó y se fue al puerto de Portsmouth a ver a los barcos marchar y supervisar el embarque de los refuerzos en más buques. Por la mañana cesó la lluvia y el viento se calmó, parecía que el informe de Stagg sobre la mejora del clima era correcto. Ike volvió a su tráiler, jugó a las damas con su ayudante de la Marina, almorzó, y luego se sentó a escribir uno de los documentos más asombrosos de toda la guerra: un comunicado de prensa para usarse en caso de que Overlord fuese un fracaso:

Nuestros desembarcos [...] no han conseguido establecer posiciones satisfactorias y he retirado a las tropas. La Infantería, la Aviación y la Marina hicieron todo lo que el

coraje y la devoción al deber pudieron hacer. Si algún reproche o culpa va ligada al asalto es sólo mía.[42]

Dada la horrible magnitud del contenido de la nota de prensa, es
asombrosamente concisa y completa (la nota entera es más o menos
el doble de extensa que la cita de arriba). Eisenhower fue al grano,
manifestando que Overlord había fracasado y que se había procedido
a la retirada de las tropas. Explicó los fundamentos de su decisión en
una frase. Reconoció y elogió el inmenso sacrificio realizado por los
hombres del Día D.

Y después Ike aceptó la responsabilidad total por la catástrofe.

Sin coartadas ni excusas.

Podría haber sido disculpado por mencionar los factores climáticos, marítimos y de iluminación nocturna; por señalar la complejidad
de la agenda naval y aérea de Overlord; por racionalizar la decisión
explicando que se tomó con el asesoramiento de las mejores mentes
de la profesión. Eisenhower habría estado en su derecho de señalar
que la guerra es arriesgada, pero que las ganancias (la libertad de la
tiranía nazi) requerían riesgo.

Si Overlord fracasaba y esta nota de prensa era enviada, signi-
ficaría que tendrían que pasar muchos meses, probablemente años,
antes de que los Aliados pudiesen reconstruir Día D, S. A. y volver
a intentarlo. Cientos de miles de personas morirían en el ínterin. Si
Overlord fracasaba seria el gran desastre de la guerra y probablemente de todo el siglo XX.

Eisenhower estaba muy al tanto de todo eso: llamaba a Overlord
«la Gran Cruzada». Y, con todo, escribió la nota de prensa asumiendo
toda la culpa, sabiendo que si debía ser publicada, sería conocido
como el hombre que desperdició miles de vidas en Overlord y no el
que consiguió salvar miles de vidas de la mano nazi. El mundo no le
perdonaría nunca.

En menos de un día, Eisenhower demostró lo que cuenta de
verdad para un gran liderazgo: tomar la decisión difícil y asumir la
responsabilidad por ello.

Típico de Ike, una de las últimas cosas que hizo el 5 de junio fue visitar a las tropas que estaban a punto de partir en un aeródromo. Fue a Greenham Common, donde las Águilas Aulladoras de la 101ª División Aérea estaban a punto de subir a bordo de sus aviones por la tarde. La 101ª era una de las divisiones que se lanzarían en paracaídas para apoyar a las fuerzas de Bradley en la playa de Utah (la operación que el jefe de la fuerza aérea de Día D, S. A., Leigh-Mallory, pidió cancelar). Es difícil imaginar el estado de ánimo de Eisenhower mientras hablaba con estos jóvenes que tenían una tasa estimada de un setenta por ciento de bajas pendiendo sobre sus cabezas: una sentencia de muerte. Sea lo que fuese que estuviese pensando, Ike les preguntó a los hombres de dónde eran y cuáles eran sus nombres. Le dijo a un grupo de reclutas que no se preocupasen, y la respuesta de un tejano fue: «Diablos, no estamos preocupados, general. Son los *krauts* (soldados alemanes) los que deberían estar preocupados en estos momentos». Con otro grupo un recluta exclamó: «Ahora deje de preocuparse, general, nos ocuparemos de esto por usted».[43]

Eisenhower se quedó a ver a la 101ª embarcar en sus aviones, luego esperó a ver cada uno de los aviones emprender el vuelo. Se volvió hacia su chofer, Kay Summersby, quien vio lágrimas en sus ojos. Habló bajo: «Bueno, está en marcha».[44]

A última hora de la noche del 5 de junio, el almirante Ramsay, el ejecutivo naval británico de Día D, S. A., escribió una última entrada en su diario para ese día: «No me hago falsas ilusiones sobre los riesgos involucrados en esta, la más difícil de todas las operaciones. [...] Debemos pedir a Dios toda la ayuda que pueda ofrecernos y me niego a creer que esta no vaya a llegar».[45]

# NOTAS DEL INFORME

### ESTRATEGIA: COMUNÍCATE

- **Asegúrate de saber de lo que hablas.** Y si no lo sabes, infórmate. Si no sabes de lo que estás hablando, cállate. Fingir no funciona.

### ESTRATEGIAS: DEFINE TU OBJETIVO, PRIORIZA

- **Si debes tenerlo, tómalo.** Si necesitas algo de otra parte de tu organización, tómalo.
- **Recuerda el bien mayor.** Tienes que recordar el bien mayor para tu organización y tu objetivo.

### ESTRATEGIAS: SÉ SINCERO, DEFINE TU OBJETIVO, PLANIFICA PARA EL ÉXITO

- **Conócete a ti mismo.** Acepta lo que puedes hacer y lo que no puedes. Te ahorrarás mucho dolor con el paso del tiempo.
- **Recuerda lo importante.** Decide lo que *tienes* que hacer, y después averigua cómo hacerlo.
- **Reconócelo.** Tomaste la decisión; ahora asume la responsabilidad.

### ESTRATEGIAS: PLANIFICA PARA IMPLEMENTAR, MANEJA Y MOTIVA A TU GENTE

- **Selecciona gerentes que se adecuen a tu misión.**
- **Escogiendo equipos:** céntrate en tu misión cuando completes tu equipo directivo.
- **Maneja a tus superiores.** Intenta anticiparte a las peticiones de tus jefes: eso creará confianza en tu gestión. Si tu jefe es un despiadado microadministrador, aguanta. No puedes hacer nada por evitarlo.

## ESTRATEGIAS: DETERMINA TU MISIÓN, PLANIFICA PARA IMPLEMENTAR, MANEJA A TU GENTE

- **Decide.** Para un administrador no hay nada más importante que tomar decisiones. Recuerda tu misión, considera tus opciones, sopesa las posibilidades y decide.
- **Delega.** Si has tomados las decisiones correctas a la hora de construir tu equipo, ve adelante y delega. Tu gente puede manejarlo.

## ESTRATEGIAS: PLANIFICA PARA EL ÉXITO, PLANIFICA PARA IMPLEMENTAR

- **Toma ventaja.** Si tienes algo que tu competencia no tiene, sácale provecho.

# SEIS

# OVERLORD: ACCIONES Y CONSECUENCIAS

## Avanza con decisión hacia la etapa final

Mirando el mapa de Normandía, las playas asignadas para la Operación Overlord se extendían desde la playa del extremo occidental, Utah (estadounidense), hacia el este hasta Omaha (estadounidense), y después hacia Gold, Juno y Sword (las tres estaban asignadas a las fuerzas británicas y canadienses) en la punta del extremo oriental. Las divisiones aéreas 82ª y 101ª llegaron durante la noche lanzándose en paracaídas y en enormes planeadores al interior de la playa de Utah, justo alrededor del pueblo de Ste. Mère Église y al norte del pueblo de Carentan. Sus llegadas fueron dispersas y en su mayoría alejadas del objetivo. Por la mañana «muchos de ellos estarían muertos, ahogados por el peso de sus equipos en ríos y estanques, o colgando sin vida entre las ramas de los árboles».[1]

Muchos de los hombres que aterrizaron e inmediatamente entablaron combate en un tiroteo con un rival que no podían ver. Pero las bajas no estuvieron ni siquiera cerca del setenta por ciento que predijo el Mariscal del Aire británico Leigh-Mallory. Fue un miembro de la 101ª el que le dijo a Eisenhower que no se preocupase, que ellos se encargarían de todo. Y lo hicieron, haciendo ajustes a las realidades de la situación y logrando un objetivo tras otro.

Cuando Ike se levantó temprano el 6 de junio, los primeros informes de la división aérea eran positivos. El riesgo que había tomado con sus vidas había valido la pena. En gran parte fue gracias a la actuación de la división aérea tierra adentro de Utah.[*] Las fuerzas de Bradley fueron capaces de asegurar sus objetivos en la playa. Más tarde, a lo largo del día, Leigh-Mallory pidió disculpas a Eisenhower por sus sombrías predicciones: se arrepintió por haber añadido más carga a la que Ike ya llevaba encima.

Los británicos y los canadienses realizaron un progreso sólido hacia el interior de Gold, Juno, y Sword; y la 6ª División Aérea británica tomó dos puentes que se necesitaban con urgencia. A pesar de que los británicos y los canadienses no acababan de alcanzar las agresivas metas de Monty (no es una sorpresa para los estudiantes de Montgomery), lo estaban haciendo muy bien.

Para Eisenhower, la principal preocupación de Día D era la playa de Omaha. Las difíciles corrientes y el humo resultado del bombardeo naval causaron una gran confusión, con muchos estadounidenses aterrizando en el sitio equivocado. Aun peor, la división más antigua de la Armada de los Estados Unidos, la Primera división de infantería, conocida como la «Gran Uno Rojo» por sus parches de unidad en el hombro, se había lanzando directamente hacia la bien establecida 352ª división de infantería alemana. La presencia de la 352ª fue una sorpresa total, pero no debería haberlo sido. Si la inteligencia de Día D, S. A. hubiera hecho mejor su trabajo, la Gran Uno Rojo habría estado preparada para su adversario, en lugar de verse sorprendida por él. La Gran Uno Rojo se encontró a sí misma clavada en la playa sin poder ir a ninguna parte salvo de vuelta al mar. Los alemanes, sin

---

[*] En la playa de Utah se hizo un poco de historia cuando el único general que llegó con la primera oleada era también el hijo del presidente Teddy Roosevelt, el brigadier general Theodore Roosevelt. Casi al mismo tiempo, el nieto de Roosevelt e hijo del general Roosevelt, el capitán Quentin Roosevelt, desembarcó en la primera oleada de la playa de Omaha.

embargo, nunca avanzaron para empujarlos hacia atrás. La Gran Uno Rojo estableció la posición más débil de todas en la playa de Omaha, pero era suficiente. Por la tarde del 6 de junio, el número de hombres que habían desembarcado en tierra llegó a 156,000, y había más en camino: el número se duplicó en menos de una semana. Las bajas de todo el día fueron 2,500, un precio muy alto para cada familia que lo pagó, pero colosalmente menos de lo que cualquier persona de Día D, S. A. hubiera esperando.

## PLANIFICA PARA EL ÉXITO

- **Conoce a tu rival**. Entender dónde y cómo opera tu rival puede ahorrarte valiosos recursos cuando te enfrentes cara a cara con ellos. Si no entiendes a tu competencia te verás forzado a pelearte con ella: en precios, duración de contrato, acuerdos de alcance del servicio, etc. Entender al rival es a menudo el camino más fácil y cómodo para alcanzar el éxito.

La declaración de Ike a la prensa, hecha pública por un ayudante sobre las 09:30 del 6 de junio, era simple y breve, como era de esperar: «Bajo el mando del general Eisenhower, las fuerzas navales aliadas, con el apoyo de una gran fuerza aérea, empezaron a desembarcar tropas aliadas en la costa norte de Francia esta mañana».[2]

## SÉ SINCERO (NO JACTANCIOSO)

- **No pierdas el tiempo echándote flores a ti mismo**. Tu éxito hablará más alto y de forma más persuasiva de lo que tú probablemente puedas.

Una vez más dio reconocimiento a la gente de Día D, S. A. haciendo destacar por separado a la Marina, a la Fuerza Aérea, y a la Infantería. Una vez más enfatizó la naturaleza aliada de su organización. A pesar de lo simple que fue esta declaración, el impacto fue asombroso. En Gran Bretaña, la gente dejó de hacer lo que estaba haciendo y empezó a cantar «¡Dios salve al Rey!» En Filadelfia hicieron sonar la Campana de la Libertad. Se sumaron a ella las campanas de las iglesias de todo Estados Unidos y Canadá. En Europa, la gente escuchaba las noticias en Radio Berlín (que no tenía el mismo acento positivo que tenían los medios de comunicación aliados) o en la BBC. Incluso los prisioneros de guerra y las personas en los campos de concentración escucharon las noticias (si el cotilleo funcionó en campos de concentración, y lo hizo, no es de extrañar que sea tan efectivo en la oficina moderna).

En West Point, Nueva York, la mujer de Ike, Mamie, estaba viendo a su hijo, John, graduarse con el resto de su clase en la Academia Militar de Estados Unidos. Cuando «John subió finalmente al podio para recibir su diploma, el nombre Eisenhower suscitó una ovación clamorosa».[3]

El 7 de junio, mientras las tropas de refuerzo tomaban tierra, Eisenhower zarpaba de Inglaterra a bordo del HMS *Apolo* hacia la playa de Omaha. Bradley subió al barco para poner al corriente de las novedades a su jefe. A pesar de que las noticias eran mayormente buenas, había una carencia general de vehículos de transporte, tanques, artillería, y suministros generales como comida y munición. Por varias causas complejas, la carencia era especialmente aguda en la playa de Omaha. Los alemanes seguían disparando en Utah y Omaha, y existía un serio peligro de que la separación entre las dos playas (unos veinte kilómetros) pudiese ser explotada por el enemigo, separando a Utah de todas las otras fuerzas de Día D, S. A.

## PLANIFICA PARA IMPLEMENTAR

- **Trae refuerzos.** Ike y compañía dependían totalmente de los refuerzos, ya que sus tropas iníciales eran insuficientes para tener éxito en su misión. Los alemanes eran incapaces de desplegar refuerzos, en gran medida debido a los planes de Día D, S. A. y también debido a la confusa administración de Alemania.

Gracias a las decisiones que Eisenhower ya había tomado, sin embargo, Día D, S. A. tenía el tiempo de su lado. Puesto que Ike insistió en el Plan de Transporte (el bombardeo del sistema ferroviario francés), los alemanes eran casi incapaces de desplegar sus reservas. Y, a diferencia de Día D, S. A., que tenía una clara estructura ejecutiva con un hombre al cargo, el ejecutivo alemán al mando, Erwin Rommel, estaba maniatado por Adolf Hitler, quien micro administraba las operaciones alemanas desde la distancia sin disponer de todos los datos necesarios. Hitler no permitió a Rommel desplegar las pocas reservas que tenía, dando a los Aliados más tiempo para montar su cabeza de playa.

A diferencia de los métodos de Hitler, Ike, después de evaluar la situación con Bradley, decidió que en vez de abrirse camino directamente tierra adentro desde Utah y Omaha, las fuerzas estadounidenses deberían desplazarse por el espacio entre sus playas y encontrarse para formar una unidad más grande y estable. Fue el cambio principal que Eisenhower realizó, y era completamente conforme a la manera en que estaba acostumbrado a operar. Ike fue al área de operaciones, reunió información, y decidió.

Día D, S. A. continuó trayendo sus fuerzas a Francia a un ritmo asombroso. El 23 de julio, menos de siete semanas desde el primer día de Overlord, había más de 1.3 millones de hombres y 170,000 vehículos en Francia. La carencia de vehículos de apoyo, comida, y munición se resolvió en gran parte gracias a los esfuerzos sobrehumanos de las marinas estadounidense y británica, quienes apoyaron la operación llevando los suministros de una playa a otra y a los puertos artificiales (los *mulberries*, fabricados llenando los cascos de antiguos buques con cemento y después hundiéndolos). Una tormenta a finales de junio estropeó los *mulberries*, no obstante, quedaron casi 300 barcos y pequeños buques naufragados en las playas de Normandía.

Día D, S. A. necesitaba urgentemente un puerto principal para calmar la crisis de los suministros, pero no tenían uno. Los planes originales requerían que los estadounidenses se desplazasen hacia el oeste desde la playa para tomar el puerto de Cherbourg, mientras Monty (el ejecutivo que estaba al mando de la Infantería, y el jefe directo de los británicos y de los canadienses) debía tomar la ciudad de Caen con sus importantes cruces de caminos por toda la región y después continuar hacia el este, avanzando hacia el puerto de aguas profundas de Amberes.

## PLANIFICA PARA IMPLEMENTAR

- **Conoce el mercado**. Todo mercado tiene barreras de entrada, como realidades culturales, lingüísticas, geográficas y políticas. Averigua cuales son con anterioridad y prepárate para ellas. Es imposible medir el inmenso daño que hizo a Día D, S. A. su falta de preparación para los setos.

Los estadounidenses se quedaron atascados en los cercos de setos del norte de Francia. Los cercos de setos eran tan antiguos como el Imperio Romano, originalmente utilizados para delimitar fronteras. Eran montones de tierra, coronados por setos densamente crecidos, a menudo con las carreteras hundidas discurriendo junto a ellos. Entre la altura del cerco de setos y los setos excesivamente crecidos por encima de los caminos, la visibilidad era, cuanto menos, limitada.

Stephen Ambrose describió los cercos de setos de este modo: «Había, de media, catorce cercos de setos por kilómetro en Normandía. […] A lo largo de la península de Cotentin, del 7 de junio en adelante, los soldados del Ejército de Estados Unidos trabajaron en la tarea. Se encaramaron y empujaron y golpearon y murieron por dos cercos de setos al día. Ningún terreno en el mundo estaba mejor preparado para la acción defensiva».[4] Los tanques podían, en algunos casos, subir encima de ellos y aplastarlos, pero al hacerlo exponían su débil panza a los expectantes alemanes, que disparaban armas antitanque a corta distancia, por lo general matando a todos los que iban a bordo.

A pesar de los detallados planes para Overlord, los cercos de setos no fueron entendidos o anticipados como debían. Se necesitaron semanas de dolorosa lucha para ajustarse a las realidades y empezar a atajar a través de este terreno. Para cuando los estadounidenses finalmente tomaron el puerto de Cherbourg el 27 de junio, los alemanes habían dañado las instalaciones portuarias lo suficiente para que Día D, S. A. tardase algún tiempo en poder usarlo como puerto de suministros.

Lento y doloroso como era el rendimiento de los estadounidenses en los cercos de setos, aun así era mejor que el rendimiento de Monty en Caen. Montgomery había declarado que tomaría Caen hacia el final del Día D. La mayoría de los ejecutivos consideraron que era demasiado optimista, pero Monty insistió en que era posible, así que otros planes fueron vinculados a la temprana adquisición de Caen. A medida que pasaban las semanas sin ningún resultado, Monty explicó la situación afirmando que su plan había sido siempre inmovilizar a los alemanes en Caen, triturándolos, lo que permitiría a las fuerzas de Bradley flanquearlos y tomar Cherbourg. Los críticos de Monty (entonces y ahora) dijeron que cambió los planes para evitar acusaciones de fracaso en Caen. Teniendo en cuenta su historial de prometer demasiado al comienzo de las operaciones para después redefinir sus planes para que encajen con las nuevas realidades, es fácil creer que Monty estaba cubriendo su trasero, un comportamiento que es familiar para la mayoría de la gente de las empresas estadounidenses.

## PRIORIZA

- **Consigue lo que necesitas de tu gente**. Ike no necesitaba que Monty inmovilizase a los alemanes en Caen. Necesitaba que Monty tomase la ciudad y después sacase provecho de sus cruces de caminos para presionar a su rival. Pero Eisenhower fracasó en dar a Monty una orden directa. Mala jugada. Si necesitas que tus gerentes sean productivos, asígnales puntos de referencia: fechas, cantidades, ingresos, cualquier cosa que tenga sentido para tu empresa. Pero sé específico.

Harto del retraso de Monty y del arrastre de Bradley por los setos, Eisenhower regresó a Normandía para ponerse al mando de sus ejecutivos en el terreno. Pasó cinco días visitando a las tropas, examinando el campo de batalla, y se reunió con el equipo de comandantes de Omar Bradley. Ansioso por ver lo máximo que pudiese, Ike cogió un *jeep*, se puso al volante y se fue con sólo un ayudante y un ordenanza. Su inspección de la primera línea estadounidense (tierra adentro de la playa de Utah, al oeste y al sur de Ste. Mère Église) fue tan a fondo que incluso cruzó la línea hacia el territorio alemán (no pasó nada, aunque es difícil imaginar a los gerentes generales modernos colándose en las plantas o territorios de sus rivales, especialmente cuando su competencia tiene orden de «disparar en el acto»). Tan importante como cualquier otra cosa relativa a la visita de cinco días de Ike fue el efecto en la moral. «Los soldados estaban encantados de ver a Eisenhower conduciendo el *jeep* y gritaban y silbaban mientras pasaba».[5]

Ike no estaba contento con lo que había visto. Le preocupaba que una retirada estadounidense de la comarca de los cercos de setos en el noreste de Normandía no fuese posible; y si no había huída, no podría luchar la guerra móvil y de alta velocidad que había planeado.

Eisenhower estaba convencido de que la movilidad y la velocidad derrotarían más rápido a los alemanes. «Un avance en esta situación disminuiría el coste total»,[6] le dijo a Bradley.

Tedder, el número dos de Ike y Smith, su jefe de Estado Mayor, culparon a Monty del lamentable estado de Día D, S. A. Su estancamiento en Caen estaba retrasando todos los esfuerzos de Día D, S. A. Los dos hombres suplicaron a Ike que obligase a Monty a entrar en acción. Ike escribió a Monty una carta que era más un recordatorio de los objetivos de Día D, S. A. que una orden directa. Si la carta causó efecto, tuvo que ser insignificante. Monty continuó avanzando lenta y cautelosamente, dejando a Día D, S. A. en un punto muerto.

## MANEJA Y MOTIVA A TU GENTE

- **Apoya a tu gente**. Ike recomendó a Bradley para estar al mando incluso cuando era subalterno de otros hombres. Bradley justificó la recomendación sin dejar dudas, liderando el avance desde Normandía. Patton no causó más que problemas hasta que Ike fue capaz de utilizar sus dotes especiales. Después de eso, Patton acumuló un éxito detrás de otro.

Finalmente, el 18 de julio Monty fue a por Caen con todo lo que pudo reunir. Un bombardero aéreo gigantesco ayudó, y en dos días Monty, finalmente, tomó la ciudad. Pero el precio fue elevado: 401 tanques y 2,600 bajas. Monty detuvo la iniciativa y declaró resultados positivos. Pero no hubo ningún avance. Ni los británicos ni los canadienses bajo el mando de Monty, ni los estadounidenses bajo el mando de Bradley habían salido de la cabeza de playa de Normandía. Ike estaba furioso y «se quejó de que había costado más de siete mil toneladas de bombas ganar doce kilómetros y que los Aliados no podían esperar avanzar a través de Francia pagando el precio de mil toneladas de bombas por kilómetro».[7]

Cuando comenzó el avance, fue gracias a Omar Bradley, que siempre cumplió lo que había prometido a Eisenhower. Bradley planeó tomar St. Lô, una ciudad en un cruce de caminos en el noroeste de Normandía que estaba situada en el centro de una red de buenas vías: carreteras que permitían a tanques y a camiones desplazarse a velocidades relativamente altas. St. Lô era la salida de los terrenos de los cercos de setos para Día D, S. A. Eisenhower estaba tan satisfecho que escribió a Monty: «Ahora ponemos nuestras esperanzas en Bradley».[8]

Determinado a que Montgomery lanzase un ataque cerca de Caen, en la parte oriental del área operacional de Día D, S. A., al mismo tiempo en que Bradley lo hacía, Ike voló al cuartel general de Monty. Beetle Smith quedó impresionado con la presentación de su jefe, y escribió que Eisenhower quería «un ataque coordinado total de toda la línea aliada, que al menos pondría a nuestras fuerzas en movimiento».[9] Monty no estaba impresionado, pero hizo lo que le dijeron y lanzó un ataque en apoyo a Bradley, quien después de un corto y cruel combate tomó St. Lô.

Eisenhower finalmente tuvo la oportunidad de iniciar una gran guerra móvil. Y tenía el hombre ideal para hacerlo: George Patton. Sin dilación, el Tercer Ejército se puso en marcha bajo el mando de Patton. Courtney Hodges se encargó del Primer Ejército mientras que Bradley fue ascendido para convertirse en el ejecutivo al mando del 12º Grupo de la Armada: el jefe inmediato de Patton y Hodges. Ike invirtió mucha energía y emoción protegiendo a George Patton de las consecuencias de su propio mal comportamiento, convencido de que cuando llegase la oportunidad, Patton demostraría que era el mejor ejecutivo sobre el terreno en Día D, S. A. Los esfuerzos de Ike valieron la pena: el Tercer Ejército arrasaba a los alemanes a una velocidad asombrosa, avanzando hacia al sur desde Normandía, y después hacia el este y luego hacia el norte. El Primer Ejército de Hodges también avanzaba rápidamente a la izquierda del ejército de Patton.

El 7 de agosto, Eisenhower estableció un cuartel general de tiendas de campaña en la ciudad de Mortain en Normandía, donde él y Bradley esperaban que los alemanes contraatacasen. Los dos hombres decidieron defender Mortain con relativamente pocas fuerzas para que el veloz avance de Patton hacia el sur pudiese continuar. En caso de que los alemanes lograran atravesar Mortain y cortarle el paso al Tercer Ejército, Eisenhower planeaba mantener los suministros de Patton a través de un puente aéreo de transporte.

Los alemanes contraatacaron en Mortain, pero las posiciones de defensa de los estadounidenses aguantaron, y los alemanes se vieron obligados a retirarse debido a la presión de Patton en el sur. Los canadienses también se desplazaron hacia abajo desde el norte (cerca de Caen), y los dos ejércitos aliados crearon una pinza, atrapando a las fuerzas alemanas. El Primer Ejército de Hodges también persiguió a los alemanes, viniendo desde el sudoeste (Mortain), reduciendo el espacio que tenían los alemanes para operar. Con los alemanes intentando escapar de las pinzas, Monty tuvo la oportunidad de salir por el este hacia el Sena, pero no la aprovechó, lo que enfureció tanto a Eisenhower como a Patton. El 19 de agosto, sin embargo, las pinzas se cerraron en la ciudad de Falaise, casi treinta kilómetros al sudeste de las playas de Normandía, atrapando a cincuenta mil alemanes y dejando diez mil muertos.[*]

## PLANIFICA PARA IMPLEMENTAR

- **La velocidad mata**. Ike sabía que podría derrotar a los alemanes presionándoles con las máximas fuerzas que pudiese utilizar, lo que requería un frente amplio y maniobras rápidas, lo que significaba evitar paralizarse. En Falaise, la acción rápida de Hodges y Patton logró una gran victoria para Día D, S. A. El movimiento lento, cauteloso y planificado de Monty perdió una victoria incluso aun más grande. Perfeccionar tus planes puede llevar tiempo y disolver tus oportunidades. No esperes demasiado para actuar. Recuerda: la velocidad mata.

---

[*] Las tropas de Ike eran internacionales; las tropas que realmente cerraron las tenazas fueron la Primera División Armada polaca, operada con el Primer Ejército Canadiense, y la Segunda División Armada francesa, sirviendo en el Tercer Ejército de Patton. Era apropiado que los polacos y los franceses sellasen la primera gran victoria en Francia.

Fue una aplastante victoria y una reivindicación de la estrategia de Ike de atacar a lo largo de todo el frente con fuerzas móviles.

El éxito de Día D, S. A. en Falaise fue casi el final de las operaciones alemanas en Francia. Durante las tres semanas siguientes, Montgomery por fin comenzó a moverse con algo de velocidad para alcanzar a los estadounidenses, cubriendo trescientos kilómetros sólo en la última semana de agosto. El Primer y el Tercer Ejército estadounidense se extendieron por Francia casi hasta la frontera alemana. El Primer Ejército marcó una enorme victoria simbólica cuando liberaron París.

Casi al mismo tiempo, Rumanía se rindió a los soviéticos y se unió al esfuerzo de los Aliados declarando la guerra a Alemania. Los alemanes se retiraron de Grecia. El Ejército Rojo se desplazó a Yugoslavia y causó setecientas mil bajas alemanas. En Italia, después de que los Aliados liberasen Roma el 5 de junio, continuaron avanzando hacia el norte, haciendo retroceder a los alemanes.

Los Aliados también desembarcaron en el sur de Francia al oeste de Cannes y empezaron a desplazarse rápidamente hacia el norte. Las tropas de refuerzo adicionales continuaron llegando a Normandía, añadiendo el Noveno Ejército al grupo de Bradley. En Inglaterra, las Divisiones Aéreas 82ª y 101ª, que apoyaron a Bradley en la playa de Utah, y la 6ª división aérea británica, que apoyó a Monty cerca de Caen, se fusionaron en la primera unidad aliada aérea del Ejército, creando una fuerza de reserva experimentada, exitosa y móvil que podía ser desplegada casi en cualquier parte que Eisenhower quisiera utilizarlos.

Todas estas victorias en Europa, sin embargo, crearon la expectativa de una victoria rápida y fácil. Muchos de los miembros de la junta de Día D, S. A., la prensa, y el pueblo estadounidense y británico pensaron que la victoria final sobre los alemanes estaba a punto de suceder.

Incluso el personal de Día D, S. A. cayó preso de este tipo de pensamiento. El departamento de inteligencia del personal ejecutivo (G-2) publicó un resumen el 23 de agosto afirmando que: «Dos meses y medio de amarga lucha ha traído el final de la guerra en Europa a la vista, casi al alcance de la mano». Patton dijo que atravesaría la frontera alemana en diez días. Monty añadió: «Una vigorosa acometida en dirección a Berlín probablemente llegaría hasta allí y de esa manera terminaría la guerra alemana».[10]

Eisenhower no compartía este optimismo. Sabía que costaría mucho esfuerzo el romper el control de los alemanes sobre Europa. Ike escribió en *Crusade in Europe*: «Puede ser que nuestros propios pueblos y sus gobiernos subestimen la tarea que aún está por cumplir y disminuyan los esfuerzos en el frente de casa. [...] No sólo llamé la atención de mis superiores sobre esto, sino que [...] celebré una rueda de prensa, pronosticando que aún quedaba una tarea muy importante por terminar: [...] la destrucción de los ejércitos alemanes». Desafortunadamente, continuó Ike, sus palabras «desaparecieron entre el regocijo general [...] e incluso entre los líderes [...] creció un optimismo, casi una despreocupación» que ignoraba las realidades desagradables a las que todavía se enfrentaba Día D, S. A.[11]

Esto se parece a un gerente general preocupándose por unos informes financieros trimestrales que no se ajustan a las expectativas de los analistas de Wall Street. Muchas empresas han informado de ganancias sólidas sólo para ver una caída en el valor de sus acciones cuando las ganancias, aunque buenas, no eran tan buenas como los analistas habían pronosticado. Ike estaba poniendo en práctica el control de la parcialidad en un esfuerzo para mantener alta la moral de todos: él sabía que el derrotismo podría aparecer en el minuto que Día D, S. A. se cruzase con algunos obstáculos para la victoria. Y había un millón de obstáculos con los uniformes grises de la Wehrmacht todavía por ahí.

Había otro obstáculo para el éxito de Día D, S. A., y era una hiedra de dos cabezas dentro de la organización: las cuestiones sobre quién estaba a cargo de las fuerzas de tierra y qué estrategia seguiría la compañía.

A finales de agosto, Eisenhower anunció que a partir del 1 de septiembre se convertiría en el comandante de infantería aliado además de su papel como gerente general de Día D, S. A. Omar Bradley permaneció a cargo del Duodécimo Grupo de la Armada estadounidense, mientras que Bernard Law Montgomery continuó como ejecutivo del 21° Grupo de los ejércitos británico y canadiense. Esto hizo que Bradley y Monty estuviesen igualados: ambos hombres darían parte directo a Ike. Eso era, en efecto, una degradación para Monty; una que había sido predefinida cuando Eisenhower accedió a la demanda de Churchill de que Montgomery fuese el comandante de tierra.

Monty estaba indignado; él fue el comandante de tierra de Overlord y del inicio de Normandía. Era responsable de una gran victoria de los Aliados, no importaba que los demás, incluido Eisenhower, hubieran contribuido en gran medida a la planificación y que Bradley, con el impulso y el apoyo de Eisenhower, hubiera sido el hombre que llevó a cabo el inicio. Churchill y Alan Brooke, militar de alto rango británico y la versión de George Marshall de Monty, estaban indignados, igual que el público británico. Eisenhower era muy consciente de la popularidad de Monty, desde la cúpula del gobierno británico hasta el público en general: fue la causa de que nunca considerase seriamente la posibilidad de despedirle, incluso cuando los generales británicos de Día D, S. A. le suplicaron que lo hiciera. Brooke escribió en su diario: «Este plan [de Ike] probablemente añadirá de tres a seis meses más a la guerra».[12]

Con indignación o sin ella, Ike estaba decidido a tomar el control de la campaña terrestre. Le había dicho a Churchill meses atrás que lo haría, y ahora que las fuerzas de Día D, S. A. habían salido de la cabeza de playa, era el momento. Y mientras la mayoría de los británicos estaban descontentos con la decisión, el personal de Ike le apoyaba continuamente: los británicos, Tedder y Leigh-Mallory, junto con el estadounidense Beetle Smith, pensaban que el que Eisenhower asumiese el control directo de la campaña terrestre era la manera más efectiva de empujar a Monty a la acción. Bradley y Patton animaron a Ike a tomar el mando de la campaña terrestre.

¿Por qué la cuestión del mando de la campaña terrestre era tan importante, aparte de por ego y reputación? ¿Acaso Ike intentaba demostrar al mundo que él tenía lo que se necesitaba para ser comandante general de combate? ¿Realmente estaba ajustando cuentas con Montgomery, degradándolo? ¿Marcaría una gran diferencia si Ike controlaba la campaña terrestre directamente?

Michel Korda escribió: «Ike simplemente sintió que era necesario que una sola persona controlase la batalla, y consideró que era su responsabilidad». Monty asumió que el ego era parte de la ecuación para Eisenhower, pero esta suposición iba en contra de la carrera de Ike hasta ese momento. Siempre había estado dispuesto a apartarse si consideraba que era la mejor opción. Y la mejor opción era la razón exacta por la que Eisenhower consideraba que él debía tener el control directo. Su punto de vista sobre cómo derrotar a los alemanes era muy diferente al de Monty, y Ike no podía ponerlo en práctica por control remoto.

Era el viejo debate del frente ancho contra el frente estrecho de nuevo.

Monty, Brooke, y Churchill, todos querían un frente estrecho, una concentración de fuerzas, cortando a través de Europa en dirección nordeste a través de Bélgica hacia la región alemana de Ruhr, el centro industrial alemán. Opinaban que si Día D, S. A. lograba controlar el Ruhr, Alemania se derrumbaría. Recuerda que la peculiar forma de pensar de los líderes británicos tenía sus motivos en una sola realidad: llevaban combatiendo con Alemania cinco años, dos años más que los estadounidenses. Operaban desde una base industrial más reducida y con una población más pequeña de la que sacar sus tropas. Sus recursos disminuían a medida que la contienda continuaba. Monty, Brooke y Churchill querían ahorrar gente y recursos al máximo posible, y una estrategia de frente concentrado y estrecho lo haría.

Eisenhower no creía que fuese tan simple. Una fuerza única y concentrada era vulnerable en sus flancos porque los alemanes podían contraatacar tan eficazmente que cortarían las líneas de suministro y destruirían las principales fuerzas de Día D, S. A. E incluso si el ataque concentrado funcionaba como estaba previsto y penetraba hasta el Ruhr, Día D, S. A. no tenía las instalaciones portuarias necesarias para abastecer a sus tropas más allá del Rin.

El problema de los suministros causó un gran freno a las operaciones: cuanto más lejos de Normandía estuvieran las fuerzas, más difícil sería facilitarles los suministros. Si Día D, S. A. quería construir aeródromos para continuar con su apoyo aéreo según sus fuerzas se fueran acercando más a Alemania, los materiales de construcción y los ingenieros alejarían los suministros necesarios de las fuerzas de primera línea. Cuando Día D, S. A. alcanzara el Rin, necesitaría material de construcción de puentes. Pero si el material de construcción avanzaba hacia esa posición, los suministros para la primera línea tendrían que esperar.

Se construyeron oleoductos desde Cherbourg hasta París y desde Marsella hasta Lyon (un fantástico logro hecho por el cuerpo de ingenieros del Ejército de EUA para transportar el petróleo más cerca de las tropas de primera línea) pero cada pieza de material y cada ingeniero que hicieron falta para convertir los oleoductos en realidad, significó que los suministros o las tropas destinadas a la primera línea no llegaran. No había suficiente capacidad para avanzar sin un puerto importante como el de Amberes, que justamente estaba en la lista de objetivos de Monty, un objetivo que no había podido lograr.

## DEFINE TU OBJETIVO

- **Delega cuando sea posible. Si no, hazlo tú mismo.** En un mundo perfecto, tus gerentes están comprometidos con tu visión para lograr su objetivo. Pero si no lo están, tienes que marcar la pauta.

Con los problemas de vulnerabilidad y los desafíos de suministro en mente, Eisenhower seguía convencido de que el enfoque de frente amplio era mejor. El abastecimiento también era un problema de este enfoque, pero el competidor alemán no podría con las múltiples fuerzas de un frente amplio de la misma manera que podría con una fuerza única. El pensamiento estratégico de Ike discrepaba en gran medida de los británicos porque era un estadounidense. Estados Unidos ya había proporcionado la mayoría de las tropas de Día D, S. A. y la balanza continuaba decantándose más hacia el lado estadounidense a medida que las operaciones continuaban. La base industrial de EUA producía a un ritmo inimaginable, suministrando a sus militares todo lo que necesitaban, y suministrando a la vez enormes cantidades de material a los europeos, sobre todo a los británicos y franceses.

Nadie había visto nunca antes una producción industrial a esta escala; los británicos no entendían que ya no disponían de los recursos y no podían ejercer presión para imponer su pensamiento estratégico. Sin embargo, Eisenhower comprendió que las crecientes fuerzas estadounidenses y los suministros infinitos le facilitarían la fuerza suficiente para hacer frente a los alemanes en cualquier lugar. Era una enorme ventaja estratégica, y Ike no tenía ninguna intención de despreciarla con el enfoque de frente estrecho.

Tomando en cuenta las convicciones de Monty sobre el frente estrecho, sólo tenía sentido que Eisenhower asumiera el control de la campaña terrestre para garantizar que su visión se llevase a cabo. Monty discutió aquel punto enérgicamente. Estaba convencido de que era el mejor hombre para el trabajo, que Ike no tenía mucha madera de soldado, y que ser gerente general de una organización entera era un trabajo más que suficiente para cualquier persona; el jefe de tierra tendría que ser un individuo comprometido exclusivamente a la campaña terrestre. La convicción de Monty de que él era el mejor hombre para hacer el trabajo no era del todo irreal. Tenía un largo historial de triunfos que se remontaban a la Primera Guerra Mundial. Y Ike, antes de tomar el control de Día D, S. A., no tenía experiencia dirigido una gran operación comprometido activamente en el combate. Pero su alegato final fue el más contundente.

Eisenhower había planeado ser gerente general de Día D, S. A. y el presidente de su más grande y más activa división operativa. Si estás construyendo una organización empresarial, probablemente no la estructurarías así. Pero hay casos donde el individuo apropiado puede manejar ambos trabajos: e incluso hacerlos bien. Ike era el individuo apropiado, aunque eso no se podría comprobar hasta que no pasaran los meses (y Montgomery nunca admitió que fuera un hecho).

Típico de Monty, aclaró su punto de vista sobre la estructura ejecutiva de la organización en un discurso condescendiente, cara a cara con Eisenhower. Monty también dijo a Ike que su estrategia de frente amplio sería un fracaso. (Nota a los ejecutivos: comentarle a tu jefe de malas maneras cómo debe definirse su trabajo y que su plan estratégico para la organización fallará no es una práctica recomendable para prosperar.) Como no podía ser de otra manera, Monty también se ofreció para ponerse a un lado y servir a las órdenes de un estadounidense (que no fuera Eisenhower) si el núcleo del problema era que Ike pensaba que necesitaba tener un comandante estadounidense en las fuerzas de tierra: Monty sólo entendía que Eisenhower no debía tener dos trabajos a la vez. Al igual que Marshall e Ike, Monty se comprometió totalmente con el éxito de la misión de Día D, S. A., y al igual que los estadounidenses, él estaba dispuesto a dimitir si eso ayudaba a la causa, probablemente el único punto fuerte de su discurso.

Eisenhower había vivido ya suficientes diatribas de Monty como para saber aguantar y no saltar. Le comunicó a Monty que su mente se encontraba en perfectas condiciones y que asumiría el control de la compañía terrestre, pero después se pasó una hora enredado en un debate con Monty sobre cómo los Grupos de Ejército de Bradley y los suyos propios deberían operar.

## MANEJA A TU GENTE

- **No seas egoísta**. Si eres la persona adecuada para el trabajo, ¡ve a por todas! Si no lo eres, por favor, apártate del camino. Voluntariamente.

Monty, todavía tratando de conseguir su estrategia de frente estrecho, quería una prioridad absoluta sobre Patton en suministros, lo que requeriría que el Tercer Ejército de Patton detuviera su avance. Monty también quería que le asignasen la primera división aérea,al igual que el Primer Ejército de Bradley. Finalmente, Monty pidió una directiva que le enviara a Amberes, a Bruselas y a la zona de Rin. Si Monty obtenía estos elementos, tendría el control *de facto* de su campaña de frente entrecho.

Eisenhower no iba a llegar tan lejos, pero consideró que le tenía que garantizar algunas concesiones. El Duodécimo Grupo Ejército tendría prioridad en suministros, aunque estos seguirían llegando a Patton para permitir operaciones limitadas. Se le asignó la división aérea a Monty, y el Primer Ejército de Hodges (que formaba parte del Grupo del Ejército de Bradley) estaría bajo la autoridad de Montgomery para coordinar sus maniobras con los británicos y canadienses: un montón de palabrería que, de hecho, le dio el control del Primer Ejército a Monty. Aquel no fue uno de los momentos más brillantes de Eisenhower como gerente. Monty y él estaban en completo desacuerdo en cuanto a la estrategia, y, sin embargo, le garantizó a Monty varias prioridades que dejaron a Día D, S. A. en la línea de la estrategia única e impulsiva de Monty. Ike permitió que su sarcástico subordinado le agotase. A pesar de la insistencia de Eisenhower de que él sería el comandante de tierra y que Día D, S. A. seguiría la estrategia de frente ancho, cedió demasiado control de la organización a Monty como para poder seguir su visión.

## COMUNÍCATE

- **Sé claro.** Es muy bueno encontrar un acuerdo. Pero no a costa de volver imprecisos los objetivos de tu organización. Sin una comunicación clara, fallarás a la hora de encontrar tus objetivos.

Además, Ike fracasó al comunicarle con claridad a Monty y al resto de su equipo ejecutivo de Día D, S. A. la nueva prioridad de recepción de suministros de Monty, su control de la división aérea, y sus nuevos poderes de coordinación respecto al Primer Ejército de EUA. Las noticias sobre esas decisiones llevaron a más problema de entendimiento, más discusiones y a dejar la moral más debilitada entre sus ejecutivos. Arthur Tedder, el oficial británico número dos de Ike, no estaba de acuerdo con las concesiones de Monty, como tampoco los generales Bull y Strong, oficiales al mando de las operaciones (G-3) e inteligencia (G-2). Bradley y Patton estaban tan enfadados que Patton, el hombre más temperamental de todos, instigó a Bradley para que se uniera a él para darle a Eisenhower un ultimátum: devuélvenos los suministros y el Primer Ejército o nosotros dimitiremos.

Bradley estaba profundamente decepcionado con Ike, pero no tenía ninguna intención de darle un ultimátum. En lugar de eso, se reunió con Eisenhower durante dos días y discutieron sobre si el Primer Ejército debía permanecer sin su Grupo de Ejércitos. Cuando Ike finalmente emitió a la directiva los nuevos acuerdos, Bradley había ganado. La directiva autorizó a Monty a coordinar con Bradley el grupo de los ejércitos británicos y canadienses y el Primer Ejército estadounidense: exactamente lo que hubiesen hecho sin la directiva. Todas aquellas idas y venidas dejaron a Monty, Brooke, Bradley y Patton convencidos de que Eisenhower tenía la mala costumbre de ponerse de acuerdo con cualquiera que hablase por la última vez.

Aunque Ike intentaba encontrar la armonía con todos, era totalmente capaz de mantenerse firme en su decisión. Fue inflexible en su decisión de tomar el control de la compañía terrestre y sobre su estrategia de frente ancho. Sin embargo, también quería reducir el conflicto entre los Aliados; con frecuencia acabó apaciguando a la gente con la que hablaba y fracasando en comunicarles sus decisiones correctamente. Alan Brooke, que no era un gran admirador de Ike, dijo que era «un árbitro que equilibra las exigencias de la competencia aliada y sus subordinados, en lugar de ser el experto en el campo de batalla que toma una decisión definitiva».[13] Esto llevaba a los ejecutivos de Día D, S. A. a abandonar las reuniones con la sensación de que Eisenhower les había hecho caso, sin reparar en lo que había dicho realmente. Este sentido de acuerdo era una buena manera de mantener a un grupo de hombres fuertes y vigorosos trabajando en coalición. Pero era una pobre manera de dirigir las operaciones estratégicas.

Ike tomo posesión de la campaña terrestre el 1 de septiembre. Ese mismo día Churchill ascendió a Montgomery a Mariscal de Campo. Lo hizo, en parte, para salvar la herida de la degradación de Monty, y dejó Ike en la posición de dar órdenes a un hombre que estaba por encima de él, con sus cinco estrellas frente a las cuatro de Ike. El ascenso de Monty le llevó a querer incrementar sus esfuerzos para que se implementase su plan de frente estrecho. Aun cuando Eisenhower le había garantizado la prioridad en suministros, Monty sintió que no estaba recibiendo su parte. Aunque le había dado a Monty la prioridad, Ike animó a Bradley a continuar con las maniobras, y Bradley inmediatamente dejó a Patton de lado.

Cuando Eisenhower tomó el control de las maniobras de tierra y Monty fue ascendido, Patton se encontraba ya a ciento cincuenta kilómetros al este de París. Sin embargo, sus entregas de gasolina se habían visto seriamente reducidas, y había un serio peligro de quedarse sin combustible. Patton insistió en que el Tercer Ejército continuase su avance «hasta que los tanques se pararan y continuásemos a pie».[14]

Asumió, acertadamente, que Ike no lo dejaría plantado: Eisenhower le daría más combustible, aunque saliera de la asignación de Monty. De hecho, Ike le asignó más combustible aun en la reunión que mantuvieron el 2 de septiembre Bradley, Hodges y Patton con Eisenhower en los cuarteles generales. Eisenhower también aprobó las operaciones del Tercer Ejército hacia Mannheim y Frankfurt y decidió separar el Primer Ejército de Hodges del flanco de Monty y lo asignó a la retirada de Patton.

Montgomery estaba furioso. Se quejó de que Eisenhower había repartido mal los suministros y que esa mala distribución prologaría la guerra, una acusación bastante seria para lanzarla a su superior. Hubo un tira y afloja de las comunicaciones, con Monty farfullando que era difícil de resolver este tipo de cosas sin hablar cara a cara. ¿Se dignaría Ike en ir hasta él para discutirlo? Fue una acción grosera y carente de tacto de parte de Monty: él era el subordinado buscando una limosna; él debería dirigirse a Eisenhower. La petición de Monty fue aun peor en la segunda vista. En un viaje rutinario a los cuarteles generales de las distintas unidades, Ike resultó herido cuando el pequeño avión tuvo que realizar un aterrizaje de emergencia en una playa francesa. Eisenhower se bajó del avión para ayudar al piloto a salir y se lesionó la rodilla en la arena mojada. Le dijeron que tenía que reposar en cama, y le pusieron yeso. El dolor persistió durante toda la guerra, y en ocasiones era tan doloroso que Ike tenía que reposar durante un día entero o usar muletas o un bastón. Monty sabía de la lesión, pero rechazó la invitación de Eisenhower para que fuese a verlo. Siempre complaciente, Ike voló para ver a Monty.

En *Crusade in Europe*, Eisenhower describió aquella reunión con meros términos de negocio, hablando sobre su certeza de que una iniciativa de un solo ataque nunca podría funcionar, y los problemas de abastecimiento que enfrentaba Día D, S. A., no sólo el Duodécimo Grupo de Ejército de Monty. Ike habló de que la necesidad de controlar el puerto de Amberes (que sería más que útil para resolver sus problemas de abastecimiento, y, por lo tanto vencer a los alemanes) era prioritaria. Stephen Ambrose, si bien no contradice nada de lo que Eisenhower dijo, tiene una imagen muy diferente de la reunión. Ike nunca mencionó que le doliese tanto la pierna como para no poder salir del aeródromo, así que la reunión con Monty se celebró en el B-25 de Eisenhower. Ambrose escribió: «Sacando la última directiva de Eisenhower de su bolsillo, agitando los brazos, Montgomery condenó el plan con un lenguaje extremo, acusó al comandante supremo de haberlo traicionado».[15]

«A medida que la diatriba se iba convirtiendo en furia, Eisenhower guardó silencio. En la primera pausa para tomar el aliento, no obstante, se inclinó hacia delante, puso su mano sobre la rodilla de Montgomery, y dijo: "¡Ten cuidado, Monty! No me puedes hablar de esa manera. Soy tu jefe". Montgomery masculló que estaba arrepentido».[16]

El momento de la disculpa descarriló la afrenta de Monty, pero al instante continuó con una propuesta extravagante. Monty insistió descaradamente en que si le facilitasen todos los suministros que estaba pidiendo, podría efectuar un solo golpe a través de la ciudad neerlandesa de Arnhem hasta el mismo Berlín. Eisenhower, según Tedder, que se encontraba en la reunión, dijo que «sería fantástico hablar de marchar hacia Berlín con un ejército que todavía estaba sacando la gran mayoría de sus suministros de las playas». Ike se negó a considerar la propuesta, y más tarde escribió en su diario: «La propuesta de Monty es simple: que se lo demos todo, lo que es una locura».[17] Los dos hombres se sentaron en el B-25 durante una hora más, discutiendo qué hacer después. Durante esta discusión, Monty propuso una operación en dos frentes que fue sólo un poco menos atrevida que su fantasía de ir desde Arnhem a Berlín. Se llamaría Market-Garden.

En el primer frente, Market, Monty quería dejar a la primera división aérea en Holanda para tomar dos puentes clave de los alemanes. En el segundo frente, Garden, vería a su Segundo Ejército hacer añicos los cien kilómetros de carreteras que conectaban con esos puentes. El último puente cruzaba el Bajo Rin en Arnhem y permitiría a Día D, S. A. abalanzarse sobre Alemania. Market-Garden tendría a su favor el factor sorpresa: era más probable que los alemanes se prepararan para contraatacar a lo largo de la ruta más corta hacia Alemania, mucho más al norte de los puentes clave de esta operación y de la autopista. Emplearía la fuerza aérea en un ataque masivo desde el aire, algo que Eisenhower, junto con George Marshall y Hap Arnold (jefe de la Fuerza Aérea de EUA), no deseaban en absoluto.

La idea de un ataque importante desde el aire también se añadió al efecto sorpresa; sería el primero de los Aliados. Torch, Husky y Overlord eran operaciones anfibias con algunos elementos aéreos: Market-Garden era propiamente un ataque aéreo con un elemento blindado. Pero Día D, S. A. tenía una larga serie de primeras veces: Torch, Husky, y Overlord les habían obligado a enfrentarse a todos los retos posibles sin precedentes, y los habían resuelto con éxito.

Otro factor a considerar de Market-Garden fue la guerra personal de voluntades que surgió entre él y Monty por la falta de velocidad y audacia en todas las operaciones de Monty. Eisenhower estaba irritado por la lentitud de Monty, que lo enfocaba todo con extremada cautela desde el norte de África, y después en Sicilia y en Italia, y más recientemente en Caen y en la lucha para salir de la cabeza de playa de Normandía. Ike gastó enormes cantidades de tiempo y energía incitando a Monty a que fuera más agresivo. Pero Montgomery rechazó a su jefe en todas las ocasiones. Ahora el Mariscal de Campo británico estaba proponiendo Market-Garden, un plan que Bradley denominó como «uno de los planes más imaginativos de la guerra». Bradley también dijo: «Si el piadoso y abstemio Montgomery se hubiera tambaleado en [el cuartel general] con una resaca, no podría haber estado más asombrado de lo que ya estaba por la arriesgada aventura que propuso».[18]

Market-Garden tenía grandes problemas. Eisenhower había observado que la estrategia de frente estrecho podía ser fácilmente repelida con contraataques efectivos y podría provocar la pérdida de las fuerzas que estaban en cabeza. Esta operación requería un solo movimiento de ataque y una columna blindada que viajaría más de cien kilómetros por una carretera en el territorio bajo el dominio alemán: eso haría que fuera más fácil atacar la columna. Otra debilidad del plan era que, para que pudiera tener éxito, habría que quitarles a los alemanes todos los puentes y aguantar el tiempo suficiente para que la columna de blindados llegase a cada uno de ellos. Puesto que se necesitaban todos los puentes disponibles para que la columna se moviese con rapidez, tendría que haber lanzamientos separados en paracaídas en las cercanías de cada cruce de ríos. Cada lanzamiento aumentaría la posibilidad de que algunas de las fuerzas cayesen fuera del objetivo o que perdiesen el equipamiento necesario en el transcurso. El plan de Market-Garden también requería que la Fuerza Aérea Ligera mantuviese alejada a las fuerzas alemanas bien equipadas que ya estaban en la zona. Si la columna de blindados se retrasaba en su progreso a lo largo de aquel camino solitario y expuesto, la división aérea podría quedarse en una situación muy desagradable.

Las dificultades con la carretera, los puentes y los múltiples lanzamientos eran las amenazas tácticas que podían evitar el éxito de Market-Garden. Los problemas más grandes de la operación eran estratégicos. Si Market-Garden seguía adelante, Monty iba a necesitar la prioridad absoluta de los suministros que había pedido anteriormente. El Duodécimo Grupo de Ejército de Bradley haría de todo menos quedarse quieto mientras esperaba que Monty acabase. La estrategia de frente ancho tendría que ponerse en espera, por lo menos por un corto período de tiempo. Debido a la dirección que tomaba Market-Garden, se había creado una separación entre la línea de los Aliados, y el Primer Ejército de Hodges necesitaba desplazarse hacia el norte, alejándose de su posición de apoyo a Patton, extendiendo muy poco las posiciones defensivas de Día D, S. A. Al final, y lo más importante, Market-Garden no contribuiría en absoluto a la situación crítica del abastecimiento.

Realmente, lo que Eisenhower necesitaba era que Monty captu-rase Amberes inmediatamente, o incluso antes. Necesitaba un puerto de aguas profundas con instalaciones para abastecer a sus crecien-tes ejércitos en constante movimiento. Sin Amberes, no era posible desplazarse al interior de Alemania. Sin aumentar su capacidad de abastecimiento, Día D, S. A. estaba en un punto muerto que pro-longaría la guerra durante meses. Market-Garden intensificaba el problema de suministro sin aliviarlo en absoluto, incluso aunque la operación fuera un éxito total. Las instalaciones del puerto de Amberes tendrían que haber sido la única prioridad de Monty.

Ike, plenamente consciente de las cuestiones operativas de Market-Garden, así como de la cuestión estratégica de Amberes, aprobó la operación. A cambio, Monty aceptó que Amberes estuviese en el primer puesto de su lista de tareas pendientes. En menos de dos semanas Market-Garden causó un desastre. Stephen Ambrose descri-bió así la decisión: «El resultado fue uno de los grandes errores de la guerra. [...] El hombre responsable de ese fracaso, en primera y en última instancia, fue Eisenhower».[19]

## PRIORIZA

- **Haz lo que tienes que hacer, ignora el resto.** La aprobación de Market-Garden por parte de Eisenhower es como cuando un gerente aprueba una brillante página web cuando la mayoría de su negocio se realiza a través de un centro telefónico de atención al cliente (y ese centro de atención al cliente necesita desesperadamente una puesta al día tecnológica y de formación para sus empleados). O cuando compras una flota nueva de coches para un servicio de reparto a domicilio cuando en realidad necesitas camiones que sean capaces de transportar las pesadas cargas que repartes. No pierdas el tiempo en algo brillante y nuevo hasta que no conozcas el núcleo de tus necesidades.

# NOTAS DEL INFORME

### ESTRATEGIAS: DEFINE TU OBJETIVO, PLANIFICA PARA EL ÉXITO Y PLANIFICA PARA IMPLEMENTAR

- **Conoce a tu rival.** Entender al rival es a menudo el camino más fácil y cómodo para alcanzar el éxito.

### ESTRATEGIA: SÉ SINCERO (NO JACTANCIOSO)

- **No pierdas el tiempo echándote flores a ti mismo.** Tu éxito hablará más alto y de forma más persuasiva de lo que tú probablemente puedas.

### ESTRATEGIAS: PLANIFICA PARA EL ÉXITO, CÉNTRATE EN TUS OBJETIVOS, PLANIFICA PARA IMPLEMENTAR

- **Conoce tu mercado.** Cada mercado tiene barreras de entrada. Encuéntralas antes y prepárate para ellas.
- **Trae refuerzos.** Tras la planificación y la puesta en marcha, debes continuar con tus esfuerzos. (Y sí, traer refuerzos debería de ser parte de tus planes.)
- **La velocidad mata.** Perfeccionar los planes tarda un tiempo y disuelve oportunidades. No esperes demasiado tiempo para actuar.

### ESTRATEGIAS: PRIORIZA, COMUNÍCATE

- **Consigue lo que necesitas de tu gente.** Asigna a tus gerentes puntos de referencia: fechas, cantidades, ingresos, cualquier cosa que tenga sentido para tu empresa. Pero sé específico.

### ESTRATEGIAS: DEFINE TU OBJETIVO, MANEJA Y MOTIVA A TU GENTE

- **Delega cuando sea posible.** Si no, hazlo tú mismo.
- **No seas egoísta.** Si eres la persona adecuada para el trabajo, ¡adelante! Si no lo eres, por favor, apártate del camino.
- **Apoya a tu gente.** Como se ha dicho anteriormente, tu gente

es tu recurso más importante: ¿Por qué no les apoyarías?

## ESTRATEGIA: COMÚNICATE

- **Sé claro.** Sin una comunicación clara, fallarás a la hora de encontrar tus objetivos. ¿Suficientemente claro?

## ESTRATEGIAS: DEFINE TU OBJETIVO, CÉNTRATE EN TUS OBJETIVOS Y PRIORIZA

- **Haz lo que tienes que hacer, ignora el resto:** No pierdas el tiempo en algo brillante y nuevo hasta que no conozcas el núcleo de tus necesidades.

# SIETE

# CÓMO PERDER LA CONCENTRACIÓN

## Deja las cosas claras con respecto a riesgo frente a recompensa

E l concepto de Market-Garden era brillante y arremetedor, casi increíble. Pero, como sucede con muchos planes, el diablo estaba en los detalles. La impaciencia de Eisenhower después de más de un año del trabajo lento de Monty y de sus métodos cuidadosos era comprensible. Deslumbrado por la brillantez del plan y por la posibilidad de que Día D, S. A. pudiese operar a través del Rin a finales de septiembre, menos de tres meses después de remojarse en las playas francesas, Ike aprobó la operación.

Para asegurarse de que Monty no volviese a sus costumbres de tortuga, Eisenhower aprobó el plan con la condición de que se llevara a cabo tan pronto como fuera posible. Ike se comprometió con Monty a que le facilitaría todos los suministros necesarios, siempre y cuando Market-Garden se realizase rápidamente.

Con la aprobación de Eisenhower en el bolsillo, Monty le resumió el concepto al teniente general Frederick Browning, uno de los expertos británicos de la División Aérea. Como todos los militares, Browning podía leer un mapa, el equivalente en los ejecutivos modernos a ser capaces de leer una hoja de cálculo y ver los hechos cruciales de la situación. El plan establecía que la División Aérea tomase «una serie de cruces, cinco de ellos puentes importantes incluyendo los grandes ríos Maas, Waal y el Bajo Rin, en un tramo de aproximadamente cien kilómetros de largo. [...] Les encargaron mantener el pasillo abierto, en muchos de los lugares una simple carretera [...] sobre la cual la acorazada británica pudiese pasar. Todos los puentes tenían que quedar intactos si el ataque repentino tenía éxito». Browning preguntó a Monty cuánto tiempo tardarían las fuerzas blindadas en llegar al puente más lejano en Arnhem sobre el Bajo Rin. Monty le dijo que en dos días, y Browning dijo que las fuerzas aéreas podrían esperar cuatro días. Incluso con ese margen de seguridad de dos días, Browning se sintió obligado a agregar: «Pero, señor, creo que podríamos estar yendo un puente más allá».[1]

Browning y el ejecutivo al mando de la primera división aérea, Lewis Brereton, se reunieron para iniciar la planificación detallada. Aparte del concepto general, Monty les había dado sólo una condición: la operación tenía que llevarse a cabo lo antes posible, o incluso antes.

En cuanto Brereton y Browning empezaron a planificar, los detalles diabólicos empezaron a ser evidentes:

- *Carencia de suficientes aviones para el salto.* Las Fuerzas Aéreas no tenían suficientes aviones para transportar a todo el Ejército Aliado al mismo tiempo, lo que significaba hacer múltiples viajes para realizar múltiples saltos, complicando una situación que ya era complicada de por sí. Brereton necesitaba tres días para transportar toda la fuerza a sus áreas asignadas.
- *Carencia de sorpresa.* Después del primer día, los alemanes serían completamente conscientes de lo que Día D, S. A. intentaba hacer. Los saltos en el segundo y en el tercer día se harían frente a un competidor que ya estaba listo y esperando.

- *Combinación de diversas fuerzas y suministros para cada uno.*
La 101ª División Aérea (estadounidense) se lanzaría cerca
del amenazante ataque acorazado. Serían relevados
primero, lo que significaba que necesitaban tomar sus
objetivos lo más rápidamente posible. Las exigencias de
los lanzamientos requerían muchos más hombres que
equipamiento para facilitarlo.

La 82ª División Aérea (estadounidense) de James Gavin tendría
que esperar más tiempo y fue asignada a dos de los puentes de los
ríos anchos, el Maas y el Waal, que requerían un equipamiento más
especializado. Las exigencias de su lanzamiento tuvieron una combinación más pesada de equipamiento.

Finalmente, la Primera División Aérea británica tenía que controlar el puente en Arnhem sobre el Bajo Rin. Estaban en el otro
extremo de la ruta para el ataque acorazado; serían los últimos en
ser relevados, y necesitaban aguantar el máximo tiempo posible. La
Primera tenía la tropa más grande, unida con la Primera Brigada
Polaca de Paracaidistas, y la 52ª División de Tierras Bajas, que volaría
para reforzar la operación tan pronto como los aeródromos locales
estuviesen asegurados.

La planificación de una operación importante de cualquier clase
presenta una oportunidad para enfrentarse al riesgo: los ejecutivos
tienen la oportunidad de jugar el juego de «¿Qué pasaría si…?», y
evaluar el equilibrio entre riesgo y beneficio. Si el riesgo es demasiado elevado y el beneficio es demasiado pequeño, cancelar una
operación con antelación (por muy doloroso o costoso que pudiese
ser) frecuentemente causa menos daño a una organización que
seguir adelante con el plan. Hay que admitir que es una acción
estabilizadora. A veces la única manera de conseguirlo es clavar una

estaca en el suelo como determinación, y luego negarse a retirar la estaca hasta que la operación haya terminado. Pero la evaluación del riesgo debe ser un proceso continuo, avanzando en estrecha colaboración con la planificación. No importa cuán firmemente la estaca haya sido enterrada en el suelo, si la fórmula del riesgo y beneficio está fuera de servicio, la estaca se tiene que sacar: la decisión debe ser revocada.

Los mercados financieros de EUA dieron una prueba dramática de la necesidad de enfrentarse con el riesgo y dar los pasos correctivos en septiembre de 2008. Los mercados se cayeron en gran parte debido a las muchas organizaciones (como AIG, Citigroup, Fannie Mae y Freddie Mac) que no se daban cuenta del riesgo extremo implicado en los muchos instrumentos crediticios que guardaban en sus carteras. Una oleada de gerentes generales de la industria financiera realizaron el largo viaje hasta Washington, donde fueron obligados a admitir ante el Congreso y los medios de comunicación que algunos de los instrumentos eran tan complicados que no acababan de entender del todo cómo funcionaban. Es muy difícil enfrentarse al riesgo inherente de un producto o servicio cuando no sabes cómo funciona. Estas empresas habían recogido los frutos de sus inversiones sin haber valorado adecuadamente el riesgo que conllevaban, y las empresas y toda la economía estadounidense sufrieron por la falta de gestión integral del riesgo.

A medida que los planes de Market-Garden se desarrollaban y los detalles desafiantes se amontonaban, debería haber estado claro que los riesgos eran demasiado altos para el beneficio resultante. Recuerda: la operación no fue diseñada para el único objetivo que Día D, S. A. necesitaba: Amberes y sus instalaciones portuarias. Eisenhower aplicó la fórmula de riesgo y beneficio a la operación, pero la aplicó incorrectamente. Consideró que el ser capaz de cruzar el Rin era una oportunidad que la organización no podía dejar escapar. Sin embargo, operar más allá del Rin intensificó el problema del suministro, y acució la necesidad de Amberes.

## PLANIFICA PARA EL ÉXITO

- **No utilices el martillo para todo**. Utiliza las herramientas estratégicas. Con Market-Garden, Día D, S. A. cayó en la rutina de utilizar solamente una herramienta estratégica. Casi todo el mundo estaba tan implicado en llevar a cabo el plan que todos los signos de advertencia fueron ignorados.

## CONCÉNTRATE EN TU OBJETIVO

- **Si te desconcentras, fracasarás**. Ike olvidó el objetivo. El trabajo de Día D, S. A. era derrotar a Alemania: y necesitaba Amberes para conseguirlo. En el momento en que te olvidas del objetivo, fracasarás en avanzar tu misión.

## PLANIFICA PARA IMPLEMENTAR

- **Enfrentarse al riesgo o fracasar**. La operación Market-Garden, AIG, Citigroup, los comerciantes de los bonos basura de los 80… Si no entiendes los riesgos que corres, consigue que alguien los entienda. Y escúchale.

## COMUNÍCATE

- **Perder la comunicación y fracasar**. Si el flujo de comunicación no funciona desde lo alto  de la cadena de administración, muy poco más funcionará.

La gente que estaba haciendo la planificación estaba siguiendo las órdenes de encontrar una manera de llevar la operación a cabo. Nadie había cuestionado el fracaso de la operación a la hora de apoyar al objetivo (derrotar a los alemanes), ni nadie dijo que éste no era plan para el éxito (tenían que tomar a Amberes para hacerlo). El fracaso aquí era la completa falta de comunicación respecto al riesgo. Aunque Brereton y Browning eran conscientes de la dificultad de la operación, los riesgos que vieron no le fueron presentados a Eisenhower. Día D, S. A. no tenía un proceso formal para evaluar y enfrentarse a los riesgos.

Los ejecutivos de la división aérea no fueron los únicos que vieron que los riesgos se amontonaban en exceso. Miles Dempsey, el mando del Segundo Ejército británico que suministró a las fuerzas blindadas para que avanzasen rápido el tramo de cien kilómetros, estaba muy preocupado. El personal de inteligencia había utilizado información de la resistencia holandesa para crear una estimación muy preocupante de la situación. Las fuerzas alemanas fueron aumentando de tamaño en la zona baja, cerca de Arnhem, y algunas unidades Panzer se reabastecían en Holanda. El tiempo en Holanda, sin embargo, era muy agradable, así que durante unos pocos días los alemanes disfrutaron de una clara superioridad aérea y causaron estragos en las fuerzas de Día D, S. A. Como fuerzas blindadas, los Panzer estaban mucho más equipados con peso que las fuerzas de la División Aérea, lo que significaba que el control de los puentes sería más difícil. Montgomery pensó que una vez que el Segundo Ejército destrozase la corteza de las defensas alemanas, se encontraría con poca resistencia de las fuerzas más ligeras. La inteligencia de Día D, S. A. confirmó su punto de vista. Cuando Dempsey hizo su estimación, fue ignorado: otro ejemplo de riesgo mal evaluado por la cúpula y un fracaso de la comunicación.

En vez de preocuparse de que Market-Garden ayudara en el objetivo de Día D, S. A. o evaluar el riesgo, Eisenhower parecía que estaba exclusivamente concentrado en asegurarse de que Monty siguiera avanzando a paso rápido. Pocos días después de que Ike aprobara la operación, Monty se quejó (de nuevo) de que no estaba recibiendo suficiente suministro y de que la operación no podía ser puesta en marcha por lo menos hasta el 23 de septiembre de 1944. Eisenhower envió a Beetle

Smith a ver a Monty, quien entonces prometió a Monty que recibiría mil toneladas de suministros al día, más el transporte. Asegurándose de que tenía el material que él necesitaba, y considerando que la resistencia en Holanda sería leve, Monty puso como fecha de lanzamiento el 17 de septiembre: sólo una semana después de que Ike hubiese aprobado el plan. Eisenhower pudo haberse creído que Montgomery estaba haciendo precisamente lo que deseaba de él: una acción rápida. Hay un viejo refrán que dice: ten cuidado con lo que deseas, porque se puede hacer realidad. Ike estuvo a punto de conseguirlo.

La operación empezó perfectamente. El tiempo era fabuloso, el primer día los saltos llegaron sobre el objetivo, la 101ª tomó sus objetivos, y el Segundo Ejército se trasladó a lo largo de la carretera. En pocos días todo se torció. Las condiciones meteorológicas impidieron el despegue de las Fuerzas Aéreas: se quedaron sin refuerzos y sin soporte aéreo para las fuerzas que estaban en Holanda. El tiempo en Holanda, sin embargo, era agradable, excepto por unos pocos días nublados, y los alemanes se encontraron con una superioridad sin oposición, y causaron estragos en las fuerzas de Día D, S. A.

Las fuerzas Panzer de las que Dempsey había tratado de advertir a sus compañeros gerentes resultaron estar exactamente donde él pensaba que estarían. La resistencia al ataque blindado fue intensa e increíblemente efectiva. La mayoría de las carreteras que utilizaba el Segundo Ejército británico eran elevadas y las siluetas del vehículo del Segundo Ejército llegaron a ser unos fantásticos objetivos. Y según los alemanes iban derribando más y más tanques, los aliados se bloqueaban. La única carretera elevada se había convertido en una trampa mortal sin salida.

La 82ª División Aérea tomó sus puentes asignados, pero a un precio elevado: los barcos necesarios para cruzar el río no podían ser transportados por carretera debido a la paliza que el pobre Segundo Ejército estaba recibiendo. Cuando los barcos llegaron finalmente, el Tercer Batallón de la 82ª, bajo el mando del sargento, Julian Cook, se vio obligado a cruzar el río a plena luz del día. Las bajas fueron enormes; los barcos se estrellaron fuera del agua y algunos de los barcos se hundieron por sobrecarga. Cuando los hombres llegaron al otro lado del río no había alguien que les cubriese en la playa. La situación fue rápidamente de mal en peor: no había suficientes barcos para que toda la unidad cruzase el río, así que los ingenieros que condujeron los barcos tenían que dar la vuelta bajo el fuego, recoger al resto del batallón, y volver. El cruce adicional bajo el fuego fue asombrosamente heroico y terriblemente costoso en vidas humanas. Pero Cook y sus hombres tomaron el puente y siguieron adelante con su siguiente objetivo.

A medida que el Segundo Ejército luchaba para «llegar corriendo» hasta la carretera, los alemanes contraatacaron tanto a la 101ª como a la 82ª División. Los alemanes fueron mucho más fuertes de lo que Monty o la mayoría de los ejecutivos de Día D, S. A. habían pensado, y sin sentir ninguna presión del estancado Segundo Ejército, fueron a por los estadounidenses.

Tan desagradable como la situación de la División Aérea estadounidense, lo era la terrible situación de la Primera Aérea británica. La resistencia alemana en Arnhem, donde el último puente de Market-Garden se extendía sobre el Bajo Rin, era feroz. La Primera Brigada Aérea de los británicos y los polacos fue capturada en un tiroteo de días de duración con las unidades Panzer, que estaban mucho más fuertemente armadas. Sólo pudieron conseguir uno de los extremos del puente. Pero no podría ser reforzado ya que fueron incapaces de capturar los aeródromos locales. Sin los aeródromos, la 52º División de Tierras Bajas no pudo llegar a ellos, y la columna de blindados del Segundo Ejército se atascó a kilómetros de distancia en la carretera. Monty había prometido ayuda para la Primera División Aérea en dos días. Browning había pensado que podría resistir durante cuatro. Resistieron incluso más tiempo, pero ya no importó. El Segundo Ejército nunca llegó.

La Primera División Aérea y la Primera Brigada Aérea polaca fueron evacuadas a través del río como en un mini Dunkerque, en unas unidades destrozadas. Las bajas de los británicos y polacos en Arnhem fueron un total de 7,578. Las bajas de Market-Garden fueron un total de más de 17,000, según Cornelius Ryan. Esa cifra de 17,000 es casi el doble de lo que Día D, S. A., con una fuerza más grande involucrada, sufrió el Día D, el 6 de junio.[2]

## PLANIFICA PARA EL ÉXITO

- **No te dejes seducir**. Ser temerario es para la tauromaquia. Puede ser útil en proyectos de negocios también, pero puede ser demasiado emocionante para tu propio bien. No escojas el plan demasiado agresivo sólo porque es una manera de hacer que las cosas avancen.

## CÉNTRATE EN TUS OBJETIVOS

- **Cada cosa a su tiempo**. Eisenhower tendría que haber presionado a Monty para que alcanzase objetivos necesarios, como por ejemplo Amberes, en vez de aprobar un plan salvaje con promesas de éxito rápido.

Rayen resumió Market-Garden citando las memorias de Montgomery: «Según mi (prejuicioso) punto de vista, si la operación hubiera estado correctamente apoyada desde sus inicios, y teniendo en cuenta las aeronaves, las fuerzas de tierra y los recursos administrativos necesarios para el trabajo, hubiera tenido éxito a pesar de mis errores, el tiempo adverso y la presencia del Segundo cuerpo de Panzer de las SS en la zona de Arnhem. Sigo siendo un impenitente defensor de Market-Garden».[3] En otras palabras, todo el mundo tenía la culpa.

Es comprensible que en sus memorias el hombre fuese un poco vacilante a hora de asumir la responsabilidad de malgastar miles de vidas en un proyecto que nunca podría haber hecho avanzar la misión de la organización. Pero Monty nunca demostró que pudiera aprender de sus errores. Es muy poco probable que mostrara un lado más progresista en privado.

Eisenhower, puedes recordar, se dedicó al autoanálisis al final de la campaña del norte de África y por lo tanto ajustó su pensamiento y su comportamiento.

Bernard, el príncipe de Holanda, fue entrevistado por Ryan y tuvo esta reacción ante Market-Garden: «Mi país nunca más puede permitirse el lujo de otro éxito de Montgomery».[4]

Eisenhower no parecía haber hecho el tipo de examen de conciencia posterior a Market-Garden que hizo cuando terminó la campaña del norte de África. Estaba en un punto diferente en su curva de aprendizaje a finales de septiembre 1944: había estado al mando de las gigantescas fuerzas de combate durante aproximadamente un año y medio; podía aprender las lecciones que necesitaba saber rápidamente. Sus comentarios sobre Market-Garden se limitaban a una breve descripción de la acción y a observaciones como: «Estábamos desmesuradamente orgullosos de nuestra unidades aéreas [...] cuando, a pesar del esfuerzo heroico, las fuerzas de la División Aérea [...] fueron detenidas en seco; tuvimos muchas pruebas de que una campaña todavía más amarga estaba aún por venir [...]. Ahora era vital evitar cualquier demora en la captura de las vías de entrada a Amberes».[5]

Ike reconoció que la operación fue un fracaso y asumió la culpa. Como dijo Alan Brooke, un miembro de la junta de Día D, S. A., jefe del Ejército Real, y no uno de los admiradores de Eisenhower: «Entiendo que la estrategia de Monty, por una vez, tiene la culpa. [...] [Él] debería haber asegurado Amberes desde el principio [...]. Ike noblemente asumió toda la culpa como cuando aprobó la sugerencia de Monty de operar en Arnhem».[6]

Winston Churchill culpó a la climatología (tanto Monty como Ike también consideraron que fue un factor decisivo), y escribió: «Se corrieron riesgos muy grandes en la batalla de Arnhem, pero fueron justificados por el gran premio tan cerca de nuestro alcance».[7] Lo que Churchill ignoró, escribiendo muchos años más tarde en el resplandor rosado de la victoria, fue que incluso la victoria en Arnhem no resolvió el problema de los suministros de Día D, S. A. La organización simplemente no tenía los recursos para continuar operando en la manera que necesitaba. Sólo había una solución para el problema: Amberes.

## NO TE DEJES SEDUCIR

Aunque, es difícil imaginar a cualquier empresario serio y exitoso seducido por una maravillosa idea nueva, sucede de vez en cuando. Puedes recordar una pequeña cosa llamada «la burbuja punto com» de finales de los años 90: parecía como si todas las empresas se apresuran a crear una página web, y que cualquier nuevo producto o servicio con el «punto com» al final de su nuevo nombre le garantizaría el éxito.

En los primeros días de la burbuja, el valor de las acciones de Amazon siguió aumentando aun cuando la compañía empezó a informar de pérdidas un semestre tras otro. ¿Por qué? La promesa del futuro de las punto com era demasiada brillante para ser ignorada. (A decir verdad, Amazon ha tenido beneficios semestrales desde entonces.)

El brillo de Internet es la única manera de explicar cómo Gerald Levin, presidente de Time Warner y director general, accedió a unir su compañía con la AOL de Steve Case en enero de 2000 en «la mayor fusión de la historia empresarial».[8] La unidad combinada fue de un cincuenta y cinco por ciento propiedad de AOL, y un cuarenta y cinco por ciento de Time Warner, a pesar de que el valor de AOL en aquel momento era 108,000 millones de dólares, 3,000 millones de dólares menos que Time Warner. Un pequeño toquecito al viejo estilo de la empresa de comunicación con un poco de polvo de duende de Internet, ¡y listo! La maravillosa sinergia de contenido (Time Warner) con Internet (AOL) se convirtió en algo mágico.

«Es un trato fabuloso», dijo Arthur Hogan a *Forbes,* el jefe comercial estratégico de Jefferies & Co en Boston. «Se da credibilidad a todo el sector de Internet. Se da a la compañía fusionada lo mejor de ambos mundos: el crecimiento de los ingresos de AOL y Time Warner».[9] Ed Clissold, el asistente comercial estratégico de J.C Bradford en Nashville, también hablando a *Forbes*, dijo: «AOL es la única compañía de Internet que había llegado a lo más a lo alto en el camino hacia la rentabilidad. Este trato servirá para establecer una norma que otras empresas tendrán que seguir».[10]

«Todo el mundo quería hacer este trato, pero sólo Levin tuvo el valor de hacerlo», dijo Barry Hayman, analista comercial con Ehrenkrantz King Nussbaum en Nueva York, a *Forbes*. «Este año, veremos cómo empresas de Internet forman las alianzas y los modelos de propiedad que determinarán el futuro de toda la industria».[11]

No tan rápido... Como en la Operación Market-Garden, había fallos en esta forma de pensar. No todas las compañías de Internet fueron creadas iguales. A pesar del éxito asombroso de AOL, había fallos en el modelo empresarial. AOL comenzó su vida como un proveedor de servicios de Internet (la empresa que realmente permite a las personas «navegar» por Internet), así como una comunidad en línea. AOL tenía un navegador integrado en su software y toda una programación de servicios y productos disponibles para sus usuarios, o «miembros», como los llamaba AOL.

El problema con el modelo era simple: en los primeros días de las páginas web, muchas personas necesitaban un servicio que les acompañase y los llevase a través de un universo en línea desconcertante. Además de AOL, Prodigy y CompuServe también proporcionaron acceso a Internet y comunidades preconstruidas. Para el año 2000, millones de personas tenían suficiente experiencia para hacer frente a Internet ellos solos: podían obtener un navegador gratuito de Microsoft y comprar un acceso a Internet más económico de los proveedores de banda ancha como Earthlink, su compañía de teléfonos, o de su compañía de televisión por cable. Páginas web como Google y Yahoo! permitieron a los usuarios personalizar su uso y utilizar esas páginas si necesitaban una orientación. Prodigy and CompuServe desaparecieron. AOL, a pesar de los fantásticos números de sus presentaciones y el valor de sus acciones, estaba en decadencia. La compañía necesitaba redefinirse, y pronto.

Bueno, ¡eh! Fusionarte con un viejo adalid de los medios de comunicación hará que te redefinas, ¿verdad?

Tal vez, excepto en el caso de Time Warner y AOL, para quienes la burbuja de los punto com se inició en 2001, y Google y Yahoo! estaban en auge como en Internet por entonces, así se produjo un choque cultural entre las entidades que se fusionaron. En diciembre de 2001 Levin anunció que se iba de AOL Time Warner. En 2002, «la compañía informó de la cancelación de una deuda de 99,000 millones de dólares. En su punto más bajo, la empresa contaba con una capitalización de mercado de 48,000 millones de dólares: 171,000 millones de dólares menos que en el tiempo de la fusión».[12]

En mayo de 2003, apenas dos años después de la fusión, Steve Case, se retiró del puesto de presidente de AOL Time Warner. Unos meses más tarde, el nombre de la corporación fue cambiado de nuevo a Time Warner. Hablando de tratar de ocultar tu vergüenza...

En julio de 2009, *Forbes* informó de que «el jefe de Time Warner, Jeffrey Bewkes, parecía estar haciendo un inteligente movimiento quitándose de encima la filial de medios digitales AOL en una oferta pública. Time Warner informó esta mañana de que AOL se estaba quedando sin suscriptores: los ingresos por su servicio de pago por el acceso a Internet habían caído un 70% desde 2006 (así como los ingresos por anuncios comerciales), que cayó a un 24% en los trece meses finalizados el 30 de junio, comparado con el año pasado».[13]

Levin y Case quedaron deslumbrados por las posibilidades de lo «nuevo» y no se fijaron en los fundamentos. Una evaluación realista de la gran cantidad de empresas punto com con el valor elevado de las acciones y sin beneficios debería haber hecho a cualquier entender que las posibilidades eran altas en contra de la fusión de lo nuevo y de lo antiguo. Una mirada fría al modelo de negocio de AOL debería haber hecho que Levin y la junta de Time Warner dudaran sobre la fusión.

Sin embargo, como pasó con Eisenhower y los ejecutivos de Día D, S. A., no había una evaluación de las desventajas de los riesgos, no había equilibrio en la ecuación de riesgo y beneficio.

Ahora que todo el mundo en Día D, S. A. se había dado cuenta finalmente de que no podía haber éxito sin Amberes y los suministros que podían entrar a través de este puerto, todos los esfuerzos se dirigieron a la captura y a la apertura del puerto. Debido a la falta de suministros, les resultó muy difícil a los estadounidenses en el sur avanzar hacia delante, y los británicos y los canadienses hicieron todo lo posible por tomar Amberes solos.

Las tropas de Monty tomaron la ciudad a principios de septiembre de 1944, antes de iniciar Market-Garden. Por desgracia, no era suficiente. Amberes se encuentra a las orillas del río Scheldt, al final del extremo sur de un estuario muy largo a unos ochenta kilómetros del mar abierto. Era posible controlar a la ciudad de Amberes pero no era posible utilizar el puerto porque la competencia ocupaba las posiciones defensivas, tomando el control sobre el canal. En septiembre, los alemanes no estaban bien situados en el estuario para cerrar el puerto, pero Monty no actuó para asegurarlo. En lugar de eso, se ignoró el estuario de Amberes para ir detrás de Arnhem con la operación Market-Garden. Fue en octubre de 1944 cuando Día D, S. A. se puso firmemente en el camino de Amberes. Los alemanes no habían estado ociosos en el mes anterior; ahora controlaban totalmente el estuario. Fueron necesarias semanas de lucha brutal, sobre todo por los canadienses de Monty, para presionar a la competencia del estuario.

El puerto de Amberes finalmente se abrió al servicio el 28 de noviembre de 1944, casi diez semanas después de que Eisenhower hubiera aprobado Market-Garden y permitió a Monty hacer caso omiso de las prioridades de Día D, S. A. En estas diez semanas, las fuerzas de Día D, S. A. avanzaron en un progreso muy lento. El Grupo de Ejército de Bradley estaba más o menos estancado en su sitio, sin suministros suficientes para entrar dentro de Alemania. La fuerza de Monty tenía suministros suficientes para operar, pero prácticamente todos ellos se metieron en el esfuerzo de Amberes. Después de cortar el paso a través de Francia a una velocidad increíble, Día D, S. A. se encontró en un estancamiento momentáneo.

La bravura de Montgomery en relación con Market-Garden no fue sólo cara al público y para después de la guerra. Lo que había sucedido no le hizo humillarse, a pesar del hecho de que por segunda vez en tres meses la mayoría de los ejecutivos en Día D, S. A. pidieron su cabeza (la primera vez fue durante el esfuerzo prolongado de tomar Caen).

El 9 de octubre, Eisenhower envió una telegrama a Monty diciendo: «De todas nuestras operaciones en todo nuestro frente desde Suiza al canal de la Mancha, creo que Amberes es nuestra primera absoluta, y creo que las operaciones destinadas a despejar la entrada requieren tu atención personal». Monty respondió: «Las operaciones [en Amberes] están recibiendo mi atención personal». Ike le respondió: «Permíteme asegurarte que nada de lo que pueda haber dicho o escrito respecto a los planes de futuro […] significa indicar ninguna disminución de la necesidad de Amberes».

Más tarde, Beetle Smith, conocido por su empeño, llamó por teléfono para dar un seguimiento a Monty, preguntando cuándo Ike y sus oficiales podían esperar al combate en torno a Amberes. Stephen Ambrose describió la llamada: «Le siguieron algunas palabras subidas de tono. Al final, Smith, rojo de ira, se volvió hacia su ayudante, el general Morgan, y le colocó el teléfono en la mano. "Toma", dijo Smith, "dile a tu compatriota qué tiene que hacer". Morgan […] le dijo a Montgomery que a menos que Amberes estuviese inaugurado en breve, no le podría facilitar suministros».[14]

Debido al fracaso del mes anterior, y de la claridad de las comunicaciones del 9 de octubre, la mayoría de los ejecutivos en la posición de Monty estaban extraordinariamente preocupados por asegurar a sus jefes que entendían lo que se esperaba de ellos y lo llevarían a cabo. Pero Monty no. Atacó por escrito a Beetle Smith, diciendo que el problema de Market-Garden fue una falta de coordinación entre sus fuerzas y las fuerzas de Bradley. La solución, según Monty, fue simple: darle el mando del Duodécimo Grupo de Ejército estadounidenses.

Jugar a la política de oficina y tomar el poder con arrogancia no suele ser una buena estrategia para ascender: hacerlo cuando tu jefe había expresado su disgusto contigo, y te había dado una serie de prioridades, es casi increíble.

Monty pidió el control de la campaña terrestre; de hecho, le preguntó Eisenhower si podía renunciar a una parte significativa del trabajo, y todavía intentaba manipular a todo Día D, S. A. para apoyar su estrategia de frente estrecho. (Si Ike le hubiese dado a Monty el control del Duodécimo Grupo de Ejército, hubiera constituido de hecho un cambio hacia la estrategia de Monty, opuesta a la de Eisenhower.) «Era obvio que había una crisis y había llegado el momento de ajustar las cuentas con Montgomery».[15] Ike preguntó al general de brigada británica John Whiteley, que conocía bien a Monty, si podía escribir una carta en respuesta a la última atrocidad. Beetle Smith, el jefe inmediato de Whiteley, revisó la carta y Eisenhower la envió a Monty con su firma.

La prioridad, dijo Ike en la carta, era Amberes. Debería abrirse como puerto inmediatamente. Según Eisenhower, los miembros importantes de la junta, Alan Brooke (el jefe de Monty en el Ejército Real), y George Marshall (el jefe de Ike en el Ejército de EUA), ambos estaban de acuerdo en que Amberes era la única prioridad. «La maniobra de Amberes no concierne a la cuestión del mando de ninguna manera»,[16] lo que significaba que Bradley se quedaba con el Duodécimo Grupo de Ejército, y Monty se quedaba en su puesto. Eisenhower elaboró su visión de la estructura ejecutiva de la campaña terrestre y la estrategia de Día D, S. A. continuó adelante (con el enfoque de frente ancho de Ike). Eisenhower también habló sobre la naturaleza aliada de la organización en donde trabajaba y presentó una metodología sencilla y eficaz para todos los gerentes corporativos:

Es el trabajo de los soldados, como yo lo veo, conocer sus problemas militares de forma cuerda, sensata y lógica, y sin no cerrar los

ojos ante el hecho de que somos dos naciones diferentes, deben proporcionar soluciones que permitan una efectiva cooperación, apoyo
mutuo, y resultados efectivos. Una buena voluntad y confianza
mutua son, por supuesto, obligatorias.[17]

Es típico de Eisenhower reconocer las dificultades del trabajo con
la estructura aliada y proponer exactamente cómo manejar los retos.

Las palabras importantes, sin embargo, llegaron antes de la carta
de Ike: «Si tú […] consideras que mis concepciones y directrices son
tales que ponen en peligro el éxito de las operaciones, es nuestro deber
remitir el asunto a una autoridad superior para cualquier acción que
pueda optar por tomar, aunque sea drástica».

Allí estaba. Haz lo que te diga o dejaremos que nuestra junta decida
quién se queda o quién se va. Arrogante como Monty era, sabía que
incluso Churchill y Brooke apoyarían a Eisenhower si tenían que escoger entre «él o yo». Estados Unidos había suministrado la mayoría de
la mano de obra y la gran mayoría de los recursos para Día D, S. A. El
gerente general debía ser un estadounidense, y no había manera de
que la junta pudiera permitir a un ejecutivo británico ocupar el puesto
de gerente general.

Montgomery, con todas sus faltas, no era un tonto. También llegó
a la conclusión de que no podría llegar al Rin pronto y ya había desplazado a sus tropas para concentrarse completamente en Amberes.
Respondió a Eisenhower: «Yo y todos nosotros […]nos esforzaremos
al cien por cien en hacer lo que tú quieres. […] No escucharás nada
más de mí sobre el mando». Monty finalizó: «Su muy devoto y leal
subordinado».[18]

Por último, sin novedad en el frente occidental, tomó prestada
la frase.

## PRIORIZA

- **Los juegos políticos son una estupidez**. No es posible que estés trabajando con el mayor interés por tu organización cuando juegas política en la oficina. La naturaleza misma de la política implica que estás poniendo tu agenda por delante de las necesidades de la empresa. Día D tenía que tener un gerente general estadounidense, por lo que cada minuto que Monty se pasó luchando con Ike fue una pérdida de tiempo y esfuerzo.
- Asimismo, los miembros de la junta de Día D, S. A. como Churchill y Brooke empeoraron las cosas al escuchar a Monty a través de comunicaciones internas con su discusión sobre la estrategia de frente ancho impuesta por los estadounidenses. Deberían haber tomando nota de la carrera de Ike: no quería que Día D, S. A. lanzase Torch (norte de África), pero una vez su junta directiva decidió lanzarse a la operación, no perdió tiempo y se dedicó al proyecto.

La devoción de Monty y su lealtad fueron de corta duración. A los dos meses, Eisenhower tuvo que volver a asentar las bases de la estrategia y del mando. El punto importante que los ejecutivos deben deducir de esto es que no pudo resolver el problema de una vez por todas. Todas las organizaciones y sus gerentes generales se enfrentan a unos desafíos permanentes, que por su misma naturaleza no pueden resolverse. Los desafíos permanentes son como enfermedades crónicas que no se pueden curar, sólo son tratadas diariamente. Respecto a la administración de crisis de Día D, S. A. a principios de octubre, Stephen Ambrose escribió: «Eisenhower consiguió tomar las decisiones y hacer cumplir su voluntad. [...] Estaba seguro de que tuvo todo en cuenta, reunió toda la información pertinente, y había considerado todas las posibles consecuencias. Y después tomó la decisión. Esto es la esencia del mando».[19]

¿Por qué Eisenhower no se limitó a despedir a Montgomery? Sus oficiales administrativos, incluyendo a los británicos, querían que lo hiciese. Sus superiores ejecutivos de campo, Bradley y Patton, se hubiesen alegrado. Monty era poco colaborador y desagradable hasta el extremo. Y lo más importante, a menudo prometía demasiado y cumplía poco. Patton era el más desafiante de todos los ejecutivos estadounidenses. Pero Patton cumplía. Tiene sentido soportar a un ejecutivo tan frustrante como George Patton cuando produce el tipo de resultados que Patton producía constantemente. ¿Pero Monty? Basándonos en los resultados, era imposible justificar que no le hubiera despedido. Entonces, ¿por qué se tenía que quedar?

Era simple. Eisenhower no tomó en cuenta las contribuciones de Monty a Día D, S. A. en relación con los parámetros habituales de un territorio ganado o de una competición. Ike nunca perdió de vista el hecho de que Día D, S. A. era una alianza. La organización tenía que triunfar como una alianza. Montgomery era la cara visible. Los importantes miembros británicos de la junta, Churchill y Brooke, eran admiradores de Monty. Los accionistas (el público británico) lo adoraba. La prensa británica también lo adoraba: y puesto que el Cuartel General estaba en Inglaterra, la prensa británica era más importante para la organización que la de EUA.

Habían otros generales ingleses que eran más competentes que Monty: Harold Alexander, que había sido ayudante de Eisenhower y comandante de tierra en Torch y Husky, por ejemplo. Pero nadie tuvo el impacto público que había tenido Monty: nadie más estaba ni siquiera cerca. Despedir a Monty hubiera sido similar a un fabricante de palos de golf despidiendo a Arnold Palmer como portavoz porque ya no era un jugador de golf competitivo. Monty, igual que Palmer, era una leyenda. Es difícil evaluar el valor de una leyenda, pero casi todo el mundo puede observar que el estatus de una leyenda es extremadamente valioso. Monty fue una ventaja competitiva, no necesariamente en el campo de batalla, pero sí en la sala de reuniones con los accionistas.

Nadie lo comprendió mejor que Eisenhower. Si la forma abreviada de la declaración de intenciones de Día D, S. A. fuera «vence a los alemanes», la forma un poco más larga seria «vence a los alemanes como Aliados». El valor último para la organización era su activismo en el combate en la parte británica de la alianza; las estrategias números tres y cuatro son: «céntrate»: conoce y consigue lo que necesites para triunfar; y «prioriza»: haz lo que necesites para llegar al éxito: no importa nada más. Mantener a Monty en el equipo ejecutivo de Día D, S. A. cumplía esas dos estrategias, y Ike no le despidió.

La mayoría de los ejecutivos harían bien en recordar lo de centrarse y priorizar. Casi todos nosotros nos encontramos trabajando con gente a la que podríamos estrangular con alegría. (Si sientes que *nunca* has tenido este sentimiento hacia otro gerente o empleado clave, tienes que mirarte bien la estrategia número diez, «sé honesto»). Pero antes de que te pongas tus manos alrededor del cuello de la persona que te ofende y empieces a apretar, pregúntate si tu empresa recibe algún beneficio de él o ella. Recuerda: sé honesto. Si hay un beneficio, por favor, reconsiderara tu estrategia de estrangulamiento y utiliza tu tiempo en idear maneras de maximizar ese valor. Si no hay beneficio, permíteme sugerirte despedirle en lugar de estrangularle. (Al menos que tus metas profesionales incluyan el muestreo de la vida social en la cárcel, en cuyo caso, estrangular sería lo correcto.)

Además de las luchas pendientes de la administración con Monty, Eisenhower pasó mucho tiempo en el otoño de 1944 ocupándose de otras cuestiones personales. Durante octubre y noviembre, Ike intentó visitar a todas las divisiones, todos los hombres, oficiales y gerentes que le fue posible. No lo hizo sólo para mostrar su rostro a las tropas y reforzar su moral con un rápido apretón de manos y una sonrisa: Eisenhower fue obteniendo información que se utilizó como una cuestión de política; Ike quería «igualdad de trato entre oficiales y soldados».[20] Esta igualdad significaba cinco cosas:

- Los oficiales no podían estar de baja más que los soldados.
- Los oficiales no podían usar *jeeps* con fines recreativos a menos que les proporcionen algo similar a sus hombres.
- El vino capturado debía ser distribuido exactamente en la misma cantidad a los oficiales y a los soldados.
- Los generales debían viajar a bordo del barco con sus hombres en vez de volar por delante.
- Los generales debían viajar frecuentemente por carretera, ocultando las estrellas de sus vehículos para no recibir un trato privilegiado, y descubrir las verdaderas condiciones y esforzarse en corregir los problemas.

Eisenhower resumió su política: «Los oficiales deben siempre poner el cuidado y el bienestar de sus hombres por encima de su comodidad y conveniencia».[21]

## MANEJA Y MOTIVA A TU GENTE

- **Tus empleados son tu empresa**. Cuida de ellos como el precioso recurso que realmente son. Herb Kelleher de Southwest dijo que los empleados vienen antes que los clientes y accionistas. Ike fue un poco más lejos: son también más importantes que los ejecutivos.

Las visitas de Ike al frente habían tenido beneficios en el pasado, por ejemplo, cuando ordenó a los vehículos blindados entrar en Túnez, y continuaron haciéndolo en Francia. Las condiciones de los soldados se habían mejorado y a principios de diciembre, Eisenhower pudo decir: «La moral y el estado de nuestras tropas quedan extraordinariamente altas».[22]

Los soldados no fueron los únicos beneficiarios de la preocupación de Ike. Eisenhower creó un punto de encuentro de los altos directivos de sus divisiones y cuerpos (de los generales de una, dos, y tres estrellas). «En algunos casos estos oficiales no se daban cuenta de que estaban agotados».[23] Ike garantizó que esos hombres se tomaran un permiso de larga duración para asegurarse de que se podían descansar y ser productivos en su regreso al trabajo. Tal como George Marshall había ordenado a Ike tomar unas vacaciones antes del comienzo de Overlord, Ike ahora hacía lo mismo con los ejecutivos que tomaban las decisiones urgentes de Día D, S. A. El agotamiento es un problema serio para los gerentes que trabajaban bajo un intenso estrés; un poco de observación atenta de parte del jefe ejecutivo y unas vacaciones a menudo pueden salvar una carrera productiva.

También hubo un motivo compasivo para algunos de estos movimientos ejecutivos. Eisenhower libró a dos generales y los envió de regreso a Estados Unidos debido a que los dos habían perdido a su único hijo en la guerra. «El choque y la angustia, junto con la tensión irregular, que sostiene un comandante de División, son en realidad más de lo que cualquier hombre puede soportar».[24] Enviar a los generales a casa era lo mejor que se podía haber hecho para los dos padres en duelo, enviando también un mensaje para el resto de la organización: no eres sólo un cuerpo dentro del uniforme, nos preocupamos por ti. Este mensaje era una de las principales diferencias entre Día D, S. A. y su competidor alemán.

Además de las cuestiones personales, el otro problema pendiente del que Eisenhower se tenía que ocupar en otoño de 1944 eran las expectativas. Antes del 6 de junio, Churchill le había dicho a Ike: «Libera París en Navidades y ninguno de nosotros pedirá más».[25] Afortunadamente para los parisinos, Día D, S. A. logró dicho plazo en cuatro meses: Charles de Gaulle caminó por los Campos Elíseos en el 25 de agosto. Incluso con el fracaso de la Operación Market-Garden y los problemas de abastecimiento en curso, los alemanes habían retrocedido casi hasta sus fronteras a finales de septiembre: mucho más antes de lo que nadie había esperado. Hasta aproximadamente mediados de octubre, Churchill, Brooke, Monty, Patton, y otros más creían que un impulso profundo a través del Rin en Alemania era posible. Todos estaban convencidos de que con una acción a través del Rin se dañaría la cadena de suministros, y si empujaban suficientemente fuerte tierra adentro a los alemanes dentro de su territorio, se derrumbarían. La convicción de que los alemanes estaban al borde del colapso ignoró ciertas realidades. La operación Market-Garden demostró que a los alemanes todavía les quedaban ganas de luchar. Su resistencia frente el Primer Ejército Aliado de la División Aérea había sido fulminante. Además, Día D, S. A. había hecho un favor enorme a la competencia dirigiéndolos de vuelta a sus propias fronteras: habían acortado sus líneas de suministro y sus vías de comunicación internas, y podrían tomar ventaja de las posiciones defensivas construidas antes, sobre todo de la Línea Sigfrido.

Sí, los alemanes habían absorbido las asombrosas pérdidas en Francia y Bélgica: «Las pérdidas que sin duda hubieran roto la resistencia de cualquier nación, ejército, o líder no afectan al fanatismo puro».[26] Los alemanes se mantuvieron firmes y fueron impulsados por ese fanatismo puro de la cúpula. El gerente general de las tropas alemanas enfrentado a Día D, S. A. era Karl Gerd von Rundstedt, el mismo hombre que había puesto a Francia fuera de la guerra y había enviado a luchar a los británicos a las playas de Dunkerque en 1940. A diferencia de Hitler, que parecía vacilar entre el genio loco y la locura, Rundstedt fue un militar consumado y profesional. En el otoño de 1944, «el severo de Rundstedt, el profesionalismo anticuado, se apoderó de todos los ejércitos alemanes en el oeste»[27]. La capacidad de Rundstedt, la todavía robusta base industrial alemana, unas líneas de suministro más cortas, y unas comunicaciones internas, se combinaron para crear una situación operativa simple y mejorada para los alemanes. La situación de Alemania se parecía a un conglomerado moderno que vende algunas de sus divisiones operativas y filiales para concentrarse en una o dos competencias básicas. Suponiendo que el conglomerado aún fuera competitivo con sus competencias restantes, tiene una buena oportunidad de luchar con éxito. Alemania era un competidor extremadamente eficaz con su nuevo y limitado foco de operaciones.

Día D, S. A., por el contrario, seguía atascado con sus largas líneas de suministro, sin poder utilizar Amberes, discutiendo sobre la estrategia en su cúpula y haciendo un avance gradual hacia su objetivo final. Las tropas de Monty abrieron el estuario norte de Amberes, y el puerto finalmente estuvo en uso a finales de noviembre. El Grupo del Ejército de Bradley se había desplazado un poco más cerca de Alemania, a pesar de su falta de petróleo. El Tercer Ejército de Bradley había capturado más de veinticinco mil alemanes en noviembre, y el Primer Ejército de Hodges y el Noveno Ejército de William Simpson, cada uno había capturado más de cincuenta mil en el mismo mes. Pero Día D, S. A. había perdido la iniciativa, algo que ninguna organización militar o corporativa hubiese deseado jamás. En *The Supreme Commander*, Ambrose llamó al capítulo de estos meses «Un Otoño Triste». Korda tituló su capítulo sobre el mismo margen de tiempo «Estancamiento».

Eisenhower quería romper el estancamiento, igual que había querido lograr la salida de la cabeza de playa de Normandía en junio. La junta del Día D, S. A. y sus oficiales administrativos también deseaban desesperadamente romper el estancamiento, y el viejo debate sobre la estrategia y el mando empezó de nuevo. A partir de finales de noviembre hubo una ráfaga de cartas de una parte a otra entre Monty e Ike, que culminaron en una reunión el 28 de noviembre de 1944. «Montgomery informó a Brooke de que Eisenhower estaba de acuerdo en que su [de Ike] plan había fracasado y «habíamos sufrido una revés estratégico», y había acordado abandonar «la doctrina del ataque a lo largo del frente y concentrar nuestros recursos en un impulso vital seleccionado».[28] Monty parecía estar convencido de que la escucha paciente de Eisenhower significaba que estaba de acuerdo con él. No era así.

Monty seguía la reunión con un memorándum para confirmar lo que se había decidido. Empezó el memorándum con una bofetada en la cara: «Hemos fracasado; y hemos sufrido un revés estratégico. Exigimos un nuevo plan. Y ahora *no debemos fracasar*».[29] Luego pasó a describir la necesidad de un solo golpe, aunque su golpe nuevo tenía dos partes, una hacia el norte de las Ardenas y la otra hacia el sur. Las Ardenas es una de las partes más arboladas, una zona montañosa que cubre gran parte de Bélgica y Luxemburgo y una pequeña parte de Francia. Los bosques y las montañas lo hicieron, en teoría, inadecuados para las operaciones de combate moderno.

En 1940, los alemanes supusieron que Francia no defendería su lado en las Ardenas y se expandieron dentro de la zona hacia Francia como parte del exitoso *blitzkrieg*. Ahora Monty asumía que era un lógico punto de división para las operaciones de Día D, S. A. a causa de la topografía: como si lo que los alemanes habían hecho en 1940 fuese una casualidad que no tenía opciones de volver a repetirse. «Tal vez estaba tan ansioso de salirse con la suya acerca de "el único ataque" que simplemente no tuvo en cuenta la posibilidad de que Rundstedt atacase primero».[30]

Eisenhower replicó a Monty con su carta más furiosa hasta la fecha. Dejó claro que él no estaba de acuerdo con prácticamente un solo punto escrito por Monty ya fuese de la reunión o de la nota de seguimiento. Refutó la afirmación de Monty de que Día D, S. A. había fracasado, señaló que Normandía había sido un gran éxito, daba a entender que el rendimiento de Monty en Caen había sido decepcionante, mientras que explícitamente alababa a Bradley como el hombre responsable de la victoria. Montgomery respondió con una carta que, aunque no con una disculpa, indicó un poco de arrepentimiento. No había querido indicar que el pasado no fuera más que un fracaso. Ike, como siempre, fue generoso en su respuesta. «Tiene mis prontas y avergonzadas disculpas por haber malinterpretado su carta».[31]

Menos de una semana después, el debate volvió a entrar en erupción. En el 7 de diciembre de 1944, el tercer aniversario del ataque a Pearl Harbor, Eisenhower se reunió con Bradley, Tedder, Smith y

Montgomery. «Monty se encontraba en sus peores momentos, arrogante, pedante, y aún insistiendo en su idea fija: que le devolviesen a
la posición de comandante de Ike de las fuerzas de tierra, con Bradley
(y las fuerzas estadounidenses) a sus órdenes».[32] Monty quería un
gran y único golpe dirigido a la cuenca del Rin. Dejó claro en su
presentación que pensaba que la estrategia de Ike de atacar de forma
simultánea hacia el norte y sur de la cuenca del Rin hacia Frankfurt no
tenía ninguna posibilidad de éxito. Eisenhower permitió que Monty
lo interrumpiese y lo contradijese en varios momentos de la reunión,
pero insistió en que él, Eisenhower, se quedaría al mando de las fuerzas de tierra y que los estadounidenses bajo Bradley se desplazarían
en dirección a Frankfurt. El viaje a través del Rin era primordial, pero
el golpe de Bradley en el sur también iba a ser importante. Ike seguía
convencido de que la movilidad era una tremenda ventaja para el Día
D, S. A., y tenía la intención de explotarla.

La otra gran diferencia entre Eisenhower y Montgomery eran sus
evaluaciones contradictorias de la competencia. Ike estaba convencido
de que los alemanes eran capaces de ofrecer una fuerte resistencia,
posiblemente incluso capaces de montar un contraataque sustancial.
Monty desestimó la capacidad de los alemanes para seguir siendo com-
petitivos e ignoró la evidencia de la Operación Market-Garden, donde
los alemanes habían prevenido una gran iniciativa de Día D, S. A.

Monty escribió cartas, enojado, decepcionado (y desleal) a
Brooke y al secretario de guerra británico Sir James Grigg. Dijo:
«Personalmente, considero todo esto como algo terrible. […] En
mi opinión, él [Eisenhower] no sabe lo que está haciendo».[33] Las
cartas desencadenaron una nueva reunión a los pocos días, esta vez
con Eisenhower, Tedder, Churchill, Brooke, y los jefes británicos
del Ejército: con la excepción de Tedder, todos los directores de la
junta de Ike. Brooke pidió a Eisenhower que presentase su plan de
operaciones destinadas a sobreponerse en el Rin, para luego penetrar en Alemania. Brooke dijo después: «No estuve de acuerdo con
ello, de ninguna manera, acusé a Ike de violar los principios de la

concentración de la tropa, lo que resultó en sus fracasos presentes». Brooke continuó en el mismo sentido para hacer frente a Eisenhower, «con una actitud muy crítica y en voz muy alta».[34] Para consternación de Brooke, fue Churchill quien puso fin a la discusión diciendo que estaba de acuerdo con Ike. Probablemente Churchill estaba en lo cierto. No había manera de que Eisenhower presentara este plan si no contaba con el respaldo de FDR y George Marshall. Puesto que los estadounidenses eran la mayoría de la tropa de Día D, S. A. y según se iban convirtiendo en una mayoría más amplia, casi por minutos, y según iban siendo ellos los que producían y distribuían la gran mayoría de los suministros, las opiniones de FDR y Marshall tenían más peso que cualquier otro a bordo de Día D, S. A. Discutir con Eisenhower, cuando tenía su respaldo, era una pérdida de tiempo, y Churchill era demasiado astuto como político para perder el tiempo en un inútil debate. Brooke estaba tan molesto que «seriamente pensó en renunciar, ya que Churchill parecía desdeñar su punto de vista». Montgomery frunció los labios en sus cuarteles generales en Holanda y se negó a enviar a ninguno de sus oficiales a participar en la planificación del Día D, S. A. porque se negó «a participar en un procedimiento erróneo».[35]

Dado el predominio estadounidense en hombres y material, el apoyo importante de la junta de FDR, Marshall e incluso Churchill, y lo más importante, dada la persistencia de Eisenhower en completar la estrategia, deberías pensar con cierta facilidad que la reunión con Churchill y Brooke finalizó el debate. Estarías equivocado. Es sorprendentemente cierto: el debate sobre la estrategia continúo casi hasta el final de la guerra, para el que todavía faltaban seis meses. Lo qué plantea la pregunta: ¿por qué Ike le permitió seguir? Después de todo, era el jefe, y tenía el apoyo de los dos principales miembros de la junta.

Ike trabajaba en una organización militar donde dar y recibir órdenes era rutina. Él ya había demostrado su poder de decisión, ordenando la puesta en marcha de Torch, Husky, Avalanche, y especialmente Overlord; escuchó y luego reafirmó su decisión anterior sobre la división aérea: fin de la discusión. Demostró su resistencia mediante el ascenso de Omar Bradley sobre su alto cargo, George Patton, y haciéndolo igual a otro hombre de alto cargo, Bernard Montgomery. Cuando fue necesario, Ike mantuvo firme a Patton. Tarde o temprano, siempre tenía que sancionar a Patton otra vez, pero los intervalos entre las explosiones escandalosas a menudo se extendieron durante varios meses, meses muy productivos. Con Monty, los intervalos tendían a durar días, a veces horas. Entonces, ¿por qué Ike, que era capaz de ser tan firme con unos, soportó la constante puesta en duda de su estrategia de parte de otros? Aquellas dudas iban directas a la cuestión de si Día D, S. A. tendría éxito en su misión.

La respuesta se encuentra en las creencias de Eisenhower y en su personalidad. Como se mencionó antes, Ike estaba convencido de que la victoria sólo era posible para una organización aliada. Ser aliados, funcionar como un equipo, era muy importante para él y le vino de forma natural. Ike era amistoso; quería llevarse bien con la gente y normalmente lo conseguía. Le gustaba trabaja con gente y consideraba que sería más efectivo si podían trabajar bien entre sí. Su estilo de liderazgo como ejecutivo era reunir todos los hechos posibles, escuchar atentamente las opiniones de los demás, y decidir. Eisenhower estaba lo suficientemente seguro de sí mismo como para escuchar las críticas, y era de mente lo suficientemente abierta como para cambiar de idea, y dejar que todos dijeran lo que pensaban. Y eso es exactamente lo que hizo mal.

Vamos a hacer un paréntesis por un momento para observar la Norteamérica Corporativa Contemporánea. En uno de mis últimos trabajos, trabajé para una empresa que había instalado recientemente el software para la administración de la relación con los clientes (CRM por sus siglas en inglés). Nuestra empresa podía mantener un registro de todas las interacciones que un cliente había tenido con nosotros, un historial completo. Pero había algo más. El software podía ocuparse de la facturación, envíos (por vía electrónica a través de nuestra página web o físicamente por la generación de listas de selección y etiquetas de envío) y del inventario. Las llamadas de los clientes podían ser registradas en el sistema; cartas de y para los clientes podían ser almacenadas en él. El nuevo software, en mi opinión, era un programa bastante útil.

Durante la implantación del software, se enviaron varias alertas de correo electrónico a los empleados, los futuros usuarios, explicándoles cómo funcionar mientras que el software se estaba instalando. Les preguntaron a los empleados qué tipo de características necesitaban, y cuándo estuvo lista la versión beta les pidieron que probaran el software y comunicaran cualquier problema. En suma, los empleados se mantenían informados en cada fase y les introdujeron dentro la implantación del software de CRM.

Incluso con toda esta preparación y la comunicación, cuando el software CRM se puso en marcha, los primeros dos meses fueron problemáticos. Surgieron todo tipo de pequeños problemas. Rápidamente descubrimos la verdad de lo que Ike había dicho: «Los planes son inútiles, pero la planificación lo es todo».[36] No importa lo mucho que planees, la realidad siempre te lanzará una bola curva. Afortunadamente, estábamos preparados para las bolas curvas porque habíamos hecho planes para ellas. El sistema estaba preparado para registrar todos los problemas, corregirlos, e informar a los empleados de la empresa de lo que se había resuelto. Después de que el software estuviese en marcha durante aproximadamente sesenta días, la frecuencia de las quejas fue bajando; todos los grandes problemas se habían solucionado, y la mayoría de los menores también.

Lo frustrante sobre la implantación del CRM era que incluso después de meses de preparación y planificación, meses informando a los empleados de lo que se avecinaba, meses recopilado su aportación en lo que quisieran del nuevo sistema, meses comprobando el sistema por los empleados y después más meses corrigiendo el sistema en directo, todavía había gente quejándose sobre los problemas corregidos y formulando falsas quejas sobre el sistema. Las reuniones del CRM tuvieron lugar una vez a la semana o así. Y los miembros del personal llegaban siempre con una lista detallada de problemas de los que se habían quejado previamente: en algunos casos se presentó la misma queja seis o siete veces. Los problemas se solucionaban con rapidez, lo que significaba que la persona que se había quejado ya había sido informada de lo mismo por lo menos cuatro o cinco veces. Pero los que se habían quejado continuaron quejándose, y la compañía siguió celebrando las reuniones del CRM para permitir que continuasen los aparentemente interminables e incorrectos gemidos y quejidos.

Después de un tiempo, la persona que dirigió el proyecto de CRM dejó de celebrar las reuniones. No servían para nada: no surgió nada nuevo. El personal, que tenía la sensación de que no estaba siendo escuchado, se quejó ante el gerente general, quien a su vez hizo que la persona encargada del CRM hiciese un resumen las reuniones. El gerente general reconoció que la mayoría de las cosas que decían en las reuniones no servían para nada y eran repetitivamente inútiles, pero por los menos el personal tenía la sensación de que les estaban escuchando.

¿Cuál es la moraleja de esta pequeña historia? No importa cuánto te esfuerces para comunicar o hacer participar a tu gente en el proceso, no importa lo mucho que escuches a tu gente, no importa los cambios que realices como resultado de lo que hayas escuchado, siempre habrá personas de tu organización a las que no podrás complacer. Esto incluye a la gente de tu equipo administrativo. Sólo es mi opinión, pero si el ochenta o el ochenta y cinco por ciento de tu personal está contento, lo estás haciendo genial. Ese último quince o veinte por ciento de la gente infeliz… Tienes que aceptar que prácticamente no hay poder sobre la tierra que pudiera hacerlos felices, y debes manejarlos en la manera que sea menos perjudicial para el resto de la organización.

En la historia anterior, el gerente general consideró que los empleados tenían que tener un lugar para quejarse sin cesar para sentirse escuchados. Pero si consideraban que les habían escuchado,

¿por qué no se dejaron de quejarse? ¿Por qué todavía tenían la necesidad de ser escuchados? Era un círculo vicioso, y la única forma de que la persona encargada del CRM se pudiese escapar era marcharse del mando del CRM de la empresa. La nueva persona encargada del CRM se convirtió en el encargado de las quejas.

## MANEJA A TU GENTE

- **No es un club de debate.** Escucha a tu gente. Recoge los hechos y las ideas de ellos. Y después decide. A menos que algún hecho o hechos nuevos importantes entren en juego, céntrate en tu decisión original.

Eisenhower parecía incapaz de aceptar la idea de que Monty, y por extensión Brooke, no se podían sentir satisfechos. Ike consideró la idea de escucharles sólo una vez más, darles una oportunidad para desahogarse de forma descortés y en alta voz. Si explicaba otra vez con calma lo que deseaba y sus razones, finalmente aceptarían sus ideas y seguirán su liderazgo. Pero esto nunca ocurrió. Eisenhower permitió continuar el debate y no consiguió nada más que perder el tiempo y herir egos. Monty y Brooke nunca llegaron a estar de acuerdo con Ike: incluso después de la guerra, en sus memorias demostraron demasiado su cólera y su falta de respeto por Ike. Ike debería de haber dicho algo como: «Los escucho, valoro sus pensamientos, pero no estoy de acuerdo con ellos. Puesto que es a mí al que pagan para tomar las decisiones, lo haremos a mi manera. Discusión cerrada».

A veces, todo tiene su límite.

El debate en diciembre de 1944 no se cerró con un ningún sentido de resolución. Se limitó a ser suspendido momentáneamente debido al apoyo de Churchill a la posición de Eisenhower. Antes de que los argumentos pudieran resumirse, 250,000 alemanes intervinieron apareciendo a través de las Ardenas. La batalla de las Ardenas, la lucha más mortífera para los estadounidenses en toda la guerra, había comenzado.

## NOTAS DEL INFORME

### ESTRATEGIAS: DEFINE TU OBJETIVO, PLANIFICA PARA EL ÉXITO, CÉNTRATE EN TUS OBJETIVOS, PLANIFICA PARA IMPLEMENTAR Y COMUNÍCATE

- **Céntrate en tus objetivos.** Si en algún momento te olvidas del objetivo, fracasarás a la hora de avanzar en tu misión.
- **No pierdas la comunicación.** Si la comunicación no funciona, nada más funcionará.
- **Enfréntate al riesgo o fracasa.** Si no entiendes los riesgos que corres, consigue a alguien que sí lo haga. Y escúchalo.
- **No te dejes seducir.** No escojas el plan demasiado agresivo sólo porque es una manera de hacer que las cosas avancen.
- **Da un paso cada vez.** Presiona para alcanzar objetivos necesarios en lugar de aprobar planes atrevidos con la promesa de un rápido éxito.

### ESTRATEGIAS: DEFINE TU OBJETIVO, CÉNTRATE EN TUS OBJETIVOS Y PRIORIZA

- **Los juegos políticos son una estupidez.** No hay manera de trabajar con el mejor interés para tu organización cuando juegas política de oficina.

### ESTRATEGIAS: MOTIVA Y MANEJA A TU GENTE

- **Tus empleados son tu empresa.** De nuevo: cuida de ellos, como el precioso recurso que realmente son.
- **No es un club de debate.** Escucha a tu gente. Recoge los hechos y las ideas y después decide. Fin de la discusión.

# ★ OCHO ★

# «ILUSOS»

## Nunca hay que darse por vencido, nunca

Cuando Eisenhower viajó a la reunión del 7 de diciembre con Tedder, Smith, Bradley y Montgomery, se dio cuenta de lo pobres que eran las líneas de defensa en las Ardenas, y preguntó a Bradley si las posiciones de defensa debían ser reforzadas o no. Bradley no quiso reforzar las Ardenas porque tendría que debilitar el Tercer Ejército de Patton y el Primer Ejército de Hodges. Bradley también consideró que si los alemanes atacasen en las Ardenas, los estadounidenses podrían oponerse de manera eficaz a lo largo de los flancos alemanes y detener cualquier avance. Como precaución adicional, Bradley no permitió que se colocase ninguna instalación de suministros en las Ardenas, para que el enemigo no pudiese invadir nada valioso.

Patton estaba a punto de atacar a lo largo del río Sarre, cerca de la frontera de Francia con Luxemburgo. Hodges ya estaba comprometido con las operaciones contra las presas del río Roer al este de Aachen, Bélgica. Eisenhower dijo: «Tanto Bradley como yo creíamos que nada podría ser tan caro para nosotros como para permitir que el frente se estancase. [...] Mi decisión básica era continuar la ofensiva hasta el límite de nuestra capacidad». Ike aprobó las disposiciones defensivas de Bradley y aceptó sin temor la culpa de lo sucedido: «La responsabilidad de mantener sólo cuatro divisiones en el frente de las

Ardenas y de correr el riesgo de una gran penetración alemana en esa zona era mía».[1]

La penetración alemana no fue grande, sino gigantesca. Un cuarto de millón de hombres, casi mil quinientos tanques y más de dos mil piezas de artillería se desataron contra las Ardenas y contra las escasamente controladas líneas estadounidenses el 16 diciembre. Fue algo irónico para Eisenhower, que había sido informado el día anterior de que estaba siendo ascendido a general del Ejército, un puesto de nueva creación con rango de cinco estrellas, equivalente al rango más alto de los ejércitos británicos, franceses, soviéticos, o alemanes. Ike había sido un oficial del Estado Mayor anónimo, un simple teniente general, seis escalones por debajo de la cima que ocupaba como director general del Ejército. Ahora, mientras los alemanes caían sobre sus fuerzas en un último ataque, desesperados, no había ningún militar en ninguna parte del mundo que lo pudiese superar. Rápidamente se demostró que el ascenso fue bien merecido.

Los primeros días de la batalla fueron muy exitosos para los alemanes. Aunque Eisenhower y Bradley habían pensado que los alemanes podrían lanzar una operación importante, no tenían idea exactamente de qué eran todavía capaces de hacer. Debido a que las tropas de Hodges y Patton se habían ajustado a sus operaciones, no había reservas de las que Eisenhower pudiese disponer. Además de la pobre situación táctica sobre el terreno, el clima era terrible y Día D, S. A. no tenía apoyo aéreo. El único factor, la superioridad aérea, que pudo haber sido el gran ecualizador, había sido eliminado y por primera vez desde el 6 de junio, los estadounidenses se enfrentaban a un enemigo que era más numeroso, más móvil, y mejor equipado que ellos. Si los alemanes hubieran podido atacar a través de las Ardenas hacia el río Maas, hubieran podido aprovechar los puentes y los depósitos de suministros de Día D, S. A. y decantar la competición a su favor. Un ataque alemán con éxito sería un desastre, y en los primeros días de la batalla parecía una posibilidad real.

A pesar de todas las malas noticias, las malas condiciones meteorológicas, la falta de cobertura aérea, y la mala posición de sus fuerzas, Eisenhower sentía que le habían dado una magnífica oportunidad. «Si las cosas van bien, no sólo se debe detener el ataque, sino debemos ser capaces de beneficiarnos de él».[2] Ike tomó una serie de serenas y calculadas decisiones:

- El comandante general de los servicios de abastecimiento y todos sus oficiales de intendencia y los ingenieros se desplazarían al río Maas para establecer posiciones defensivas y preparar la demolición de todos los puentes si el peor de los casos se daba; se aumentarían las tropas disponibles para Eisenhower y mejoraría las opciones de defensa.
- Día D no daría marcha atrás más allá del Maas. Pasase lo que pasase.
- Las tropas de reserva no serían utilizadas de manera fragmentada como refuerzos para las unidades golpeadas, sino que se las mantendría desplegadas en un contraataque centrado y potente.
- La 82ª y la 101ª División Aérea se desplegarían para tomar dos ciudades clave en las Ardenas. La 82ª protegería la pequeña ciudad de Stavelot, que daba acceso a una gran cantidad de combustible y depósitos de abastecimiento, algo que los alemanes tendrían que obtener si querían continuar sus maniobras en esta batalla. La 101ª protegería Bastogne, una ciudad pequeña de poco interés que pasó a ser la clave del cruce de caminos de la zona. Bastogne era absolutamente necesaria para la victoria de cualquier de los dos lados.
- Monty interrumpiría las operaciones y comenzaría a presionar el flanco norte de la operación alemana. Patton también rompería y presionaría desde el sur, lo que permitía a Día D, S. A. presionar las Ardenas entre sus líneas y convertirlas en una gigantesca trampa.

El 19 de diciembre de 1944, Eisenhower, Tedder, y otros ejecutivos de Día D, S. A. se reunieron con Bradley y Patton. Ike comenzó la reunión diciendo: «La situación actual debe considerarse como una oportunidad para nosotros y no un desastre. Sólo habrá caras alegres en esta mesa».[3]

Korda escribió: «Patton, que comprendió la estrategia de Ike intuitivamente, sonrió ampliamente y dijo: "Vamos a tener el valor de dejar que [ellos] marchen todo el camino a París, entonces les cortaremos el paso y los trituraremos"».[4]

Aquello era más de lo que Eisenhower deseaba, pero todos los generales sonrieron, reconociendo las posibilidades. Cuando los alemanes extendieron sus operaciones en las Ardenas, fue igual que un niño que se subía a un árbol para agarrar una manzana al final de la rama. Cuanto más lejos el niño subía, más se doblaba la rama bajo su peso. Mientras que las fuerzas de Rundstedt avanzaban más sobre las Ardenas, la rama larga y frágil de sus líneas de suministro se hizo más y más delgada. Siempre y cuando los estadounidenses se negaran a ceder Bastogne, las habilidades operacionales de los alemanes estarían peligrosamente limitadas.

## CÉNTRATE EN TUS OBJETIVOS

- **Las recaídas son oportunidades**. Esto suena a algo que una abuela bordaría en una almohada, pero es cierto. Las recaídas te dan la oportunidad de observarte a ti mismo de forma concisa y honesta, para obligarte a moverte en direcciones que quizás no estabas dispuesto a seguir antes de la recaída.

## MANEJA A TU GENTE

- **Mantén la calma**. Te permite pensar.
- **Mantente optimista**. Es contagioso.

Eisenhower tomó otra decisión clave en la reunión: quería que el Primer y el Noveno Ejército de EUA controlaran en el norte, tomando una posición defensiva y renunciando a un poco de terreno si era necesario acortar sus líneas. Al mismo tiempo, el Tercer Ejército de Patton se movería hacia al norte a gran velocidad, hacia la 101ª División Aérea en Bastogne. Tanto la unidad de Patton como la lucha de la 101ª para tomar Bastogne se convirtieron en leyenda. Tampoco hubiera sido posible sin la tranquilidad de Ike y sin haber tomado aquella decisión tan rápidamente.

El Tercer Ejército ya estaba atacando hacia el este cuando Eisenhower les reasignó a un camino del norte directamente hacia el corazón de las Ardenas. Es muy difícil comenzar un ataque y no ser cortados en pedazos por la oposición; es casi imposible huir de tu competencia y sin romper el paso dirigirte en otra dirección completamente opuesta. Tomando en cuenta las duras condiciones del invierno y la ausencia total de un apoyo aéreo, la posibilidad de desastre era elevada.

## CÉNTRATE EN TU OBJETIVO

- **Conoce lo que necesitas para triunfar**. Sólo faltaba echar un vistazo rápido a los mapas, tanto de los estadounidenses como de los alemanes, para comprender que Bastogne era una necesidad. La mayoría de los desafíos corporativos no «se encuentran» en un mapa de forma tan clara. Pero es importante separar lo que necesitas de lo que quieres.
- **Consigue lo que necesitas para triunfar**. Eisenhower y Bradley se comprometieron a tener los medios necesarios para mantener su control sobre Bastogne. Asegúrate de que tienes lo que debes tener para alcanzar los objetivos de tu empresa.

«Patton realizó exactamente el tipo de milagro que Ike sabía que era capaz de hacer en su mejor momento, y movió sus tropas hacia el este de su ataque para desplazarse hacia el norte en condiciones meteorológicas demasiado frías, por carreteras remotas que atravesaban terreno montañoso y densamente boscosos para atacar el flanco sur del destacamento alemán y abrir a puñetazos un corredor hacia Bastogne».[5] Fue el mejor momento de la carrera de Patton, una compensación apropiada para Eisenhower por conservar a Patton como el ejecutivo de Día D, S. A. Ike había sospechado que llegaría el día en que necesitaría un «milagro» y que sólo lo podría realizar Patton.

En la larga historia del ejército estadounidense, ha habido pocos momentos más heroicos que el bloqueo de un mes de Bastogne. Debido al cruce de caminos, la ciudad era la clave de la batalla de las Ardenas. Los estadounidenses tomaron Bastogne; los alemanes debían conseguir la ciudad. Eisenhower sacó la 101ª División Aérea de su estatus de reserva y Bradley la envió inmediatamente a Bastogne para unirse con las tropas de la 10ª División Blindada. Los estadounidenses llegaron a Bastogne antes que los alemanes y fueron rodeados rápidamente. (Viajar alrededor de Bastogne en vez de atravesarla era difícil y consumía mucho tiempo, aunque rodeando la ciudad los alemanes ahora controlarían las carreteras, y así tenían que controlar por fuerza la ciudad también.) El clima impidió casi todos los lanzamientos de suministros desde el aire. La temperatura rondaba los cero grados, y el suelo estaba cubierto de nieve al menos hasta los tobillos. Las condiciones dieron a la frase «un día frío en el infierno» un significado completamente nuevo y real.

Los estadounidenses eran superados en número por la competencia, y en gran medida estaban menos blindados comparándose con ellos. Había quince divisiones alemanas luchando contra la estadounidense, cuatro de ellas blindadas y con artillería pesada. El bombardeo alemán era continuo y devastador. Las bajas aumentaron rápidamente, y la mayoría tenía que continuar sin tratamiento porque los alemanes habían capturado los suministros médicos y a los propios médicos. La situación no podía empeorar más.

Pero los estadounidenses se negaron a darse por vencidos.

La diferencia entre la urgencia de la batalla y la competencia empresarial es enorme. Afortunadamente, nadie en el mundo de las empresas estadounidenses se ocupa de algo tan desesperadamente importante como la lucha a vida o muerte en un combate. Y es casi imposible imaginar cualquier negocio operando en condiciones como las que enfrentó el Ejército de EUA en Bastogne. Pero no estoy sugiriendo que los líderes busquen en esta victoria sorprendente los consejos de funcionamiento o la guía para el éxito. La lección que hay que aprender de Bastogne es simple: el compromiso.

A veces lo único que mantiene una organización a salvo de fracasar es el rechazo de su gente al fracaso: su compromiso con la misión. Si los estadounidenses en Bastogne se hubieran comprometido con su supervivencia y no con la misión, se habrían rendido y hubieran acabado en los campos de prisioneros de guerra. Sin embargo, su compromiso fue tan profundo que se negaron a fracasar: se negaron a rendirse. ¿Cómo fomentas este tipo de compromiso de negarse a fracasar? ¿Hacer lo que hizo Herb Kelleher en Southwest o hacer lo que hizo Eisenhower en Día D, S. A.? Trata a tus empleados como si fueran la parte más importante del negocio. Llegará el día en que tú necesites que tus empleados acepten una reducción de salario o que trabajen sin pagarles horas extras o abordar un proyecto fuera de sus zonas de comodidad.

Fred Smith no fundó FedEx porque necesitase el dinero (venía de una familia acomodada): simplemente no podía dejar de lado una idea que había escrito por primera vez en un documento de la Universidad de Yale. No podía rendirse incluso después de que hubiera perdido casi todo el dinero de sus inversionistas iniciales. Su compromiso con la idea era sólido como una roca y le llevó a garantizar la compañía: «Si no lo conseguimos, no nos van a pagar».

Este tipo de compromiso, tanto si es en Bastogne o en FedEx, se desarrolla solamente cuando tratas a tus empleados extremadamente bien. Smith dijo:

Si vas a dirigir una organización de alto servicio, debes conseguir el compromiso de todas las personas que trabajan en dicha organización justo desde el principio. Si no lo haces, nunca serás capaz de llegar a los niveles de expectación del cliente. No puedes hacer que la gente haga lo que es correcto. Puedes liderarlos, y les puedes dar el poder de tomar la decisión correcta, pero si no les inculcas un conocimiento general que les permita tomarla, entonces todo lo demás es sólo golpearse las encías, como solían decir mis antiguos compañeros de negocios.[6]

## CONCÉNTRATE EN TUS OBJETIVOS

- **Utiliza lo que tienes.** Ike y su equipo ejecutivo en Día D, S. A. sabían lo que las tropas eran capaces de hacer, y lo utilizaron. Tanto para desarrollar el personal que necesitas como para modificar las estrategias, adáptate a lo que tienes.

## MANEJA Y MOTIVA A TU GENTE

- **Potencia a tu gente.** Esto es especialmente importante para tu cúpula de gerentes y trabajadores. Ellos verán las oportunidades que tú nunca hubieras visto. Esto significa que tienes que darles el espacio suficiente para fracasar y animarles a seguir improvisando.

Eisenhower y muchos de los ejecutivos de Día D, S. A. le dieron muchas vueltas a esta cuestión, y aunque no hay forma de comparar una victoria moral con beneficios monetarios, es difícil pelear contra un absoluto rechazo a rendirse frente a unas desventajas abrumadoras.

El Ejército de EUA, no sólo Día D, S. A., creía en un apoyo absoluto. Los líderes del Ejército comprendieron que sus tropas necesitaban recibir una formación completa y fundamentada en la doctrina militar. Pero también hubo un énfasis constante en la capacitación de las fuerzas de primera línea para aprovechar las oportunidades que se presentaban, aunque su explotación significara ignorar la doctrina.

Los hombres de la 101ª no estaban entrenados para trabajar con tanques. Pero el equipo de batalla de la 10ª División Blindada tenía tanques. Si los dos no podían trabajar juntos de manera efectiva, se agravaría la situación de los estadounidenses, que ya era miserable. El Coronel William Roberts, el ejecutivo al mando del 10º Batallón, se movió entre las tropas aéreas, dándoles un curso acelerado de las capacidades y límites de los tanques y la mejor manera de utilizarlos. Los oficiales de la 101ª pensaban que los tanques debían de ser utilizados como minifortalezas; Roberts explicó que la movilidad es la clave de éxito del despliegue de tanques. A pesar de la falta de formación y de experiencia en este tipo de maniobras, un escuadrón de la 101ª trabajó en conjunto con un sólo tanque para destruir el bloqueo de caminos alemán que amenazaba con separar la 101ª de Bastogne.

Parte de este espíritu de improvisación es una característica inherente de EUA. Volvemos a agosto de 1776; en la Batalla de Brooklyn, George Washington descubrió que sus tropas estadounidenses podrían retirarse más rápido de lo que sus adversarios británicos podrían perseguirles. Los estadounidenses estaban malamente organizados, la mayoría sin formación o adoctrinamiento militar: y eso les hizo ser más flexibles y rápidos, a diferencia de su competencia más rígida. Washington reconoció el valioso recurso que era esta flexibilidad y adaptó su estrategia al completo para aprovecharla durante el resto de la guerra de la Independencia de Estados Unidos. Toda organización refleja las características de su población, de donde extrae su personal. Como consecuencia, los estadounidenses tuvieron la habilidad especial de hacer este tipo de ajustes sobre la marcha, y sus competidores alemanes no. Patton demostró esta habilidad al cambiar el Tercer Ejército de un ataque hacia el este a uno hacia el norte; en menor escala, los hombres de la 101ª y la 10ª mostraron que podían trabajar juntos sin ninguna formación previa o experiencia.

Los estadounidenses demostraron una actitud diligente que se reflejó en otro tipo de operaciones aparentemente menores, como la reparación de vehículos. La ingeniería alemana, incluso en los años 40, era digna de admirar. Los vehículos de combate alemanes, como los tanques, destacaron más que sus equivalentes británicos y estadounidenses en su armadura, velocidad y cañones más pesados. Sus vehículos no combatientes eran igualmente sublimes en comparación. Sólo había un pequeño problema con todos ellos: el tiempo de actividad. Cuanto más simples, más ligeros, y con más autonomía eran los vehículos estadounidenses, más tiempo podían pasar en acción. Y, cuando los vehículos se averiaron, muchos soldados estadounidenses, con años de experiencia en conducir coches familiares, tractores o *hot rod*, abrieron el capó y repararon los vehículos sin tener que recurrir a los mecánicos del taller. La complejidad técnica de los vehículos alemanes desafiaba la capacidad de reparación del soldado raso alemán.

Los estadounidenses sabían improvisar, eran flexibles y movibles: y Eisenhower confiaba en esto. Los alemanes eran rígidos y tenían una estructura jerárquica vertical de mando y control. Cuando Ike necesitaba que un ejército entero se retirase de una batalla y les enviaba a una dirección nueva, todo lo que tenía que hacer era decirle a George Patton: «Ve a por ellos». Patton organizó y enseñó a sus tropas a manejar algo que, según la doctrina militar, era tan difícil como imposible. Sin restricciones por la doctrina y apoyado con entusiasmo por parte de su jefe, el Tercer Ejército de Patton triunfó. Por el contrario, cuando Erwin Rommel necesitó las reservas Panzer para detener Overlord, tuvo que pedir un permiso de Hitler para utilizarlas, y nunca lo recibió. Eisenhower no creó en el espíritu estadounidense, pero sabía que existía y, como la mayoría de los ejecutivos estadounidenses en Día D, S. A. lo fomentó cuando fue posible. Como se mencionó anteriormente, durante el combate de los setos en junio de 1944, los tanques no podían subir los setos por temor a ser destruidos por un proyectil antitanque que disparara directamente hacia sus cuerpos ligeramente blindados. A las tropas de primera línea se les ocurrió una serie de innovaciones:

- Utilizaron explosivos para hacer un agujero lo suficiente ancho para permitir que el tanque Sherman atravesara el seto, utilizando munición de fósforo para prender fuego a los nidos de ametralladoras enemigas saturando los setos con munición del calibre 50. Después la infantería seguiría a los tanques a través de los setos y aseguraría la zona.
- Hicieron agujeros en los setos. Se necesitaban demasiados explosivos para hacer un agujero lo suficientemente ancho para que un tanque pasara si el explosivo se colocaba en la parte exterior del seto. Un piloto de tanques sugirió montar tuberías en la parte frontal de los tanques y utilizarlas para hacer agujeros y plantar el explosivo dentro los agujeros.
- Empaquetaron los explosivos dentro de los cartuchos vacíos de 105 mm, para que fuera más fácil insertar la carga dentro de los agujeros de los setos.
- Soldaron grandes tubos y restos de metal de los obstáculos alemanes que habían sacado de la playa a la parte delantera de los tanques, haciendo que arrasaran directamente con el seto sin perder el tiempo con los explosivos.[7]

Todas esas ideas funcionaron, y después fueron reconocidas e implementadas por los jefes intermedios y las tropas de primera línea. Las corporaciones quieren asegurarse de que tanto las ideas como la transmisión de la información fluya igual desde arriba como desde abajo, y que las tropas de primera línea estén capacitadas para realizar cambios (y a veces errores). Mira cómo muchas innovaciones en hardware y software venían de las primeras líneas de las empresas de informática.

En el 22 de diciembre de 1944, después de que los alemanes bombardearan y atacaran Bastogne durante varios días, el general Fritz Bayerlein, el jefe de la Unidad Panzer, envió a su agregado, el teniente Helmuth Henke con una nota dirigida al estadounidense que estaba al mando, el general de la Brigada Anthony McAuliffe. La nota de Bayerlein exigía una «honorable entrega para salvar a las tropas de EUA rodeadas de la aniquilación total».[8] Henke hablaba bien el inglés y le ordenaron ir con otros tres hombres a las líneas estadounidenses con bandera de tregua y el ultimátum de entrega al jefe estadounidense.

Los alemanes agitaban banderas blancas y se les permitió acercarse a las líneas estadounidenses, donde Henke explicó su misión. Le vendaron los ojos y fue llevado a McAuliffe, a quien le entregó la nota. Esperó a que McAuliffe terminase de leer y responder la nota y luego fue llevado de vuelta a las líneas estadounidenses. Cuando se quitó la venda, Henke leyó la respuesta oficial de McAluliffe. Decía: «Ilusos».

Henke lo entendió. ¿Acaso la idea de que «el fracaso no es una opción» alguna vez ha sido expresada con mayor elocuencia?

«Ilusos» se convirtió en el emblema de todo lo que hicieron los estadounidenses en Bastogne. En enero de 1945, McAuliffe fue galardonado con la Cruz al Servicio, y la cita no sólo destacó su liderazgo exitoso, sino también la acción de sus heroicos hombres:

El Presidente de Estados Unidos se complace en entregar la Cruz de Servicios Distinguidos a Antony Clement McAuliffe (0-12263), general de Brigada del Ejército de EUA, por el heroísmo extraordinario demostrado en las operaciones militares contra un enemigo armado mientras se desempeñaba como comandante interino de la 101ª División Aérea en la acción contra las fuerzas enemigas del día 17 hasta el día 26 diciembre de 1944, en Bastogne, Bélgica.

Durante este período el general McAuliffe estuvo al mando de la 101ª División Aérea en el asedio de Bastogne, Bélgica, hostigando a las fuerzas enemigas. Aunque la ciudad estaba completamente rodeada por el enemigo, el espíritu de las tropas bajo la inspiración y la gallardía del liderazgo de este oficial nunca vaciló. Su valiente actitud es épica.

El general McAuliffe, que estuvo continuamente expuesto al bombardeo, metralla y ataques armados y de infantería del enemigo, dirigió personalmente a las tropas, descuidando por completo su propia seguridad.

El coraje del general de Brigada McAuliffe, su valiente e inspiradora determinación, y su heroico liderazgo son un gran ejemplo de la tradición de las fuerzas militares de Estados Unidos y reflejan un gran mérito para sí mismo, para la 101ª División Aérea y para la Armada de Estados Unidos.[9]

Dos elementos resaltan en la cita: un líder es tan bueno como la gente que trabaja para él o ella, y los líderes necesitan dar ejemplo con el tipo de comportamiento que esperan recibir. La cita señala la dirección personal de McAuliffe de sus tropas, «descuidando por completo su propia seguridad». Si quieres que tu gente demuestre compromiso, tienes que darles el mismo ejemplo.

Dos días después de la respuesta «Ilusos» de McAuliffe a los alemanes, recibió un comunicado mucho más agradable. El día de Nochebuena, sobre las 22:00, George Patton le envió un mensaje: «El regalo de Navidad está en camino. ¡Aguanta!»[10] Patton llegó un día tarde, y el 26 de diciembre, el Tercer Ejército se abrió paso hacia Bastogne, un gran alivio para la 101ª y la 10ª. Pero Bastogne continuó siendo el centro del esfuerzo alemán. Pocos días después, Hitler dijo: «Bastogne debe ser tomada a toda costa». Si por alguna circunstancia los alemanes la hubiesen capturado, podrían haber cambiado el curso de la batalla, y si hubieran vencido la batalla, era posible que los alemanes hubieran podido seguir su avance a través de las Ardenas, a través del río Maas, y la propia Francia. La guerra misma hubiera tomado otra forma. Los alemanes continuaron atacando y bombardeando la ciudad, pero en el momento en que el Tercer Ejército llegó, cualquier posibilidad real de los alemanes en Bastogne dejó de existir.

## MANEJA Y MOTIVA A TU GENTE

- **Tú te comprometes primero**. Si necesitas un compromiso de tu gente, especialmente el compromiso extremo de los recortes de sueldos, permisos, y recortes de beneficios, tienes que ser el primero. Acepta un recorte severo en tu propio salario. No te des a ti mismo ningún extra hasta que no se lo hayas dado a tu gente.

Muy poco después del comentario de «a toda costa» de Hitler, la batalla de las Ardenas comenzó a cambiar a favor de los estadounidenses. La lucha siguió siendo feroz, pero Eisenhower se negó a dejarse llevar por el pánico. En lo personal, su negación se demostró en la forma en que lidiaba con los rumores de un complot para asesinarlo. Los alemanes organizaron a un grupo de soldados alemanes angloparlantes, Hitler los vistió con uniformes estadounidenses, les dio *jeeps* estadounidenses capturados y les envió a las líneas estadounidenses. Su objetivo era causar confusión mediante la emisión de órdenes falsas y capturar los puentes principales y cruces de caminos. Tuvieron bastante éxito.

Cuando Día D, S. A. se dio cuenta del programa de sabotaje, el rumor creció hasta convertirse en que un grupo de estos agentes había recibido la orden de matar a Eisenhower. Inmediatamente, guardias armados se colocaron alrededor de Ike. No podía abandonar el cuartel general, prácticamente se convirtió en un prisionero en su propia oficina. Después de dos días de cautiverio, Ike salió de su oficina y declaró: «Me voy a dar un paseo. Si alguien me quiere disparar, puede ir directo. ¡Tengo que salir!».[11] Con lo cual, Ike salió por la puerta trasera y dio un paseo por la nieve profunda.

El rechazo de Eisenhower a dejarse llevar por el pánico también se había manifestado estratégicamente. Insistió en que las Ardenas representaba una oportunidad para Día D, S. A. y realizó un gran número de movimientos para aprovechar esa oportunidad mediante la colocación de las Divisiones Aéreas 82ª y 101ª en las principales ciudades, reasignando el Primer y el Noveno Ejército a Monty (que se encontraba al norte de las Ardenas en la línea de Día D, S. A. y tenía mejor posición para cargar), y enviando refuerzos a los lugares clave. Ike y sus comandantes aéreos sabían que tarde o temprano la climatología cooperaría, y justo se aclaró antes de Navidades, haciendo que Día D, S. A. recuperara el espacio aéreo y comenzara a hacerles la vida imposible a los alemanes que estaban en tierra. Todos estos esfuerzos empezaron a producir resultados positivos. Los alemanes no pudieron capturar ningún suministro de energía ni ningún depósito de petróleo, y la gran extensión de sus líneas de abastecimiento por caminos inadecuados hacia las Ardenas comenzó a obstaculizar sus operaciones.

Cuando la presión alemana comenzó a disminuir, Eisenhower estableció su contador de jugadas. Ordenó a Monty (al norte de las Ardenas) y a Bradley (al sur de las Ardenas) aguantar con las fuerzas mínimas y recoger sus reservas para empujar contra los flancos alemanes: en otras palabras, a pellizcar las Ardenas y atrapar a las fuerzas alemanas en su interior.

Desafortunadamente, como de costumbre con cualquier situación que implicase a Monty, había que lidiar con los egos. Debido a que la ofensiva alemana se había deshecho de todos excepto del Primer Ejército de Hodges y el Noveno Ejército de Simpson de las fuerzas de Bradley en el sur de las Ardenas, tenía mucho sentido para

Ike la reasignación de Hodges y Simpson a Monty por la duración de esta batalla. Ni a Hodges ni a Simpson les gustaba Monty (¿por qué debían ser diferentes de los demás?), pero ahora tenían que cumplir sus órdenes. A Bradley le molestaba que le hubieran sacado dos ejércitos de su mando y que se los hubieran asignado a Monty, que le desagradaba tanto que apenas habló con él.

Ike envió un telegrama a Hodges y a Simpson, «felicitándoles por lo que habían hecho hasta ahora y señalando que "su buen trabajo está ayudando a crear una situación de la que podremos beneficiarnos materialmente"». Les pidió que mantuviesen la calma, decidido y optimista. Llegado a este punto, añadió: «Ahora que ya han sido puestos bajo el mando operativo del Mariscal de Campo, sé que van a responder con alegría y con eficiencia a cada instrucción que él les dé». Ike fue mucho más allá al asegurarle a Bradley que la reasignación de los dos ejércitos no era una crítica disimulada. Eisenhower envió un telegrama a George Marshall y le pidió ascender a Bradley como general, un rango de cuatro estrellas. En la explicación de la solicitud, Ike dijo que Bradley había «mantenido la calma magníficamente» y que actuó «de forma metódica y con energía».[12]

Eisenhower era lo suficientemente realista como para saber que no podía mantener a su equipo directivo feliz todo el tiempo, y no estaba tratando de lograrlo. Sólo quería que sus dirigentes dejasen de lado sus diferencias el tiempo suficiente como para llevar a cabo sus directivas. En su mayor parte, tuvo éxito en esto. La única excepción, como siempre, fue Montgomery.

A los pocos días de dar a Monty el Primer Ejército estadounidense y el Noveno, Eisenhower recibió la noticia del oficial británico de que había un nuevo plan de ataque, utilizando una gran parte de sus fuerzas. La reacción de Ike fue: «Alabado sea Dios, de quien vienen todas las bendiciones».[13]

Eisenhower estaba en lo cierto acerca de la fuente de todas las bendiciones, pero se equivocó en pensar que el nuevo plan de Monty fuera una de ellas. Montgomery, según su costumbre de prometer mucho y dar muy poco, casi de inmediato comenzó a modificar su declaración y su valoración de la situación, en busca de la flexibilidad de interpretaciones. Un día después de informar a Ike de que un nuevo plan estaba en marcha, Monty dijo que estaba seguro de que los alemanes harían una ofensiva más importante. Monty quería detener la iniciativa y luego contraatacar. Quería ir detrás de la avanzadilla de las Ardenas, empujando a los alemanes en lugar de capturarlos al ir tras su flanco, como Ike le había ordenado.

## COMUNÍCATE

- **Aprende de tus errores**. Si intentar entrar en razón con uno de tus ejecutivos una y otra vez nunca funciona, ¿no es hora de darse cuenta de que estás cometiendo un error? Tal vez sea el momento de probar otra cosa.
- **Tú eres el jefe**. No te olvides de que tú eres el jefe y ellos no lo son. Si las demandas y sugerencias no están demostrando ser una comunicación eficaz con tus empleados, emite órdenes. Si las cosas van mal, que a veces pasa, ¿quieres ser el responsable de los resultados producidos por alguien que no siguió tu estrategia?

Eisenhower le dijo a Monty que Rundstedt quizá empezaría a retirar todas sus fuerzas de las Ardenas, o quizá utilizará a su infantería para mantener la línea mientras se hacía con un armamento más poderoso para utilizarlo después como reservas. Ike instó a Monty en atacar con rapidez el flanco: la oportunidad de capturar inmensos recursos y paralizar la competición no iba a durar para siempre. Monty repitió que necesitaba hacer frente al ataque alemán primero y después (y sólo entonces) lanzaría su propio ataque. «Eisenhower se temía de que no habría ningún ataque».[14] El debate continuó y finalmente terminó cuando Monty acordó que si no había iniciativa alemana en los próximos dos días, lanzaría su propio ataque contra el flanco el 1 de enero de 1945.

Al segundo día de la promesa de dos días de espera, Monty envió a su jefe del Estado Mayor, Francis «Freddie» de Guingand, para informar a los ejecutivos de Día D, S. A. que Montgomery no se movería hasta al menos el 3 de enero 1945. De Guingand, que representaba los puntos de vista de Monty, dijo que Eisenhower había entendido mal; no había habido ningún acuerdo sobre un ataque el 1 de enero. Ike contestó bruscamente: «¡Sí que lo hubo!»[15] Eisenhower estaba frustrado y pensó que Monty le habían mentido. Peor aún, le preocupaba que una magnífica oportunidad estuviera a punto de echarse a perder, que Monty se moviese demasiado lento para capturar las Ardenas y atrapar a los alemanes retirándose. Ike finalmente escribió el tipo de carta mordaz que debía haberle enviado a Monty meses antes, exigiendo que cumpliese sus promesas respecto a la acción contra los alemanes o que lo despediría. Aunque parezca increíble, de Guingand le convenció para que no enviase la nota. Todo el mundo en Día D, S. A. simpatizaba con Guingand: a diferencia de su jefe, él era afable y razonable. Pero era asombroso que le pidiese a Ike que se guardara la carta en el bolsillo después de tantas interpretaciones erróneas y discusiones con Monty, de tantos movimientos políticos a escondidas, de su lento avance en el combate una y otra vez, y justo ahora, cuando Día D, S. A. estaba al borde de un éxito fantástico o un fracaso gigantesco. Todo debía tener un límite.

Pero no lo era. Eisenhower permitió que Guingand hablase con Monty y le explicase cuán urgentemente quería Ike que se emprendiese una acción inmediata contra el flanco alemán. En Nochevieja, Guingand se reunió con Monty y después regreso a los cuarteles generales de Día D, S. A. para hablar otra vez con Ike. Guingand informó a Eisenhower de que Monty mantenía su opinión de que los alemanes estaban a punto de moverse, y planeó esperar hasta que llegasen y luego contraatacar. Guingand repitió que Ike había entendido mal lo del lanzamiento de una iniciativa contra el flanco alemán el 1 de enero.

Omar Bradley, que también entendió que Monty lanzaría las operaciones el 1 de enero, ya estaba atacando en el sur, empezando a presionar su lado de las Ardenas. Pero sin la presión por parte de las tropas de Monty, los alemanes podían desplazar sus blindados al sur para zafarse de Bradley mientras se empezaban a retirar de las Ardenas. La fantástica oportunidad de acabar con la competencia estaba a punto de escaparse. Aunque el manejo de la parte de Monty era malo, hizo algo aun peor. En medio de este debate sobre lo que iba hacer y cuándo, Monty envió una carta a Eisenhower: «Exigió los planes de acción del comandante supremo y exigió que a él, Montgomery, le diesen en control completo de la batalla terrestre. Y, por supuesto, debería de haber un solo ataque, en el norte, con Patton quedándose donde estaba».[16] Ni siquiera había pasado un mes desde el enfrentamiento donde Ike había amenazado con llevar sus controversias a la junta de directores y Monty se había disculpado. Y aquí estaba Monty de nuevo, no sólo negándose a hacer lo que quería su jefe, sino además diciendo que él, Monty, tendría que ser el jefe de la campaña terrestre. Para rematar esta muestra asombrosa de arrogancia, Monty tuvo la temeridad de escribir una directriz para que Ike la firmase, dando autorización a todas las ideas de Monty.

A Eisenhower no le hizo gracia. Emitió su propia directriz, que negaba cada punto de la de Monty, recuperando el control del Primer Ejército de EUA para Bradley y haciendo hincapié en su fuerte y doble amenaza sobre Alemania. «Lo único que ahora hay que evitar es la estabilización del enemigo saliente. […] Debemos recuperar la iniciativa, y la velocidad y la energía son esenciales».[17] En una nota con la directriz, Ike escribió a Monty que no estaba de acuerdo en que Monty ejecutase la campaña terrestre con Bradley como ayudante. Informó a su subordinado británico que había planeado el avance en un frente amplio y ordenó a Monty leer la directriz con atención.

Eisenhower llegó a decir que si seguían en desacuerdo tan firmemente, se sentiría obligado a someter la cuestión a la junta, dejando que Monty llegase a la conclusión de lo que le sucedería si la junta se viese obligada a elegir entre el británico y el estadounidense. Ike escribió: «La confusión y el debate que se produciría sin duda dañaría la buena voluntad y la devoción a una causa común que había convertido esta fuerza aliada en la única de la historia».

De hecho, Eisenhower estaba diciendo: «Puedo seguir la corriente por el bien de la alianza. ¿Tú podrías?»

Al mismo tiempo, Guingand trató de ayudar a su jefe haciendo que Monty llegase a cooperar con *su* jefe. Guingand fue directo cuando le contó a Monty que la sensación general en Día D, S. A. era amarga: Monty debería ser despedido. Monty no se lo creía; estaba seguro de que era irreemplazable, incluso preguntó quién podía tomar su puesto. Guingand que dijo que el reemplazo ya estaba pensado: Harold Alexander, que había sido el lugarteniente de Eisenhower en Torch y Husky, y había demostrado ser un líder agresivo en la campaña italiana. «La idea de sustituir a Monty con el Mariscal de Campo Alexander parece que se le ocurrió a Ike: una idea muy astuta, porque aunque era un héroe para el público británico, nadie, ni siquiera el primer ministro, podría quejarse si lo sustituían por una figura tan universalmente reconocida como Alexander».[18]

«Montgomery palideció, [...] empezó a caminar de un lado a otro, finalmente se dirigió a Guingand y le preguntó: "¿Qué voy a hacer, Freddie? ¿Qué voy a hacer?"»[19] Guingand, como el magnífico asistente ejecutivo que era, sacó un contrato de la nada para que el jefe lo firmase, y él lo entregaría después a Eisenhower. Le dijo a Montgomery que firmase, y por una vez Monty hizo exactamente lo que le habían dicho. El mensaje reconocía que Ike tenía que equilibrar muchos factores que no eran conocidos por Monty y pidió a Ike que rompiese la carta con la que había exigido el control de la campaña terrestre.

El 3 de enero Monty finalmente entró en acción. Su ataque no era todo lo que Eisenhower quería que Monty hiciese, pero era mucho mejor de lo que Monty propuso al principio. La batalla de las Ardenas no se acabaría por completo hasta casi un mes más tarde, pero cuando la batalla terminó, los alemanes habían perdido casi la mitad de los hombres, tanques y artillería con los que había iniciado el ataque. Las pérdidas fueron devastadoras, especialmente de tanques, ya que ahora los alemanes no tenían ninguna movilidad para rebatir las fuerzas blindadas de Día D, S. A. y la gran movilidad de la estrategia fluida de Ike. Las pérdidas en las Ardenas perjudicaron otro frente: esas fuerzas ya no estaban disponibles para detener a las tropas soviéticas en el este. El Ejército Rojo estaba más cerca de Berlín que Día D, S. A., y ahora los alemanes tenían muy poco en reserva para lidiar con el desastre que se aproximaba.

Aunque el éxito fue enorme, los temores de Eisenhower de desperdiciar una gran oportunidad en parte se hicieron realidad. Las fuerzas de Bradley habían funcionado muy bien, pero el lento comienzo de Monty permitió a muchos alemanes escaparse de las Ardenas. Aunque el recuento final fue enorme (alrededor de 120,000 bajas alemanas), podría haber sido mayor, lo que hubiera significado menos fuerzas a las que hacer frente más tarde.

A pesar de que la batalla de las Ardenas había terminado, las recriminaciones acababan de empezar. Montgomery tuvo su momento de amargura posterior a la batalla poco después de comenzar contundentemente una rueda de prensa. Churchill había aprobado la rueda de prensa, y el primer ministro revisó y aprobó el discurso de Monty. Pero Churchill «apenas podía controlar la presentación oral de Monty, que el propio jefe de inteligencia de Monty describió como "desastrosa". "Oh Dios, ¿por qué no lo detuviste?" Preguntó un distinguido corresponsal de guerra británico que fue un testigo horrorizado de la conferencia de prensa».[20]

Monty parecía haber presionado todos los botones posibles. Llevaba una boina roja de la División Aérea, que fue, por decir algo suave, insensible. La División Aérea le detestaba después de lo que había sucedido en Market-Garden. Su tono hacia Eisenhower y los estadounidenses fue condescendiente, y describió falsamente que las fuerzas británicas «habían luchado a ambos lados de las fuerzas estadounidenses que había sufrido un duro golpe». Los británicos no lucharon a ambos lados de los estadounidenses, y la indirecta de que les habían salvado el día fue especialmente dolorosa para los dirigentes estadounidenses y sus hombres. Casi no hubo soldados británicos participando en las Ardenas; las bajas británicas durante toda la batalla habían sido menos de 15,000: las bajas estadounidenses habían sido más de 75,000, cinco veces más. Para rematar su actuación, Monty dijo que fue una batalla interesante y la comparó con la legendaria batalla de El-Alamein. Dijo sobre las Ardenas: «Creo que posiblemente es una de las batallas más interesantes y difíciles que he lidiado jamás». Y entonces hizo el último comentario. Monty dijo que «los soldados estadounidenses son grandes combatientes cuando se les da el liderazgo apropiado».[21]

Stephen Ambrose escribió que casi todos los oficiales estadounidenses en Europa estaban furiosos: «Desde su punto de vista, se había detenido a los alemanes antes de que Montgomery entrara en escena. [...] Lejos de la victoria directa, Montgomery se había metido en el camino de todos y había fastidiado el contraataque».[22] Casi veinte años más tarde, Eisenhower, que pretendió ser un aliado y un caballero incluso en sus memorias y entrevistas después de la guerra, dijo: «Este incidente me causó más angustia y preocupación que cualquier otro similar en la guerra».[23]

La batalla de las Ardenas fue un éxito rotundo para Día D, S. A., pero un éxito con un regusto muy amargo. Tanto el éxito como el regusto amargo fueron gracias a Eisenhower. Primero, lo negativo: permitió a Monty discutir, debatir, y atascarse en seguir su estrategia. Sin duda Monty tenía la culpa de su patética actuación, pero Eisenhower asumió la culpa por dejar a Montgomery salirse con la suya.

Pero el drama del conflicto de Ike contra Monty no debería hacer sombra al éxito asombroso de la batalla de las Ardenas.

Eisenhower mantuvo la calma en medio de una turbulenta situación y sacó provecho de las debilidades de su oponente. Fue tan eficaz en este tipo de aprovechamiento que los únicos inconvenientes fueron los inherentes a su propio equipo de administración. La moraleja de la historia de Ike contra Monty es: consigue que tus directivos hagan lo que quieres o deshazte de ellos.

A finales de enero de 1945, la batalla de las Ardenas se había puesto a favor de Eisenhower, y le habían ascendido al rango de cinco estrellas,* y ahora tenía derecho a un extra de 255 dólares al mes (casi más de 3,000 dólares en 2009). Sólo otros tres soldados habían sido ascendidos a este alto rango, de nueva creación en su momento para honrar a los altos mandos militares de la Segunda Guerra Mundial:

- El general George C. Marshall, gerente general del Ejército de EUA, miembro de la junta de directores de Día D, S. A.
- El general Henry H. «Hap» Arnold, gerente general de las Fuerzas Aéreas del Ejército de EUA, miembro de la junta de directores de Día D, S. A.
- El general Douglas McArthur, gerente general del Teatro suroeste del Pacífico, ex gerente general del Ejército de EUA.

El ascenso de Ike le podía haber llevado a disfrutar de un poco de satisfacción a nivel personal. Su carrera en el ejército había comenzado hacía más de treinta años, en West Point, y ahora era uno de los

---

* Omar Bradley sería nombrado general en 1950. Los otros oficiales no de la Armada con el rango de cinco estrellas fueron: William Daniel Leahy, jefe del Estado Mayor del comandante en jefe del Ejército y la Marina de EUA, el presidente de Estados Unidos durante la Segunda Guerra Mundial; Ernest Joseph King, gerente general de la Marina de EUA y miembro de la junta directiva de Día D, S. A.; Chester William Nimitz, gerente general de la flota del pacífico de la Marina de EUA; y William Frederick «Bull» Halsey Jr., gerente general del área sur del Pacífico.

cuatro oficiales de mayor rango con el uniforme entero, con la mayor asignación de cualquiera de ellos. Sin embargo, cuando Ike habló del ascenso a su mujer, Mamie, en una carta, pensó que era divertido que, aunque él tenía el nuevo rango y la remuneración, todavía no había finalizado el diseño de la insignia. (Cinco estrellas en círculo se convirtieron en la insignia.)

Las ventajas de Ike como alto ejecutivo incluían un extra de 36,000 dólares al año (al precio de hoy en día) y su propio avión, un bombardero despresurizado, difícilmente el equivalente de un jet de lujo moderno. Cuando Eisenhower visitaba a sus tropas de primera línea, a menudo conducía él mismo. Recordemos que en Portsmouth, antes de Overlord, Ike rechazó la comodidad de una mansión inglesa y decidió vivir en un tráiler. Y en un intervalo de casi tres años, sólo tomó unas vacaciones, bajo órdenes, de unas dos semanas. Y todavía insistió en que sus gerentes tomasen un permiso para descasar y refrescarse.

¿Por qué le importaban tan poco a Eisenhower las comodidades y lujos a los que tenía derecho?

¿Tal vez porque ninguno de ellos le ayudaba en su misión? Quizá sea mucho suponer, pero por aquel entonces Día D, S. A. operaba en la competición más extrema posible. El sentido de todo esto es que Ike permaneció enfocado en lo que necesitaba para la misión incluso en su vida privada. Escribió a su mujer: «No puedo recordar cómo era cuando estaba libre de estos problemas persistentes que implican un coste asombroso, la destrucción de vidas y riqueza y los destinos de todas estas personas».[24]

A pesar del éxito que había tenido Día D, S. A. en la batalla de las Ardenas, todavía quedaba un largo camino por recorrer para completar la misión. A la vez que Ike escribía las líneas anteriores a su mujer, estaba formulando la estrategia final para llevar eso mismo a cabo.

# NOTAS DEL INFORME

## ESTRATEGIAS: DEFINE TU OBJETIVO, CÉNTRATE EN TUS OBJETIVOS, MOTIVA Y MANEJA A TU GENTE

- **Las recaídas son oportunidades.** Obsérvate a ti mismo de forma honesta y toma nuevas decisiones. ¿Qué puedes perder?
- **Mantén la calma.** Te permite pensar.
- **Mantente optimista.** Es contagioso.
- **Conoce lo que necesitas para triunfar.** Separa lo que necesitas de lo que quieres.
- **Consigue lo que necesitas para triunfar.** Asegúrate de que tienes lo que debes tener para alcanzar los objetivos de tu empresa.
- **Utiliza lo que tienes.** Tanto para desarrollar el personal que necesitas como para modificar las estrategias, adáptate a las fuerzas que tienes.
- **Potencia a tu gente.** Tienes que darles espacio para fracasar y animarles a seguir improvisando.
- **Tú te comprometes primero.** Si necesitas un compromiso de tu gente, tienes que ir primero.

## ESTRATEGIAS: DEFINE TU OBJETIVO, CÉNTRATE EN TUS OBJETIVOS, COMUNÍCATE

- **Aprende de tus errores.** Si intentas algo una y otra vez, ¿no es hora de darse cuenta de que estás cometiendo un error al hacerlo? ¿Tal vez sea hora de probar otra cosa?
- **Tú eres el jefe.** No te olvides de que tú eres el jefe y tus empleados no lo son. Si es necesario, emite órdenes. ¿Quieres ser el responsable de los resultados producidos por alguien que no siguió tu estrategia?

# NUEVE

# COMPLETA LA MISIÓN

## Mantén tus esfuerzos hasta el final

«Durante toda la batalla de las Ardenas continuamos haciendo planes para la ofensiva final, una vez iniciada, intentamos mantener hasta la derrota final de Alemania», escribió Eisenhower.[1]

A pesar de lo concentrado que estaba Ike por ganar en las Ardenas, nunca perdió de vista el hecho de que Día D, S. A. todavía tenía que cruzar el Rin y destruir la capacidad de Alemania de competir. Eisenhower estaba aplicando la estrategia número tres, «mantente alerta: sé consciente y consigue lo que necesitas». Era muy consciente de que no importaba lo grande que fuese la victoria en las Ardenas, Día D, S. A. tenía mucho terreno que recorrer, tanto en el sentido literal como en el metafórico. Necesitaba planes para implementar su estrategia de frente amplio para Día D, S. A., con el fin de avanzar hacia Alemania, y necesitaba coordinación con la Unión Soviética.

Hasta las Ardenas, Día D, S. A. y el enorme Ejército Rojo (casi un tercio más grande que todas las fuerzas de Día D en Europa), se encontraban separados por cientos de kilómetros de territorio alemán y polaco. Pero en unos pocos meses acortarían esa distancia lo suficiente como para darse un apretón de manos. El encuentro de las fuerzas soviéticas con Día D, S. A. fue probablemente el mayor «proyecto conjunto» de la historia, y si salía mal las consecuencias podían ser horribles. Cuando dos fuerzas gigantescas se mueven tan rápido para exprimir a una tercera, se hace imprescindible que entre ellas haya un sólido entendimiento de las operaciones y una excelente comunicación. Eisenhower quería lograr este entendimiento y establecer comunicaciones lo más pronto posible.

A principios de enero, como la Batalla de las Ardenas todavía estaba muy indecisa, Ike envió a su ayudante, Sir Arthur Tedder, a Moscú para hacer los arreglos necesarios (hasta que Tedder estableciera una comunicación directa, la coordinación seguiría siendo la misma de siempre: con la comunicación entre los miembros de la junta militar de Día D, S. A. y las altas esferas militares soviéticas en Moscú).

Mientras Tedder solucionaba la coordinación con los soviéticos, Eisenhower y su equipo directivo establecían los planes para seguir la estrategia de frente amplio de Ike:

- Las tropas de Día D, S. A. se desplazarían hacia al norte y hacia el sur del río Rin.
- Monty estaría al mando del ataque principal sobre el Rin en el norte. Los generales de Bradley, Hodges y Patton, estarían al mando de los ataques secundarios en el sur.
- Ambas fuerzas rodearían el Rin, paralizarían el núcleo de la industria alemana y causarían un grave daño a su capacidad competidora.
- Desde la cuenca del Rin, las tropas de Día D, S. A. se desplegarían por todo el resto de Alemania.

Había dos claves para hacer que esta estrategia tuviera éxito: en primer lugar, Eisenhower usaría sus reservas para aprovechar cualquier oportunidad que se presentase, ya fuera en el norte con Monty con Bradley. Y en segundo lugar, una vez que Día D, S. A. estuviese al otro lado del Rin, Bradley sería el hombre principal.

Como el general J.F.M Whiteley (el subjefe del Estado Mayor por debajo de Beetle Smith) señaló: «La idea era que si algo se tenía que hacer rápidamente, no debían dárselo a Monty».[2] Parece ser que Eisenhower finalmente había aprendido de la amarga experiencia. Aquello fue el origen de más problemas en el equipo ejecutivo de Ike. George Marshall estuvo de acuerdo con la estrategia de Eisenhower de dar el papel principal a Bradley. Por supuesto, Monty pensó que su ataque no estaba recibiendo suficientes recursos. Bradley pensó que, a la luz de la historia reciente, Monty estaba recibiendo demasiada prioridad. Y Patton consideraba que había ganado un papel demasiado grande en el proceso.

Con la meta final a la vista, Ike, al fin, abandonaba el debate y la negociación con su propio equipo directivo. Brooke quería más tropas para Monty, lo que de hecho hubiera sido crear una estrategia de un solo ataque. Y aunque se había hablado de ello repetidas veces, se volvió a plantear la idea de que Eisenhower renunciase al control directo de la campaña terrestre. A Ike no le interesaba en absoluto. Escribió: «Yo estaba decidido a evitar cualquier obstrucción con la ejecución exacta y rápida de esos planes».[3] Mantuvo el compromiso con su estrategia y se aseguró de que la siguieran. Beetle Smith dijo en una rueda de prensa en abril de 1945, poco antes que los alemanes finalmente se rindieran: «De todas las campañas que he conocido esta ha seguido con mayor exactitud patrón del comandante que la planificó. Pero con una sola excepción, transcurrió exactamente como el general Eisenhower había calculado».[4]

El Noveno Ejército de Smith cruzó el Rin el 23 de febrero de 1945, aproximadamente dos semanas después de que los últimos rastros de las Ardenas hubieran sido eliminados de las líneas estadounidenses. Para el 2 de marzo, el Noveno Ejército había llegado al Rin y estaba preparado para cruzar. Eisenhower creía que los alemanes tendrían lista una dura defensa en la orilla de Dia D, S. A. del Rin, dando a las fuerzas de Ike una oportunidad para dañar gravemente a la competencia. Tenía razón; el Noveno Ejército causó más de 36,000 bajas en el camino al Rin. En total, aproximadamente 250,000 alemanes fueron capturados, y muchos de ellos murieron o resultaron heridos.

El éxito en el lado oeste del Rin significaba que las fuerzas de Eisenhower lo tendrían mucho más fácil una vez que entraran en la propia Alemania. También otros debían llevarse el mérito: las Fuerzas Aéreas aliadas habían bombardeado las reservas de combustible de los alemanes hasta casi la extenuación, inmovilizando a los defensores. Al norte de Simpson, las tropas de Monty también llegaron al Rin y se prepararon para cruzar. El Primer Ejército de Hodges llegó el 5 de marzo; el Tercer Ejército de Patton llegó el 8 de marzo. Menos de tres meses después del inicio, tras el desastre de la batalla de las Ardenas, Día D, S. A. estaba a punto de enfrentarse cara a cara en territorio alemán con un competidor que estaba literalmente en las últimas.

El 7 de marzo, el Primer Ejército de Hodges capturó un puente del ferrocarril que atravesaba el Rin en Remagen. El terreno al otro extremo del puente era terrible para las operaciones de Día D, S. A., y Remagen no estaba en la lista de los objetivos para cruzar el Rin. Bradley quería avanzar todo lo posible sobre el puente cuanto antes. Llamó a Ike y le preguntó si debía continuar a pesar de que Remagen no formaba parte del plan. Eisenhower le respondió: «Por supuesto, adelante, Brad, y te daré todo lo que tenemos para tomar la cabeza del puente. Haremos un buen uso de ello a pesar de que el terreno no sea muy bueno».[5]

## DETERMINA (Y RECUERDA) TU MISIÓN

- **Si te dan una oportunidad, aprovéchala**. Sé dúctil en tu pensamiento, y deja algo de flexibilidad en tus planes: nunca se sabe cuándo algo como el puente de Remagen te caerá en las manos, algo que parecía malo, pero resultó ser increíblemente útil.

Remagen fue exactamente el tipo de oportunidad que Ike había estado esperando: tenía las reservas listas para ser trasladadas a la ciudad y tomar ventaja de la situación para el bien de Día D, S. A., y él tenía al ejecutivo correcto al mando: Bradley. Eisenhower y Bradley sabían que corrían riesgos: después de todo, Remagen se quedó fuera de la lista de objetivos por buenas razones, pero consideraron que había que aprovechar la oportunidad con toda la velocidad que pudieran.

Los alemanes realmente entendieron lo importante que era el puente; hicieron todo lo imaginable para destruirlo: lo bombardearon desde el aire y con fuego de artillería pesada, le lanzaron cohetes V-2, hicieron flotar minas bajo el río, e incluso mandaron buceadores para plantar explosivos. Pero para cuando finalmente tuvieron éxito y el puente se derrumbó, Día D, S. A. ya tenía seis puentes de barcas cruzando el Rin en Remagen y una cabeza de puente de treinta y dos kilómetros de largo y casi trece de profundidad. «Se trataba de una amenaza para toda la defensa alemana del Rin».[6]

Mientras que el Primer Ejército de Hodges utilizó su avance en Remagen para cruzar el Rin, el Tercer Ejército estaba luchando en el Sarre-Palatinado contra tres mil kilómetros de montañas, valles profundos, posiciones fortificadas y el Primer y el Séptimo Ejército alemán, que habían sido instruidos para tomar la zona. Atacar a través del Sarre-Palatinado aleccionados haber sido una pesadilla; Patton atravesó la zona en diez días. Bradley dijo que Patton tuvo «un extraño sentimiento en el frente». Demostró que Bradley estaba totalmente en lo cierto cuando «en mitad de la noche, cuando nadie miraba, cuando menos se lo esperaban, sin ninguna de las elaboradas preparaciones que Montgomery estaba haciendo en el norte, y dos días por delante de él,  el Tercer Ejército cruzó el Rin».[7]

A finales de marzo, Brooke se reunió con Eisenhower en lla orilla del Rin para observar cómo Monty cruzaba el río. Para entonces, los ejércitos alemanes en el lado occidental (lado del Día D, S. A.) del Rin habían sido destruidos. Brooke había sido el enemigo interno más importante de la estrategia de Ike. Ahora, al ver a sus fuerzas entrando en Alemania, Eisenhower recordó que Brooke dijo: «Gracias a Dios, Ike, que fuiste fiel a tu plan. Tenías toda la razón y lo siento […] los alemanes han sido vencidos. Solo queda esperar su rendición. Gracias a Dios que te mantuviste en tu posición».[8]

Brooke afirmó más tarde que Ike le malinterpretó. Aunque Eisenhower se equivocara al citarle, sin embargo, la idea «dio en el clavo», como dicen los británicos: Ike tenía toda la razón. Después de años de batallar con la oposición interna, al fin Eisenhower había utilizado su autoridad como gerente general para guiar a la organización en la dirección que él estaba convencido era la correcta. Como resultado, sus fuerzas fueron a través del Rin casi dos meses antes de lo previsto (los ingenieros del ejército pronosticaron que la riada primaveral sería demasiada intensa para permitir cruzar el río antes de mayo. Ike había guardado aquella información para sí: no quería que ninguno de sus ejecutivos pudiese utilizar el pronóstico como una excusa para equivocarse).

Una vez en el Rin, el Tercer Ejército de Patton empezó a avanzar más de cuarenta y ocho kilómetros al día, y el Primer Ejercito de de Hodges, que operaba inmediatamente en la retirada de Patton al norte, también se movía así de rápido. Fueron hacia el este y luego hacia el norte en un gran gancho de izquierda para encontrarse con el Noveno Ejército el 1 de abril. Sólo tres días después el Rin estaba rodeado, atrapando a más de 325,000 alemanes y eliminado la industria pesada de Alemania de la competición. Alemania estaba acabada: tenía a todo su personal agotado y su industria paralizada, se había quedado sin combustible y sin líneas de suministros, atrapada entre Día D, S. A. y el Ejército Rojo. En un mes ya no quedaba nada más que papeleo para cerrar todas las maniobras alemanas.

Los principios de abril también fueron significativos por otras razones: Día D, S. A. llegó a Ohrdurf-Nord, un subcampo de Buchenwald que fue el primer campo de concentración al que entraron los estado-unidenses. Los guardias habían matado a más de cuatro mil prisioneros cuando los alemanes se retiraron, y sus cuerpos quedaron esparcidos por todo el campamento. Los guardias habían huido. Los prisioneros que habían sobrevivido no eran más que esqueletos descarnados. Les enseñaron a Ike las zanjas llenas de cuerpos medio desnudos en estado de descomposición. Se puso pálido cuando visitó Ohrdruf-Nord; Patton vomitó.

Sesenta y cinco años más tarde, todavía hay idiotas que niegan el Holocausto. Si algunas mentes modernas solo pueden tratar con la brutalidad de los nazis negando que hubiese ocurrido, imagina lo devastador que fue para los estadounidenses enfrentarlo en el acto. Eisenhower, que era capaz de mirar hacia el futuro incluso cuando afrontaba una crisis, hizo que la prensa entrase en los campos inmediatamente. También hizo que entrasen los ministros británicos del parlamento y los miembros del congreso estadounidense a ver los campos. Quería pruebas de las atrocidades «puestas delante del público británico y estadounidense en una forma que no dejaran lugar a dudas cínicas».[9]

Eisenhower escribió a George Marshall: «La evidencia visual y el testimonio de la brutalidad, crueldad, y bestialidad fueron tan impactantes que me dejaron enfermo. [...] Hice la visita deliberadamente con el fin de estar en condiciones de dar pruebas de primera mano de estas cosas por si alguna vez, en el futuro, se desarrollara una tendencia a tachar estas alegaciones refiriéndose a ellas meramente como "propaganda"».[10]

El 13 de abril, el parte de bajas de la marina estaba encabezado así: ROOSEVELT, Franklin D., comandante en jefe.[11] Roosevelt, el trigésimo segundo presidente de Estados Unidos, había muerto el día anterior, el 12 de abril de 1945. Como comandante en jefe, era el jefe supremo del Ejército. Y había trabajado como presidente de la junta de Día D, S. A. Gracias a la Constitución, el plan de sucesión de Estados Unidos de América es como una roca sólida. Harry S.

Truman se convirtió en el trigésimo tercer presidente. A pesar de que los estadounidenses que formaban parte de la mayoría de Día D, S. A. estaban horrorizados y tristes, continuaron, totalmente dispuestos a acabar su misión. La muerte de FDR no retrasó el progreso ni un minuto.

No obstante, hubo que librar una última batalla política dentro de Día D, S. A. Churchill había dicho: «Hay una cosa peor que luchar con los Aliados, que es luchar sin ellos». En este contexto, «con» significa «al lado de». Sin embargo, en la historia de Día D, S. A. «luchar con los Aliados» significa luchar «contra» tus propios aliados. Eisenhower había escrito a un compañero del Departamento de Guerra en enero de 1943: «Una de las fuentes constantes de peligro para nosotros en esta guerra es la tentación de considerar que nuestro primer enemigo es el compañero que debe trabajar con nosotros para defendernos del enemigo real».[12] A pesar de que Ike reconoció el problema y trabajó incansablemente para resolverlo, había una batalla final en ciernes que librar, y era extraordinaria. En una palabra: Berlín.

Eisenhower, como todo el mundo en Día D, S. A., desde la junta directiva hasta los soldados en el campo de batalla, pensaba que el objetivo geográfico final era Berlín. Había dicho a Montgomery varias veces: «Está claro que Berlín es el primer premio».[13] Cuando las realidades en el terreno cambiaron, cambió también la sensación de Eisenhower respecto a Berlín. En marzo de 1945, esta era la situación tal como la veía él:

- Capturar a Berlín no le ayudaría a triunfar en su misión. Destrozar la capacidad militar significaba eliminar a sus ejércitos.
- En la Conferencia de Yalta de febrero, FDR, Churchill, y Stalin, todos de la junta de Ike, habían acordado el reparto de las zonas de ocupación de Alemania para Estados Unidos, Gran Bretaña, y la Unión Soviética. Berlín estaba en el interior de la zona soviética.

- Los soviéticos se encontraban a cincuenta kilómetros de distancia del este de Berlín. Día D, S. A. estaba a unos trescientos veinte kilómetros de distancia del oeste.
- Los soviéticos disponían de 1,250,000 hombres y 22,000 piezas de artillería pesada preparada para el ataque final a Berlín. Día D, S. A. no pudo entregar esa clase de recursos a Berlín, pero aun así completó los otros temas de su agenda.

A pesar de las realidades estratégicas y el hecho de que los soviéticos estaban a punto de tomar la ciudad, los británicos querían desesperadamente capturar Berlín, al igual que la mayoría de los estadounidenses que trabajaban para Eisenhower. Churchill comprendió la maraña de la política europea mejor que cualquier hombre vivo: se dio cuenta de que a medida que Alemania se desangraba, la Unión Soviética se iba convirtiendo en el competidor geopolítico de Estados Unidos y Reino Unido. Cuanto más lejos hacia el este pudiera ir Día D, S. A., tanto más fácil sería la vida en el mundo de la postguerra.

Churchill también quería tomar Berlín como un orgullo nacional. Inglaterra había sufrido largo y duro en manos de los alemanes. El país había luchado solo y sin ayuda contra los nazis durante dos años, ensangrentado, pero negándose a rendirse. Inglaterra se merecía su victoria en Berlín.

Monty, por supuesto, tuvo visiones de cabalgar triunfal hacia el interior de Berlín. Era lógico que el primer hombre que venciera a los alemanes en El Alamein fuera el hombre que entrara a caballo en Berlín para su derrota final. Los generales estadounidenses Patton, Hodges y Simpson también pensaban que un estadounidense debía mostrar el camino a Berlín: según su punto de vista, de no ser por la intervención estadounidense, Monty habría perdido la cruenta guerra.

Pero Eisenhower no veía el sentido de tomar Berlín. Pidió a Bradley una estimación del «coste» de la captura de la ciudad. Bradley estimó 100,000 bajas. (Se equivocó por un amplio margen: los soviéticos terminaron por absorber más de 300,000 bajas.) Y después Bradley añadió: «Es un precio demasiado elevado por un objetivo pretigioso, sobre todo cuando tenemos que retirarnos y dejar que otro se haga cargo».[14] Bradley sobreentendió que aunque los Aliados tomaran Berlín, tendrían que entregar la ciudad a los soviéticos, ya que caía dentro de su zona: el precio era demasiado alto, y el objetivo era prestigioso, no estratégico. A Eisenhower nunca le importó el prestigio.

Cuando Ike miró el mapa, el objetivo estratégico era obvio: era Dresde, no Berlín. El Duodécimo Grupo de Ejércitos de Bradley estaba perfectamente posicionado para ir sobre la ciudad, y proporcionaba una ubicación lógica para unirse al Ejército Rojo. Actuó con decisión, envió a Stalin un mensaje el 28 de marzo diciendo que Día D, S. A. estaba dirigiendo sus operaciones hacia Dresde. Stalin estuvo rápidamente de acuerdo que Dresde era el mejor lugar de encuentro de las dos fuerzas. Monty, Brooke y Churchill se volvieron locos tratando de que la decisión fuese revocada. George Marshall respaldó a Eisenhower y estaba sorprendido de que los británicos no hicieran lo mismo. Después de todo el éxito que Ike había aportado a los Aliados, Marshall estaba molesto con la actitud británica y les informó de ello. Churchill escribió una carta directamente a Eisenhower, tratando de reorganizar la disposición de las tropas, pero Ike se negaba a desplazarse, y los británicos se dieron cuenta que era inútil seguir presionando. Día D, S. A. renunciaría al prestigio de Berlín y en su lugar se procedería a la eliminación de las fuerzas alemanas.

## EVITA EL EFECTO LAVADERO

- **No te vayas por mal camino**. No te interesa recoger trofeos como Berlín. Estás intentando vencer a la competencia. Esta es la única vez que hemos discutido esta estrategia, pero no podría ser más importante. Se aplica a la operación Market-Garden así como a la toma de Berlín. Si consideramos el número de bajas en Market-Garden, y la cantidad enorme de vidas que se salvaron cuando evitaron Berlín, puedes ver lo importante que es.
- **Un proyecto cada vez**. No dejes que el éxito «fácil» te lleve a pensar: «Ya que estamos, vamos a abordar también este objetivo». Un proyecto cada vez. Especialmente proyectos corporativos grandes.

La buena voluntad de Ike a la hora de discutir la estrategia pudo muy bien haber causado retrasos y añadido muertes en el pasado. Ahora su firmeza les ahorró a los Aliados por lo menos 300,000 bajas. Josef Stalin pagó el precio por Berlín. Stephen Ambrose escribió:

[Eisenhower] se negó a participar en una carrera contra los rusos hasta Berlín. Le criticaron mucho por esto. Sigue siendo su decisión más controvertida de la guerra; […] no tengo nada que añadir a este debate, excepto esto: llevo treinta años entrevistando a soldados estadounidenses, leyendo sus libros y memorias que no han sido publicados, carteándome con ellos. Todavía no he oído a uno solo de ellos decir que quería entrar en Berlín. Para los soldados, lo que destacó de la decisión de Eisenhower fue que él los puso en primer lugar.[15]

# ¿PRESTIGIO O BENEFICIO?

## EL BANCO DE AMÉRICA Y MERRILL LYNCH

El 14 de septiembre de 2008, cuando la crisis financiera estaba a punto de explotar en todos los mercados y en la conciencia colectiva de Estados Unidos, el Banco de América anunció que iba a comprar Merrill Lynch por más de 50,000 millones de dólares en acciones. La combinación del mayor banco de los consumidores en Estados Unidos, el Banco de América, con la gestión de riquezas de Merrill Lynch y 1.4 billones de dólares en activos parecía perfecta. Sin duda era preferible que Merryll Lynch se declarase en bancarrota, de modo que Bear Stearns y Lehman Brothers tuvieron poco tiempo antes de la declaración. Bajo el gerente general y presidente Kenneth Lewis, el Banco de América había tomado la costumbre de hacer adquisiciones grandes y un poco atrevidas, como la sociedad hipotecaria Countrywide, la entidad crediticia MBNA, y el FleetBoston Financial. Pero la adquisición de Merrill Lynch fue la cumbre.

En poco tiempo, sin embargo, Merrill Lynch perdió 15,300 millones dólares en el cuarto trimestre, y tuvieron que dar a los empleados de Merril primas por valor de 3,600 millones de dólares. (Cuando los accionistas del Banco de América votaron a favor de aprobar el acuerdo, no tenían conocimiento de las pérdidas que estaban a punto de producirse.) Las perdidas eran tan elevadas que el Banco de América tuvo que recurrir al gobierno para pedirle 20,000 millones de dólares como fondo de rescate.

Según un artículo de *Forbes*, aunque Lewis «al principio estaba ilusionado por comprar Merrill, no había tenido otra opción de parte de los reguladores federales cuando le instaron a seguir adeante con el trato incluso cuando las pérdidas de Merril empezaron a ser más grandes de los que se pensó en un principio».[16] Incluso sintiendo Lewis que no tenía muchas opciones, ¿eso le excusaba? No era responsable ante los reguladores, era responsable ante sus accionistas. Eisenhower estaba sometido a una gran presión de parte de su junta y de varios de sus ejecutivos para tomar Berlín. Pero comprendieron que su responsabilidad final ante sus accionistas (el público estadounidense y británico) le exigía evitar las inmensas pérdidas de la captura.

En la primavera de 2009, los accionistas del Banco de América estaban tan enfadados que Lewis se retiró de la presidencia. En un sorprendente anuncio a principios de octubre, aproximadamente un año después de que el Banco de América adquiriera Merrill, Lewis anunció que renunciaba a su puesto como gerente general.

## MOTOROLA E IRIDIUM

En noviembre de 1998, el proveedor de teléfonos vía satélite Iridium abrió sus puertas al mercado, con un respaldo de 6,000 millones de dólares de Motorola. Los teléfonos satelitales son lo último en dispositivos para hablar con cualquier persona desde cualquier lugar; son la clase de teléfono que necesitaría cualquier respetable y adinerado playboy (o aspirante a playboy) para estar en contacto con sus amantes alrededor del mundo.

Nueve meses después de su lanzamiento, se presentó una demanda de quiebra. Según *Forbes:* «La caída de Iridium: el aumento de los teléfonos móviles y las redes celulares. El absentismo de los agentes de atención al cliente y los molestos fallos en la web de la compañía (que hicieron casi imposible su uso) tampoco ayudó».[17]

Antes de dar a una empresa 6,000 millones de dólares, ¿no te asegurarías de que su servicio de atención al cliente funcionaba? Y cuando te metiste en el negocio, una mirada a la bola de cristal no hubiera estado mal: Motorola se benefició en gran medida del mercado de la telefonía móvil y eso ayudó a acabar con Iridium. El lujo de tener un producto de otro mundo era todo brillo y ninguna sustancia, igual que la incautación de Berlín sólo para darle la vuelta a la Unión Soviética.

## SUN MICROSYSTEMS Y STORAGETEK

Sun Microsystems, como el Banco de América, tenía un gran historial de adquisiciones, lo que incluía permitirse el lujo de firmar un acuerdo de 4,000 millones de dólares para adquirir la empresa de almacenamiento de datos de StorageTek en 2005. Sólo había un problema: «Las unidades de cinta de StorageTek fueron dise-ñadas para los ordenadores centrales, un negocio que no tenía nada que ver con las ventas de software y de servidores de Sun».[18]

StorageTek solo es una dentro de una larga serie de errores que Sun cometió a lo largo de los años, pero muestra un problema básico de la empresa: no se había concentrado en lo necesario. Había caído presa de las deslumbrantes ideas y de las fabulosas adquisiciones sin definir lo que necesitaba para su éxito. Ike sabía que Berlín no era necesaria para que Día D, S. A. tuviera éxito: derrotar a la competencia sí. Parece que Sun no tenía ni idea.

*Forbes* lo resumió así:

Como cualquier otra estrella para la que haya pasado su momento de glo-ria, Sun Microsystems tenía dos opciones: podía quemarse, o podía desaparecer. Si el pujante vendedor de servidores hubiese vendido su inde-pendencia a IBM por los 7,000 millones de dólares que le ofrecía el gigante tecnológico, el trato hubiese sido un triste final para un icono de Silicon Valley que en su momento estuvo valorado en más de 200,000 millones de dólares. [...] No es probable que les hicieran una mejor oferta, dado que Sun ya había estado postrándose a los pies de posibles compradores que declinaron pujar por su compleja mezcla de servidores, software y almace-namiento. [...] Los posibles salvadores serán sólo más cautelosos a la hora de hacer una oferta. No es probable que ninguno gaste más que la oferta de liquidación de IBM de 9.40 dólares por acción.[19]

La ofensiva hacia Dresde, igual que ocurrió en el sur de Alemania, en Austria y en Checoslovaquia, se puso en marcha, y en los últimos días de abril, los alemanes cayeron completamente destrozados. «Sus soldados en el frente oriental temían con razón ser capturados por el Ejército Rojo, y lucharon desesperadamente. En el frente oriental, se rendían ante el primer atisbo de las unidades Aliadas. Los civiles alemanes intentaron huir hacia el oeste para poder estar dentro de las líneas angloamericanas cuando llegase el final».[20]

El 30 de abril, el loco que empezó la guerra, Adolf Hitler, se suicidó, un adecuado y patético final. El sucesor de Hitler, el almirante Karl Doenitz, intentó negociar una rendición con Día D, S. A., y sólo con Día D, S. A. Doenitz consideró que su país estaría mejor en manos de los estadounidenses y los británicos. El presidente Truman, en un eco de la política de FDR, declaró que sólo una rendición incondicional a los estadounidenses, Reino Unido, Francia y la Unión Soviética sería admisible. Doenitz envió a distintos emisarios con su rendición.

Eisenhower rechazó un encuentro cara a cara con cualquiera de los emisarios alemanes hasta que se firmara un documento de rendición, una rendición ante todos los Aliados. Su jefe de negociación fue Beetle Smith, cuya abrupta y fuerte personalidad encajó a la perfección. Smith le insistió a cada negociador alemán que tenía que ser una rendición incondicional a los estadounidenses, británicos, franceses y soviéticos, o no sería nada. Al final, el principal negociador alemán aceptó. Éste recomendó a Doenitz que los alemanes se rindieran completamente a todas las partes. Doenitz estuvo de acuerdo.

A las 2:00 de la madrugada del 7 de mayo, Smith y su grupo de delegados, formados por oficiales británicos y franceses, junto con un inspector soviético, aceptaron firmar los documentos de rendición. Ike esperaba en su oficina, paseando y fumando. A las 2:41, Smith entró en la oficina de Eisenhower y anunció que la guerra en Europa se había terminado.

Como un miembro más del equipo hasta el final, Ike se reunió con los ejecutivos para tomar algunas fotos y después participó en un informativo corto y una grabación de radio para la prensa. Smith propuso escribir un comunicado para informar a todos los directores de la junta directiva. Los diferentes ejecutivos intentaron escribir el mensaje. Smith dijo: «Intenté escribir uno yo mismo, al igual que todos mis compañeros, busqué a tientas frases rotundas como un elogio apropiado a la Gran Cruzada y que representaran nuestra dedicación a la gran tarea que se acaba de cumplir». Eisenhower escuchó las «frases rotundas», dio las gracias a todo el mundo y dio el mensaje él mismo: «la misión de esta fuerza Aliada se cumplió a las 02:41, hora local, el 7 de mayo de 1945».[21]

Un mes después, Eisenhower se presentó en el homenaje a la Liberación de la ciudad de Londres: un homenaje que se remonta al año 1237. Ike dio un discurso en el ayuntamiento de Londres, con los principales políticos y personajes militares presentes. La aparición en el ayuntamiento fue triunfal. En este momento de victoria final y alabanza, Ike dijo: «La humildad debe siempre formar parte de cualquier hombre que obtenga la fama por medio de la sangre de sus seguidores y los sacrificios de sus amigos».[22]

## NOTAS DEL INFORME

### ESTRATEGIAS: DEFINE TU OBJETIVO, CÉNTRATE EN TUS OBJETIVOS

- **Si te dan una oportunidad, aprovéchala.** Sé dúctil en tu pensamiento, y deja algo de flexibilidad en tus planes: nunca se sabe cuándo algo como el puente de Remagen te caerá en las manos, algo que parecía malo, pero resultó ser increíblemente útil.

### ESTRATEGIA: EVITA EL EFECTO LAVADERO

- **No te vayas por mal camino.** No te interesa recoger trofeos como Berlín. Estás intentando vencer a la competencia. Esta es la única vez que hemos discutido esta estrategia, pero no podría ser más importante. Se aplica a la operación Market-Garden así como a la toma de Berlín. Si consideramos el número de bajas en Market-Garden, y la cantidad enorme de vidas que se salvaron cuando evitaron a Berlín, puedes ver lo importante que es.
- **Un proyecto a la vez.** No dejes que el éxito «fácil» te lleve a pensar: «Ya que estamos, vamos a abordar también este objetivo». Un proyecto a la vez. Especialmente proyectos corporativos grandes.

# DIEZ

# EVALUACIÓN DEL RENDIMIENTO Y RESUMEN

## Implementa las estrategias de Ike

Resumiendo la evaluación del rendimiento de Eisenhower, se puede decir que tuvo éxito en su trabajo.

Eric Larrabee escribió que la confianza que tuvo el presidente Roosevelt con Eisenhower «estuvo justificada muchísimas veces. A aquellos que sugieren que la guerra en Europa tenía que haber terminado antes hay que responderles que *realmente terminó pronto.* Todo se hizo en menos de un año. Ya se había obtenido la victoria para cuando los planificadores esperaban estar apenas en la frontera alemana, y ninguna de las propuestas para una victoria más rápida o más fácil son convincentes.»[1]

Ike tuvo un magnífico éxito en su trabajo. Creó la organización militar más grande que jamás haya existido. Marcó el paso para que Día D, S. A. consiguiera lanzar las tres grandes invasiones anfibias más importantes de la historia: Torch (norte de África), Husky (Sicilia) y Overlord (Normandía). Nadie antes (o hasta entonces) había emprendido un proyecto tan complejo, tan duradero, de ramificaciones tan enormes como Overlord.

Eisenhower fracasó a la hora de controlar a Montgomery, y esto llevó al desastre de la Operación Market-Garden.

Pero tuvo éxito en:

- Comprometerse completa y totalmente con el equipo aliado.
- Empeñarse en ser optimista y tener confianza en Día D, S. A.
- Exigir el plan de transporte antes de Overlord.
- Desplegar a las divisiones aéreas de EUA en el interior de la playa de Utah.
- Elegir a Bradley por encima de Patton como comandante de las fuerzas de tierra de EUA.
- Ver a la batalla de las Ardenas como una oportunidad.
- Actuar con agresividad para aprovechar la oportunidad.
- Ceñirse a su frente amplio, una estrategia de alta movilidad.

Nadie puede hacerlo todo perfecto, pero Ike lo hizo a la perfección cuando fue necesario. Stephen Ambrose resumió a Eisenhower de esta forma: «Era el general más exitoso de la guerra más grande jamás lidiada».[2]

## El lado negativo de la balanza

Eisenhower fue a menudo un pobre comunicador, dejando a la gente con interpretaciones opuestas sobre lo que quería decir o lo que esperaba. Se esforzaba demasiado en ser inclusivo, en escuchar cualquier punto de vista que cualquiera tuviera que ofrecerle, incluso cuando lo había escuchado muchas veces antes. A menudo se le olvidaba de que no era una figura paterna o un psicólogo: era el jefe. Puesto que quería dejar a sus generales un espacio para su propia iniciativa, sus órdenes no siempre estaban claras. A medida que la guerra avanzaba, sin embargo, su tolerancia para escucharlo todo de todo el mundo disminuyó: se convirtió en alguien más decidido y más claro sobre la naturaleza de sus opiniones. Sus ejecutivos estadounidenses no tenían ningún problema para seguir siendo creativos sin dejar de cumplir sus órdenes.

El fracaso más grande de Ike como jefe fue su falta de concentración. Afortunadamente, no le ocurría a menudo, y nunca perdió la concentración en tal manera que amenazase la supervivencia y el éxito final de la organización. Sin embargo, la Operación Market-Garden fue un fracaso antes de su lanzamiento, porque incluso aunque hubiera tenido éxito, Día D, S. A. no hubiese conseguido su objetivo: un puerto de agua profunda para los suministros. Eisenhower quería ser agresivo y atacar: quería utilizar la élite de la División Aérea; quería que Monty se desplazase rápido. Pero Ike perdió la pista de lo que realmente necesitaba. También ignoró a su personal subordinado, olvidando que Monty siempre prometía la Luna pero luego entregaba algo mucho más pequeño.

## El lado positivo de la balanza

Eisenhower podría haber administrado a su personal con mano dura. Después de todo, era el Comandante Supremo. Pero le gustaba el trabajo en equipo: estaba convencido de que el único camino a la victoria era a través de la alianza. Nunca desempeñó el papel de un director general imperial, ni siquiera cuando tuvo las mejores condiciones para hacerlo.

A pesar de su compromiso total con el equipo, cuando llegó el momento de tomar una decisión Ike lo hizo con firmeza. Escuchó a todos los hombres de la sala a la hora de decidir si poner o no en marcha Overlord, y aun les volvió a escuchar de nuevo cuando el mal tiempo le obligó a reconsiderar su decisión.

Eisenhower fue el responsable en todo el significado de la palabra: asumió *toda* la culpa. ¿Alguna vez alguien ha escrito una nota como la de Eisenhower el 5 de junio, aceptando la culpa de la posible catástrofe del proyecto de Día D: «Si algún reproche o culpa va ligado al asalto es sólo mío»?

Era optimista siempre, por lo menos en público. En privado estaba preocupado y perdía la calma, pero cuando trataba con su personal, con su junta y, especialmente, con sus tropas, estaba tranquilo, confiado y optimista.

Ike mantuvo su ego fuera del proceso. No se molestó en arreglarse el aspecto para la prensa como hicieron Monty o Douglas MacArthur. Cuando Día D, S. A. tuvo éxito, Eisenhower se apresuró a señalar a los hombres que lo había hecho realidad: su equipo ejecutivo aliado.

Una de las formas de evaluar el éxito de un gerente general es seguir la pista de su carrera profesional. Después de marcharse de una compañía, ¿se llevó su éxito a algún otro sitio? Bob Nardeli fue despedido de Home Depot debido al descontento de los accionistas, obtuvo el primer puesto de Chrysler y presidió la bancarrota del fabricante de coches. Carly Fiorina era la jefa de Hewlett Packard e intentó comprar PricewatherhouseCoopers; cuando votaron en contra de la adquisición, luchó una dura batalla con algunos miembros de su junta para adquirir Compaq, y la echaron de su puesto de gerente general. Desde entonces, no trabajo más como gerente general.

Tras su mandato como gerente general de Día D, S. A., Eisenhower fue nombrado número uno de la Armada de EUA, en noviembre de 1945, reemplazando a su jefe de la Segunda Guerra Mundial, George Marshall.

En 1948, fue nombrado presidente de la Universidad de Columbia en Nueva York.

En 1950, le llamaron de nuevo al ejército y fue nombrado comandante en jefe de las fuerzas de OTAN. Era la elección más evidente como «fundador» gerente general de las fuerzas del Ejército *Aliado* de la OTAN.

Y, por supuesto, en 1952, cuando casi todo el mundo decía «I Like Ike» («Me gusta Ike»), y fue elegido presidente de Estados Unidos con el cincuenta y cinco por ciento de los votos y una amplia mayoría en el colegio electoral. A los estadounidenses aún les gustaba Ike en 1956, cuando fue elegido de nuevo con una mayoría del cincuenta y siete por ciento de los votos, con más de un quince por ciento de margen sobre su rival, y otro resultado desequilibrado en el colegio electoral.

El historial de Eisenhower como gerente general de Estados Unidos fue importante, a pesar de que no hizo prácticamente nada por los derechos humanos y casi nada por detener la viciosa caza de brujas anticomunista del senador Joseph McCarthy (senador republicano por el estado de Wisconsin). Pero Eisenhower retiró a Estados Unidos de la guerra de Corea a los cinco meses de su nombramiento. Cinco meses. ¿Tan asombroso es eso? Bueno, Harry Truman comenzó la guerra y dos años y medio más tarde, cuando acabó su mandato, había sido incapaz de detener el combate. John F. Kennedy y Lyndon Johnson intensificaron la guerra en Vietnam sin saber cómo acabarla. Gerry Ford, siguiendo las políticas de Richard Nixon, al fin acabó con la guerra de Vietnam después de cinco años. George W. Bush nunca averiguó cómo sacar al país de Afganistán o de Irak. Cuando comparas el logro de Eisenhower con estos otros presidentes, es milagroso.

El mandato de Ike no fue del todo firme en cuanto a los asuntos extranjeros, pero supo mantener a sus compatriotas tranquilos durante los primeros años de la Guerra Fría, y finalizó su mandato cuando decidió no entrar en las aventuras anticomunistas de la bahía de los Cochinos y Vietnam (a veces, lo que no haces es igual de importante que lo que haces).

A nivel nacional, Ike tuvo dos grandes éxitos. Desde FDR y la Gran Depresión sólo dos presidentes han llevado sus mandatos con presupuestos equilibrados: Dwight Eisenhower y Bill Clinton. Y mucho más que un presupuesto equilibrado, y más positivo a largo plazo, fue que Eisenhower liderara el único, más grande y más exitoso programa de obras públicas de la historia de Estados Unidos: el Interstate Highway System (Sistema Interestatal de Autopistas). La construcción duró treinta y cinco años, y con un mantenimiento constante, continuas reformas y la construcción de nuevas autopistas, el sistema todavía se mantiene en el programa de obras públicas del siglo XXI, creando empleo y un gigantesco y beneficioso efecto dominó en toda la economía estadounidense.

Los éxitos de Eisenhower como presidente:

- Consiguió un armisticio en Corea en cinco meses. (Establece una misión, céntrate en tus objetivos.)
- Lideró el Interstate Highway System. (Prioriza, planifica para el éxito, planifica para implementar.)
- Equilibró el presupuesto. (Planifica para implementar.)
- Evitó entrar en la bahía de los Cochinos. (Céntrate en tus objetivos.)
- Se mantuvo fuera de Vietnam. (Céntrate en tus objetivos.)

Un excelente récord que la mayoría de los colegas que vinieron después de FDR envidarían. Estos puntos de la lista son la prueba del uso de, al menos, algunas de las diez estrategias empresariales que Eisenhower utilizó como gerente general de Día D, S. A. Vamos a acabar nuestra evaluación de Ike como director ejecutivo repasando su ejecución de esas estrategias:

## Estrategia número uno: Define tu objetivo

Seguramente, alguno de ustedes que están leyendo esto pensará que una misión no es una estrategia. Estrategia es algo que tú planificas para cumplir tu misión. Las estrategias están para servir a la misión. De acuerdo, probablemente todo esto sea correcto. Pero definir y entender tu misión es un ejercicio estratégico. Sin conocimiento real de tu misión, todos los otros ejercicios estratégicos, como fijar las metas, planificar y comunicar, no tienen sentido. Entonces quizás, en el sentido estricto, tener una misión no es lo mismo que tener una estrategia: pero no puedes tener una estrategia sin tener una misión. Es el Big Bang de todas las estrategias, y por lo tanto pertenece a esta conversación.

El otro punto que tienes que recordar cuando se trata de la misión de la organización es que *la misión no es lo mismo que la declaración de objetivos*. Jack Trout escribió en *Forbes*: «Afortunadamente, la mayoría de las empresas ponen sus declaraciones de objetivos en marcos de oro y las cuelgan en sus vestíbulos, donde los altos directivos las ignoran».[3] La declaración de objetivos tiende a ser poco concisa; son ideas desigualadas que pueden o no justificar la razón de existir de la organización. Algunos incluyen cientos de palabras en múltiples frases y todavía no consiguen describir el principal objetivo de la empresa.

El presidente de la junta de Día D, S. A., el presidente Franklin D. Roosevelt, declaró que los Aliados buscaban una «rendición incondicional» de sus enemigos. Aplicada especialmente a Día D, S. A., una rendición incondicional significa «vencer a los alemanes con las fuerzas aliadas».

No había palabrería sobre el aumento del valor de las acciones en X porcentaje anualmente. Nada sobre innovación, o pasión, o trato imparcial, empleo o servicio de atención al cliente. Todos estos valores se incluían dentro de la misión y no requerían declaraciones explícitas. En pocas palabras, la misión manifestaba el objetivo (vencer a los alemanes) y la metodología esencial (con las fuerzas aliadas). Eisenhower les recordó que su organización necesitaba seguir creciendo para conocer sus retos. No necesitaban declaraciones explícitas sobre la innovación, su campo de competencia estaba lleno de innovaciones tecnológicas:

- Los alemanes construyeron y lanzaron los primeros misiles (V-2) y los primeros reactores, y se esforzaron en construir la primera bomba atómica.
- Los británicos crearon puertos artificiales, inventaron el radar, y descifraron los códigos alemanes.
- Los estadounidenses diseñaron todo tipo de lanchas de desembarco, aviones y vehículos que no habían existido hasta el 7 de diciembre de 1941, pero que no fueron empleados, en muchas ocasiones, hasta dos años y medio más tarde en el Día D.

No le tenían que decir a Ike que tuviera «una pasión por la excelencia»: él fue la persona que nombró la misión de Día D, S. A. como «la gran cruzada». No le tenían que hablar del trato justo o la atención al cliente. Ike se aseguró de que siempre que fuera posible las tropas francesas fueran las primeras en liberar todos los poblados franceses, incluido París. Y la última cosa que él o cualquiera de sus ejecutivos necesitaron recordar fue lo valiosos que eran sus empleados. Eisenhower nunca tomó una sola decisión a lo largo de la guerra sin tener en cuenta el peso del coste de la vida humana.

Vamos a echar un vistazo a una corporación grande y contemporánea para ver cómo se ocupa de comunicar su misión: aquí está la misión de la Ford Motor Company[4] en su página web en octubre de 2009:

## UN FORD

Un equipo * Un plan * Un objetivo

## UN EQUIPO

Personas que trabajan juntas como una empresa global y eficiente para el liderazgo del sector de la automoción, evaluadas por:
*los clientes, los empleados, los comerciantes, los inversores, el sindicato y la satisfacción de la comunidad.*

## UN PLAN

- Reestructurarnos con iniciativa para operar de manera rentable con la demanda actual y cambiar el modelo conjunto.
- Acelerar el desarrollo de los nuevos productos que los clientes demandan y valoran.
- Financiar nuestro plan y mejorar nuestro estado de cuentas.
- Trabajar juntos con eficacia como un equipo.

## UN OBJETIVO

Un Ford apasionante y viable que proporcione un crecimiento
rentable para todos.

Yendo por partes, recuerda que esta es la única empresa de los grandes de Detroit que no había declarado la quiebra en 2009, y en enero de 2010 incluso anunció un beneficio: esos son importantes resultados. Es difícil imaginar, no obstante, que la misión fuera lo que les mantuviese alejados de la bancarrota. La misión de Ford nos explica cómo marchará la empresa y el tipo de resultados que esperan conseguir. Esta misión no le cuenta a nadie lo que la empresa esperar hacer para logar el éxito. Ni siquiera especifica lo qué la compañía hace. Sí, la palabra *automoción* aparece en la sección «Un equipo», pero eso puede referirse a, seguros, financiación, servicios de mecánica o reparación de las partes del automóvil, o a lo que *realmente* hace Ford, que es diseñar, construir, vender, y mantener coches y camiones. Si Ford me hubiese dado a mí el poder absoluto de redefinir su misión, pondría lo siguiente:

*Para diseñar, construir, vender y conservar los mejores coches y camiones del mundo.*

Todas las palabras de la actual misión de Ford se derivarían de esta misión. Pero Ford puso su declaración de intenciones antes del automóvil. Esto podría explicar por qué Ford está mejor económicamente que sus hermanos de Detroit, apenas competentes, y aún se mantiene alejado de Toyota y de Honda con un significativo margen.

Olvídate de la palabrería. Tu declaración de intenciones no es tu misión. Haz saber tu misión en los términos más básicos, mejor en palabras de una o dos sílabas recogidas en una frase o dos. Después no pierdas el tiempo embelleciendo tu lenguaje y poniendo tu misión en las paredes. Si tu misión es simple, es más fácil de entender y más fácil de aceptar. Y con más posibilidad de triunfar.

## Estrategia número dos: Planifica para el éxito

Este tipo de planificación significa tomar una decisión de muy alto nivel: comprometerse a ir por un camino porque las ofertas de este camino son las mejores (o las únicas) posibilidades para el éxito. No es el tipo de planificación que te dice cómo andar por el camino que hayas elegido: trata sobre lo que necesitas que ocurra en la visión global. No quiero parecer negativo, pero en esta etapa de la planificación necesitas hacer la primera evaluación de riesgos. Esta evaluación aun se puede hacer de manera general, y puede ser tan simple como: «¿Podemos sobrevivir si esto sale mal?» Por cierto, si la respuesta es no, debes encontrar otro camino. Si no hay otro camino, tienes que modificar el único que exista para reducir el riesgo. Un vistazo rápido a la crisis financiera de 2008-2009 muestra que muchas instituciones financieras no se preocuparon por la cobertura de riesgos crediticios.

Antes de que Eisenhower tomara el puesto de gerente general de Día D, S. A., había trabajado diseñando los planes de la guerra para George Marshall en Washington. Aquella época le convenció de que la única forma de derrotar a Alemania era competir cara a cara, y la única forma de conseguirlo era entrar por el norte de Francia a través del Canal de la Mancha. Marshall estuvo de acuerdo con él, igual que hizo Josef Stalin. Roosevelt también creía que era la estrategia más efectiva, pero era menos contundente que los demás. ¿Podría haber sobrevivido Día D, S. A. si Overlord hubiese fracasado? Sí, hubiese sido muy desagradable, pero se podía sobrevivir al fracaso. Cuando hicieron la pregunta a la inversa, «¿Podemos permitir continuar las maniobras si no nos arriesgamos en Overlord?», Ike y su junta contestaron: no. Se estaban perdiendo demasiadas vidas en los territorios ocupados, en los campos de concentración y en el campo de batalla a medida que la guerra avanzaba sin Overlord.

La planificación para el éxito que llevó hasta Overlord es similar a la BMW, Honda, Toyota y otros fabricantes de automóviles fuera de Estados Unidos que decidieron que si iban a aumentar la cuota de mercado y las ganancias en Estados Unidos, necesitaban construir plantas de fabricación allí mismo. En aquel momento, una de las ventajas que tenían los automóviles fabricados en el extranjero era su mejor calidad; el miedo era que los Toyota y los Honda manufacturados en EUA podían hacer perder a estas compañías su buena reputación por la calidad. Aquel riesgo no se podría tolerar. Los fabricantes extranjeros construyeron sus plantas, formaron a sus empleados y fabricaron automóviles hechos en Estados Unidos de la misma calidad que si estuvieran hechos en el extranjero.

De la misma manera, GM y Chrysler fracasaron al planificar para el éxito, porque no diseñaron ni fabricaron automóviles comerciales con un consumo eficiente de combustible. Cuando los precios del petróleo se dispararon y se estancaron las ventas de los lucrativos SUV y de las camionetas, esas empresas no tenían otra alternativa para un público demandante. La prueba fue cuando el Departamento de Transporte lanzó el programa «Cash for Clunkers» durante el verano de 2009; los diez primeros automóviles que se intercambiaron eran de Chrysler, Ford, y GM. Ninguno de los diez primeros automóviles comprados con el cheque del gobierno fueron de Chrysler o de GM. Ford pudo colocar dos de sus modelos en la categoría de los más vendidos.

La decisión de Amazon de erigirse en tienda virtual fue una muestra más de esta planificación con una gran visión. Lo que hizo que la idea tuviera éxito fue la utilización de la tecnología de Internet para eliminar la necesidad de tener un escaparate, catálogos impresos, o servicio de atención al cliente. Eso permitió a Amazon bajar los precios, y su página web permite al cliente vivir una experiencia única: les da la bienvenida a los clientes por su nombre y les permite rastrear sus pedidos anteriores, y les hace sugerencias sobre qué comprar basándose en las compras anteriores o en sus búsquedas de productos en la web. Se hace todo esto desde la comodidad del cliente en su propia casa, sin preocuparse sobre el aparcamiento o por tener que entenderse con dependientas que pueden o no saber lo que quieres. No hay que llamar a un número de teléfono (como ocurre hoy en día con muchos sitios web). La gente de Amazon pensó a lo grande y creó una experiencia para el cliente completamente nueva. Como Ike, Amazon fue directamente al corazón de su competencia y aseguró su futuro.

Planifica para el éxito. Responde a la pregunta: *¿Cómo vamos a conseguir nuestra misión?*

## Estrategia número tres: Céntrate en tus objetivos

Céntrate en lo que necesitas para tener éxito y consíguelo. Cuando enfocas una cámara ajustas la lente hasta que la imagen que estás viendo se vuelve precisa y clara. Cuando te enfocas estratégicamente, haces el ajuste evaluando la necesidad. Cualquier cosa que no entra en la «necesidad» no debe estar dentro de tu enfoque.

Con Overlord, su primera necesidad fue disponer de suficientes lanchas de desembarco para traer las tropas necesarias a tierra. La fecha original de Día D había estado programada para mayo de 1944, pero Ike rápidamente se dio cuenta de que otro mes más de producción le permitiría tener a su disposición muchos más efectivos para luchar contra su sólida competencia. Aplazó la fecha un mes.

Otra necesidad de Overlord era la situación de los suministros. Overlord tenía la intención de desembarcar una inmensa cantidad de hombres y vehículos en Francia a con una gran rapidez. Todos estos hombres necesitaban ser alimentados y vestidos. Y todos necesitaban munición para sus armas. Sus vehículos necesitaban gasolina y piezas de recambio. Suministrarlos se convirtió en un desafío más grande a medida que el tiempo iba pasando y sus números crecían.

Cherbourg era el puerto más cercano a Overlord. Puesto que el puerto era necesario para ocuparse del reto de los suministros, Eisenhower decidió colocar la punta más occidental de Overlord en la playa de Utah: la playa más cercana a Cherbourg que todavía estaba adecuada para Overlord. Pero Utah estaba lejos de ser una playa ideal; las fuerzas que desembarcaron allí estaban expuestas a ser fulminadas por la oposición debido a los contornos de la playa. La solución: la División Aérea haría lanzamientos en apoyo a Utah. Esta cadena completa de decisiones se centraría en la misión, porque cada decisión respondía a una necesidad. Las tropas necesitaban suministros; los suministros requieren un puerto de llegada; la playa de Utah era imprescindible para poder llegar cerca de Cherbourg. Los desembarcos de la división aérea eran imprescindibles para asegurar Utah.

Durante la batalla de las Ardenas, Eisenhower tomó una cadena similar de decisiones basadas en las necesidades para que el Día D, S. A. tuviera éxito: Bastogne debía ser tomada, así que envió a las Divisiones Aéreas 101ª y 82ª a tomarla; la 101ª tenía que liberar Bastogne, Ike hizo que Patton se retirase de un combate y que avanzase en dirección norte hacia Bastogne; se tuvo que retener a las tropas de reserva para utilizarlas en el momento y el lugar oportunos, por lo que Eisenhower se vio obligado a rechazar muchas peticiones de refuerzo para poder guardar y aprovechar el poder de las fuerzas de reserva.

Por el otro lado, el fracaso más grande de Eisenhower en la guerra fue la Operación Market-Garden, ocasionada por una espantosa falta de enfoque. Lo único que Ike y Día D, S. A. tenían que hacer en esta fase de la guerra (septiembre de 1944) era conseguir el puerto de Amberes en buen estado (el problema de suministro seguía amenazándoles). En vez de hacer que su subordinado, Montgomery, tomase Amberes, Ike aprobó la operación Market-Garden. El plan, aunque hubiera tenido éxito, no hubiera alcnzado el primer objetivo que Día D, S. A. necesitaba: un puerto de aguas profundas para aliviar el problema de los suministros. Al final Eisenhower y Monty gastaron miles de vidas y destruyeron la utilidad de una fuerza de élite en una operación condenada al fracaso.

Recuerda, aquí estamos hablando de una necesidad. No es algo que fuese maravillosamente útil o fantásticamente lucrativo: *necesidad.*

No puedes vivir sin ello. Tu empresa no sobrevivirá, o los beneficios caerán bruscamente si se prescinde de ello.

¿Acaso los chicos de Enron necesitaban crear todos aquellos elaborados negocios artificiales para hacerse hasta con la última gota de beneficios? Enron era rentable antes de todos aquellos juegos de manos, y ahora la empresa ya no existe. Es difícil que un negocio falso necesite un test de necesidades. Hablando de Enron, ¿qué podemos decir de los auditores de Arthur Andersen? ¿Necesitaban tanto los negocios de Enron que tuvieron que cubrirse los ojos para no ver el corazón de las tinieblas? Puesto que ahora Andersen también está acabado, es imposible creer que para conservar un cliente, no importa lo grande que fuese, tuviera que hacer un test de necesidades.

Más recientemente, Bear Stearns era un exitoso banco de inversiones que permitió que un número relativamente pequeño de sus empleados estuvieran expuestos a unos riesgos gigantescos y letales para poder obtener *más* beneficios. Bear hubiera sido rentable sin correr aquellos riesgos, pero eso no le impidió entrar en negocios peligrosos. Ese negocio acabó empujando a Bear Stearns a venderse a sí misma increíblemente barata. ¿Un incremento así de arriesgado de los beneficios tiene que ver con la definición de necesidad?

## Estrategia número cuatro: Prioriza

Haz lo que debas hacer para alcanzar al éxito: nada más importa, da lo mismo cómo sea de productivo. En los meses anteriores al lanzamiento de Overlord, Eisenhower luchó con su junta para obtener el control de todas las Fuerzas Aéreas aliadas que operaban fuera de Gran Bretaña. Día D, S. A. tenía su propia Fuerza Aérea para dar cobertura a las Fuerzas de Tierra, pero Eisenhower creía que Overlord *necesitaba* más. Quería implementar el «Plan de Transporte»: bombardear los centros de transporte claves para inmovilizar a gran parte a los alemanes y mantener sus refuerzos fuera de la cabeza de playa de Normandía.

Los ejecutivos al mando de los bombardeos estratégicos (ataques a las refinerías de petróleo y depósitos, fábricas de armas, bases militares en Alemania) querían continuar *su* misión, y consideraban que lo mejor para derrotar a los opositores alemanes era la destrucción de la base industrial alemana y la cadena de suministros. El bombardeo estratégico era muy productivo y se ajustaba a las estrategias de los Aliados para completar su misión global: vencer a los alemanes.

Los jefes de los bombardeos estratégicos tenían otro inconveniente contra el plan de transporte. Bombardear los centros de transporte cruciales de Francia significaba matar a muchos civiles franceses, la misma gente que Día D, S. A. pretendía liberar.

Eisenhower hizo que el Plan de Transporte fuese una prioridad absoluta. Para que Día D, S. A. lograse su objetivo, la organización tuvo que invadir Francia a través de las playas de Normandía. Una vez ahí, tenían que quedarse. Si los alemanes hubieran sido capaces de empujar a las fuerzas de Día D, S. A. de nuevo al agua, Overlord habría sido un fracaso. La mejor estrategia fue implementar el Plan de Transporte y mantener a los alemanes fuera de la cabeza de playa. Ike entendía el riesgo que corrían los civiles franceses pero consideraba que el Plan de Transporte era tan esencial para el éxito de Overlord (y para la posible liberación de los franceses) que por eso insistió tanto en llevarlo a cabo. Por primera y única vez durante el curso de la guerra, Eisenhower sacó su as de la manga. Informó a los miembros británicos de su junta de que si ellos no le daban el control de las fuerzas aéreas estratégicas para que pudiese implementar el Plan de Transporte, estaría obligado a dimitir. Ike ganó el forcejeo sobre las prioridades y le dieron el control de las Fuerzas Aéreas estratégicas. El Plan de Transporte fue implementado y el desplazamiento de los alemanes detrás de sus propias líneas se restringió en gran medida. Día D, S. A. aseguró la cabeza de playa, y el resto, como dicen ellos, es historia.

Cuando Michael Dell empezó a vender ordenadores personales hechos por encargo directamente a los clientes, invadió el territorio controlado por empresas como Compaq, IBM, Hewlett Packard y Apple: compañías gigantescas que construían y vendían ordenadores de modelos estándares con algunas opciones disponibles, de la misma manera que las empresas de automóviles fabrican coches. La innovación de Dell era que ofreció una serie de modelos de distinta base y una gran variedad de opciones que podían mezclarse y sincronizarse al antojo del cliente.

Puesto que Dell vendía directamente al cliente, podía a precios más bajos. Y financió sus productos con devoluciones gratuitas y servicios de entrega a domicilio en 24 horas. Para los clientes era una experiencia personalizada desconocida en el negocio de la informática en aquel momento, y Dell lo logró varios años antes de la llegada de Internet. En 2009, veinticinco años después de su inicio, Dell era el segundo mayor fabricante de ordenadores personales y el número treinta y tres en la lista de *Fortune*.[5] Michel Dell sabía cuáles eran las prioridades de la compañía y fue tras ellas.

## Estrategia número cinco: Planifica para implementar

Tus planes a implementar serán los que señalen cómo estás realmente manejando los proyectos para cumplir tu misión.

En el caso de Eisenhower, el plan de éxito era la invasión de Normandía. El plan a implementar fue Overlord, con sus miles de detalles necesarios, el tiempo cronometrado minuto a minuto y las largas cadenas logísticas que extendidas a lo largo del Atlántico. Y por todo el territorio de Estados Unidos.

Overlord incluyó las bases de cualquier plan de implementación: el quién, qué, dónde, cuándo y cómo de la operación.

*Quién*: cientos de miles de hombres tenían que estar entrenados para múltiples disciplinas, y para mantenerlos listos y asegurar que su formación estuviera aplicada a Overlord, hubo ejercicios de entrenamiento y ensayos hasta unas pocas semanas antes de la puesta en marcha de la operación.

*Qué*: enviar cinco divisiones, aproximadamente 150,000 hombres, a cinco zonas diferentes de playa que estaban extendidas a lo largo de casi cien kilómetros de terreno. Llevar a los hombres requiere una flota de cerca de cinco mil naves (la mayor armada en la historia del mundo), con todos y cada uno de los barcos cargados exactamente conel número preciso de personas y equipamiento, zarpando en el momento adecuado para llegar exactamente a la playa a su hora.

*Dónde*: la costa de Normandía. Lo suficientemente cerca de Inglaterra para ser manejable, pero más lejos que Calais para que Día D, S. A. pudiese aprovecharse del factor de sorpresa.

*Cuándo*: al amanecer del 5 o el 6 de junio de 1944, cuando la combinación de la marea, climatología y luz de la luna facilitase a Día D, S. A. las mejores posibilidades para lograr el éxito.

*Cómo*: la creación de una organización, Día D, S. A., capaz de manejar el quién, el qué, el dónde y el cuándo. El «cómo» siempre es la formación y el diseño de una organización capaz de cumplir el plan, esperando, así, cumplir también la misión para la que sirve el plan. El éxito pertenece a las organizaciones que, por suerte o por su estructura (preferiblemente por su estructura), son capaces de cumplir sus propios planes.

Cuando Fred Smith creó FedEx, creía que las rutas civiles de vuelo de la mayoría de los que transportaban cargamento aéreo eran poco rentables para el negocio de la mensajería. Se requería un sistema de carga aérea especial, sobre todo para el transporte de envío urgente.

Smith empezó con una inversión inicial de ochenta millones de dólares. El quién, qué, dónde y cuándo de su plan a implementar estaban, generalmente, dictados por el límite de ochenta millones de dólares. FedEx tuvo que invertir poco.

*Quién:* los pilotos y los controladores de transporte de cargas.

*Qué:* entregar pequeños paquetes y documentos durante toda la noche.

*Dónde*: en el Aeropuerto Internacional de Memphis. La historia de la compañía cuenta que Memphis «fue seleccionado por ser un centro geográfico que estaba cerca del objetivo de mercado de las ciudades para los paquetes pequeños. Además, el clima en Memphis era excelente y con poca frecuencia se cerraba su aeropuerto. También estaba dispuesto a realizar las mejoras necesarias para la operación y había espacios en hangares adicionales disponibles».[6]

*Cuándo:* las operaciones empezaron el 17 de abril de 1973, con el lanzamiento de catorce pequeños aviones desde el Memphis Internacional. «Aquella noche, Federal Express envió 186 paquetes a 25 ciudades estadounidenses de Rochester, Nueva York, Miami, y Florida».[7]

*Cómo:* la creación de FedEx, la organización que manejaba la carga aérea de una forma totalmente nueva. FedEx «fue el negocio de la información: sabía el origen, la localización real, el destino, la hora estimada de llegada, el precio y el costo de envío de la carga, y sabía que todo ello era tan importante como su rápida distribución. Otro principio aplicado en FedEx era asegurarse de que todos los empleados sentían que podían compartir el éxito de la compañía».[8]

Aproximadamente dos años después de que los primeros 186 paquetes fueran enviados, FedEx casi declaró la quiebra. Smith volvió a financiar la empresa y se ciño a su plan. Hoy en día, según la página web de la compañía, los ingresos anuales de FedEx llegan a más 35,000 millones de dólares, y dispone de más de 275,000 empleados en todo el mundo, con un volumen diario de más de 7.5 millones de envíos a más de 220 países. FedEx ahora dispone de más de 658 aviones, y utiliza más de 375 aeropuertos de todo el mundo, junto con más de 80,000 vehículos motorizados en su flota terrestre. El original que Smith quería implementar no tuvo un éxito repentino, pero finalmente lo consiguió. Valió la pena esperar.

## Estrategia número seis: Comunícate

Tienes dos públicos principales con los que debes comunicarte: con tu gente y con tu mercado. Si no te comunicas bien con tu gente no puedes implementar tu plan. El éxito se convertiría en un sueño inalcanzable.

Si no puedes comunicarte con tu junta, es casi imposible ganar su apoyo.

Si no puedes comunicarte con tu equipo ejecutivo, se convertirán en gerentes ineficientes.

Si no puedes comunicarte con tu plantilla, no puedes motivarlos. Y una plantilla desmotivada es tremendamente improductiva. Hay un viejo refrán que dice que entre el dicho y el hecho hay un trecho: muchas de estas otras estrategias hablan sobre el hecho. Pero esta habla del dicho.

Ike era eficaz a la hora de comunicarse con su junta, era directo y sincero sobre lo que él creía que serían los mejores intereses para Día D, S. A. Era respetuoso, aunque, no tuvo pelos en la lengua cuando no quiso poner en marcha Torch (norte de África), que fue la causa del retraso del lanzamiento de Overlord. Lo mismo ocurrió cuando tuvo que convencer a la junta de que le diese el control de las Fuerzas Aéreas estratégicas para el Plan de Transporte. Y otra vez, cuando quiso evitar la toma de Berlín (empleando trescientas mil vidas humanas en ello). Muy a menudo, Ike consiguió lo que necesitaba, y lo que quería, de su junta.

Sus comunicaciones con su equipo ejecutivo, en su mayor parte, eran excelentes. Eisenhower era abierto y directo, y escuchaba pacientemente a los demás; como resultado, el jefe de Ike, Leigh-Mallory, se empezó a preocupar más y más cada vez por los lanzamientos de la División Aérea cerca de la playa de Utah y la tasa de bajas. Estos lanzamientos se habían incluido por orden específica de Ike, pero Leigh-Mallory se atrevió a pedir a Eisenhower que cancelara esa parte de la operación, cosa que a la que Ike se negó. (Y después, cuando la operación fue un éxito, Leigh-Mallory se disculpó por añadir a Ike una larga serie más de preocupaciones.)

Eisenhower también se comunicaba bien con la mayoría de sus ejecutivos de campo. Como era de esperar, encontraba más fácil lidiar con sus compañeros estadounidenses, incluso con George Patton. Ike tuvo que corregir a Patton varias veces, pero Patton recibía el mensaje y actuaba en consecuencia, especialmente como ejecutivo al mando del Tercer Ejército de los EUA. Las comunicaciones sólidas no se limitaban a los ejecutivos estadounidenses en Día D, S. A. Eisenhower también tuvo una excelente relación con Sir Harold Alexander, su comandante en tierra en Sicilia. De hecho, Ike y «Alex» se llevaban tan bien que Alex fue la primera elección para comandante en tierra de Overlord. Por desgracia, Churchill rechazó esa idea, y Eisenhower se quedó con Montgomery, el único hombre de todo Día D, S. A. con el que nunca había podido comunicarse con éxito.

Toneladas de tinta se han derramado a lo largo de los años por los historiadores y los periodistas sobre la dicusión de Ike con Monty: yo mismo he derramado un poco en este libro. Parte de la culpa de que esta lucha de personalidades consiguiera tanta atención fue por el drama del conflicto. Mi razón particular para centrarme en el conflicto es que los fracasos suelen ser muy buenas ilustraciones, igual que los éxitos.

Las características personales de Ike, que funcionaron tan bien con los otros ejecutivos, (la sinceridad y la paciencia), funcionaron en contra de Eisenhower cuando se trataba de Monty. La arrogancia del Mariscal de Campo era impenetrable. Los muchos intentos de Ike de trabajar como un verdadero equipo con Monty lo hicieron vulnerable a la explotación (Montgomery solía redefinir las directivas de Eisenhower para satisfacer sus propósitos). Y Ike agravaba el problema al no tener una clara línea dura con Monty. Finalmente, durante la batalla de las Ardenas, después de dos años de acción ineficaz y fracaso de la comunicación con Monty, Ike se volvió contundente y directo. Quién lo iba a decir: el enfoque contundente funcionaba. Ike continuó con éxito aquella línea dura al dejar de comunicarse con Monty a menos que fuera absolutamente necesario, y entonces sus comunicaciones se volvieron directas. Sus días de lucha con Montgomery como compañero de armas se habían acabado.

El error de Eisenhower a la hora de comunicarse con sus colegas ejecutivos era que utilizaba el mismo enfoque con todos. Su estilo respetable y abierto funcionaba con el noventa y nueve por ciento de sus ejecutivos. Pero aquella afabilidad significaba que Ike se tomaba demasiado tiempo en personalizar un enfoque que funcionase con Monty, el último uno por ciento.

Ike estaba en su mejor momento con las fuerzas de primera línea. Tan a menudo como podía, los visitaba en sus bases, en los aeródromos justo antes de subirse a los aviones, en los puertos a la hora de embarcarse, y en los hospitales después de haber sido heridos. Su estilo abierto y respetuoso funcionaba de maravilla con ellos: el ingrediente mágico era la sinceridad. Eisenhower nunca se olvidaba de las familias que estaban en casa esperando a aquellos jóvenes o de los futuros que podrían tener por delante. Era fácil para él ser amable: estaba en su naturaleza. Era fácil hacerles saber su preocupación: la tenía en su corazón.

Eisenhower también destacaba en la comunicación en los escenarios públicos, a través de la prensa y con el pueblo estadounidense y británico, sus accionistas. Fue franco y sincero con los medios de comunicación y el público, así como con su tropa, que lo estimaba tanto por ello. Lo importante a recordar de su tipo de comunicación con las tropas de primera línea, la prensa, y sus accionistas y clientes es que no puedes fingir la sinceridad. Si realmente no crees que tu propia gente ocupa el primer lugar, no digas nada al respecto. La gente puede detectar a un hipócrita a miles de kilómetros de distancia.

Lee Iacocca era un consumado comunicador al mando de Chrysler cuando empezó en 1978. Sólo un año después de que Iacocca se hiciera cargo de la compañía, la empresa se enfrentó a la bancarrota. Salvar la compañía era sencillo: todo lo que Iacocca tenía que hacer era convencer a todo el mundo de cambiarlo todo. Convenció al gobierno federal para rescatar a la empresa con el respaldo 1,500 millones de dólares en préstamos. Al Tío Sam la idea de rescatar una empresa estadounidense de la quiebra le entusiasmaba tan poco en 1979 como en la época de la «Gran Depresión»; aún así Iaocca les convenció para hacerlo.

Se dirigió a los sindicatos y dijo que Chrysler no disponía de más puestos a veinte dólares la hora, pero disponía de puestos de trabajos a quince dólares la hora si le interesaba a alguien. Sí estuvieron interesados. Se ajustó su propio salario a un dólar al año. La comunicación fue simbólica: la mayoría de la gente sabía que Iacocca recibía acciones de Chrysler y se haría rico si la empresa se recuperaba, pero ellos respetaban que pusiera su dinero en favor de la empresa. Él y su equipo de ejecutivos recortaron los costes e introdujeron los K-cars, los automóviles de bajo consumo (una idea que había sido rechazada en Ford) y luego crearon el mercado de Soccer Mom con el lanzamiento del minivan (otra idea que Ford había rechazado), un producto que fue líder de ventas de automóviles durante veinticinco años. Iacocca se identificaba con la nueva Chrysler, que era la marca en la que los consumidores podían confiar. Miró a los ojos de los telespectadores y dijo: «Si pueden encontrar un coche mejor, cómprenlo».

Chrysler se recuperó rápidamente, y fue capaz de devolver todos los préstamos del gobierno siete años antes de lo previsto. Es un buen resultado en las comunicaciones de un gerente general que cobra un dólar al año.

## Estrategias número siete: Motiva a tu gente

De acuerdo, cuando llegas a la cuestión de motivar a tu gente, entras en un asunto muy delicado. ¿Cuál es la rentabilidad de la inversión de motivar a tu gente? ¿Cómo la mides? En tiempos difíciles, ¿cobrar el talón del sueldo no sería una motivación suficiente? He tenido el dudoso placer de trabajar para organizaciones que tienen esa actitud, y les puedo decir por experiencia que no es lo más conveniente para una compañía tomar ese tipo de posición con su gente. En empresas donde no importa la motivación, los trabajadores a través de los mandos intermedios suelen toman atajos en la calidad de sus trabajos, proporcionando un servicio deficiente de atención al cliente, pasando más tiempo en llamadas telefónicas personales y en almuerzos más largos, y lo peor de todo, se escapan de la monotonía de su trabajo navegando por Internet en vez de trabajar. Créeme, no importa lo mucho que vigiles a tu gente, hay muchas maneras posibles de librarse del trabajo duro. Y si pasas todo el tiempo controlando a tu gente para asegurarte de que hace su trabajo, ¿cuándo vas a hacer tú el tuyo? Vale más un poco de motivación que mucho control.

La emisión de comunicados corporativos que animen a tu gente como primer recurso de tu organización no es suficiente.

Tienes que ser tú mismo el que exprese lo que quiere. (Véase el apartado sobre «sinceridad» citado anteriormente en la estrategia número seis: comunícate.) Muchas empresas sostienen que sus empleados son importantes para ellos. La mayoría no actúan como si hubiesen creído sus propias palabras: probablemente porque no se lo creen.

En un momento de mi vida, hace muchos años, trabajé para una empresa de servicios muy grande. La organización hizo un gran número de afirmaciones sobre lo bien que se trataba a la gente. La paga era bastante buena, y los beneficios no estaban nada mal. Pero, por debajo de las políticas, siempre me pareció un lugar sin alma. Uno de mis vecinos era un socio de la empresa y viajábamos juntos al trabajo de vez en cuando. Una mañana nuestra conversación se desvió hasta este tema y me dijo que todo aquello de las «relaciones humanas» no tenían ni pies de cabeza. Le miré fijamente y le pregunté: «¿Si hubieses podido ganar dinero sin tener que contratar todo este personal, lo hubieras hecho, verdad?»

No dudó y respondió: «Por supuesto».

La gente era sólo un gasto para él. No es de extrañar que sintiera que la empresa no tenía alma.

Eisenhower, como discutimos en la estrategia anterior, consideraba sinceramente que Día D, S. A. tenía que ser una organización donde el personal fuera lo primero. Le exigieron un nivel de sacrificio en su desempeño laboral que, afortunadamente, no tiene igual fuera del ejército más allá de los servicios de emergencia como la policía y los bomberos. Pero los ejecutivos modernos no pueden descartar el ejemplo de Ike sólo porque el reto de la compañía no sea a vida o muerte. Las empresas se enfrentan a un reto menor, aunque intenso: buena vida y mala vida. Sería genial si las empresas eligieran la buena vida para sus empleados por razones altruistas, pero pueden elegir la buena vida y ser sinceros por razones comerciales. Desde mi experiencia personal, puedo decir que los trabajadores que reciben mejor trato son los más productivos. Los trabajadores que reciben mejor trato están mucho más dispuestos a enfrentarse a retos especiales que requieren más horas de trabajo o a la exigencia de una idea deslumbrante para un producto o servicio.

Pero no me hagas caso; mira a Eisenhower. Podía haber tomado la actitud de argumentar, sencillamente, que sus fuerzas debían hacerlo lo mejor posible porque eso les daba la oportunidad de sobrevivir. ¿Por qué demonios se tenía que preocupar por su moral, perdiendo el tiempo en motivarlos? Sin embargo, lo hizo. Se aseguró de que los soldados tuviesen los mismos permisos que los oficiales. Les dio un permiso a sus ejecutivos antes de que se quedaran sin fuerzas debido al estrés y la fatiga. Se preocupaba por las cosas pequeñas, como asegurarse de que los soldados pudieran tener acceso al transporte para actividades de ocio, de la misma manera que los oficiales, y de que el vino capturado estuviese distribuido por igual a todo el mundo. Y presionaba a sus ejecutivos a ser agresivos porque estaba convencido de que la acción agresiva salvaría más vidas al final.

Henry Ford, pionero en la fabricación de automóviles y el inventor de la producción en cadena, fue un importante innovador en los beneficios de los trabajadores. Quería pagar lo suficiente a los trabajadores de la cadena de producción para que, con el tiempo, pudieran permitirse comprar un coche fabricado por ellos mismos. Creó su propia clase de consumidores: un beneficio real para los trabajadores, ya que podían disfrutar de más salario y viajar en un coche nuevo de Ford, y un beneficio para la empresa porque vendería más vehículos y haría que los trabajadores estuviesen más contentos. (Más tarde, Ford luchó amargamente con los sindicatos, pero su actitud desde el principio fue la de compensar a los trabajadores, algo verdaderamente progresista.)

Ike también motivaba a la gente a través del ejemplo. En sus primeros días como gerente general de Día D, S. A., les dijo a sus ejecutivos que debían mostrar al mundo una actitud animada y optimista. Fue exactamente lo que hizo durante toda la guerra. El 14 de diciembre de 1944, en la conflictiva reunión durante la batalla de las Ardenas, Eisenhower les dijo a sus ejecutivos que no quería ver caras abatidas. En los últimos meses de la guerra Ike sufría mucho dolor. La rodilla que se había lesionado mientras empujaba un avión por encima de la línea de flotación le dolía constantemente. Tenía un quiste en la espalda que requirió cirugía. Y, como es normal para un hombre bajo una presión tan tremenda que estaba haciendo muy poco ejercicio, se agotaba casi siempre. Sin embargo, sólo el círculo íntimo de Ike era consciente de su dolor y fatiga. Cuando se manejaba con su junta, con su equipo ejecutivo de Día D, S. A., con su plantilla o con la prensa, desprendía energía y ánimo. En el momento en que se quedaba solo, se desplomaba en su asiento, agotado por el esfuerzo.

En abril de 1944, aproximadamente dos meses antes del Día D, Eisenhower escribió sobre la presión que implicaba Overlord. «Esta vez, debido a los riesgo involucrados, el ambiente es, probablemente, más eléctrico que nunca […]. Un buen sentido del humor y una gran fe, o bien una falta absoluta de imaginación, son esenciales para la cordura».[9]

Lo importante: no es suficiente decirle a la gente que se animen o mostrar una buena actitud, tienes que tenerla tú mismo. Y proyectarla. Mira el entusiasmo del fundador de Wendy's, el difunto Dave Thomas. O a los fundadores de la marca de helados Ben & Jerry's, Ben Cohen y Jerry Greenfield, que incorporaron su sentido de diversión a las buenas prácticas de su empresa y a la calidad de su producto.

## Estrategia número ocho: Maneja a tu gente

Hay un viejo refrán que dice que cuando los tiempos económicos se ponen difíciles, y los ejecutivos tienen que tomar medidas difíciles para salvar sus empresas: «No es personal, son negocios». Bueno, cuando se trata de manejar a la gente, es personal *y* también es negocio. Cuando se trata de talento, inteligencia, actitud y ambición, no todas las personas son iguales. (¿No sería aburrido si fuéramos todos los empleados y los gerentes de Stepford?) Esas diferencias pueden llegar a representar verdaderos retos para un gerente.

Eisenhower destacó a la hora de dejar de lado sus sentimientos personales hacia una persona y trabajar con él como compañero de equipo. Varios de los ejecutivos británicos que fueron asignados originalmente para su personal en Día D, S. A. fueron colocados allí por Winston Churchill y otros miembros de la junta en un intento deliberado para asegurarse de que Ike, el afable, pero supuestamente no estratégico, no fallase. Eisenhower era muy consciente de la razón de aquellas asignaciones, y las dejó a un lado, tratando a sus ayudantes británicos con respeto, como colegas y a menudo como amigos. Hombres como Sir Arthur Tedder y Sir Harold Alexander se convirtieron rápidamente en fanáticos y leales lugartenientes de Ike.

Otro aspecto destacado en Eisenhower era que detectaba y potenciaba el talento, independientemente de la antigüedad. Ascendió a Omar Bradley por encima de otros hombres con más antigüedad, e incluso le asignó al difícil de Patton a su cargo. Bradley resultó ser el mejor ejecutivo de campo de la guerra y, en honor a su servicio, en 1950 se convirtió en el quinto y último soldado al que le dieron el rango general de cinco estrellas (George Marshall, el más alto ejecutivo del Ejército de Estados Unidos, hizo lo mismo con Eisenhower: le ascendió de mero hombre de alto rango hasta el puesto de director general de Día D, S. A.)

En 1984, Barry Diller renunció como presidente de Paramount Pictures. El poder del estudio pasó de largo por Michael Eisner, entonces presidente y director general, en el camino a lo más alto. La gente de Walt Disney Company sabía reconocer el talento cuando lo veía, y le dieron al relativamente joven Eisner (de cuarenta y dos años) la posición de director general y presidente. Disney había estado vagando en el desierto de Hollywood desde la muerte de su fundador, Walt Disney. Hubo una película de éxito puntual y los parques temáticos continuaron avanzando con éxito sin ser nada extraordinario. Eisner cambió todo esto. Trajo a Jeffrey Katzenberg de Paramount, y revitalizaron la animación de Disney con una serie de grandes éxitos: *La sirenita*, *La bella y la bestia* (la primera película animada en ser nominada a los Oscar), *Aladdin*, y *El rey león*.

Una serie de comedias y thrillers de Touchstone y Hollywood Pictures llegaron a los telespectadores adultos: *Down and Out in Beverly Hills*, *Por favor no maten a mi mujer* y *Procedimiento ilegal*, entre ellos. Se creó la Disney Cruise Line, se expandieron y mejoraron los parques temáticos. Se dispararon las ventas del *merchandising* (gracias a los productos derivados de sus nuevos éxitos animados). En el momento en que Eisner dejó la compañía, veintiún años más tarde, su capitalización de mercado había aumentado aproximadamente de 3,000 a 60,000 millones de dólares. El prestigio es de la junta directiva de Disney en 1984, por ver el potencial de un hombre al que su anterior jefe ignoró.

Volviendo a la gestión de la plantilla de Eisenhower, es imposible ignorar a los dos protagonistas, Patton y Monty. Ambos eran difíciles de manejar: ambos tenían que hacer aportaciones substanciales. Ike les trataba con una combinación de paciencia, apoyo, disciplina y amenazas. El estilo de Ike funcionaba con Patton, que, desde el momento en que tomó el mando del Tercer Ejército en Francia hasta que les dirigió al interior de Alemania, se comportó magníficamente. Monty, por el otro lado, nunca llegó a entenderse con Eisenhower, nunca cambió su comportamiento, y continuó rindiendo por debajo de la media a lo largo de la guerra. Ike no podía despedir a Monty de la misma manera que podía haberlo hecho con Patton; su junta lo tenía que aprobar. Puesto que despedir al hombre no estaba en su poder, cuando Eisenhower finalmente recurrió a las amenazas con

Monty, fue indirecto. El error de Ike con Monty fue el de intentar durante mucho tiempo que la relación funcionase. A principios de 1945 bloqueó a Monty, hablándole lo menos posible y muy brevemente. Lo positivo fue que Eisenhower reconoció el valor aportado por los dos hombres a la organización, puso a un lado sus propios sentimientos e hizo lo que pudo para utilizar su valor.

A finales de los años 70 trabajé para Fairchild Publications, quienes publicaron *Women's Wear Daily*, entre otras cosas. Mi jefa era la gerente comercial de un grupo de periódicos divulgativos, una mujer llamada Mary Zaccardo, conocida en todo el mundo como «Mary Z». El hecho de que Mary fuera la gerente comercial de unos cinco millones de dólares al año hablaba de que su jefe había reconocido el talento cuando lo vio y la promovió cuando tuvo la oportunidad. Mary tenía un diploma de secundaria de Nueva York, y no tenía título universitario. Pero comprendió las cifras y el presupuesto mejor que muchos de la Ivy league MBA, por lo que hizo un trabajo fabuloso administrando el trabajo diario del lugar.

Cuando se creaba una nueva publicación especializada, el grupo iba en busca de un editor. Mary presionó para que una de las periodistas de una publicación del grupo recibiese el puesto. Las dos mujeres no se llevaban nada bien, igual que el agua y el aceite. Eran conocidas por sus discusiones, pero Mary creía que la periodista era la persona adecuada para el trabajo de editora y peleó para que obtuviera el puesto. El jefe del grupo, como hizo a menudo, tomó el consejo de Mary, y la periodista se convirtió en la editora de la nueva publicación. Dirigía la revista muy bien, y recaudó ingresos por publicidad durante varios años para Fairchild. Todo porque el jefe de Mary había reconocido su talento y había ignorado su la falta de título universitario, y porque Mary dejó aparcados sus sentimientos personales para promover al candidato adecuado para un trabajo.

## Estrategia número nueve:
## Evita el efecto lavadero

El proyecto más importante de Eisenhower (lo de África y Sicilia fue un calentamiento) era combatir directamente con los alemanes en Francia, Bélgica, Holanda y la propia Alemania. Su objetivo era poner tanta oposición que los alemanes fueran incapaces de continuar. Como se ha discutido anteriormente, los jefes estadounidenses consideraron que la única forma de vencer a los alemanes era entrar a través de Normandía. Pero los miembros británicos de la junta, con una experiencia amarga en el pasado, querían probar diferentes enfoques. En diferentes momentos en la preparación de Overlord, Churchill quiso dirigirse al norte a través de Italia y los Alpes hacia Alemania, o poner en marcha una campaña en los Balcanes y desplazarse al noroeste hacia Alemania. Eisenhower estaba convencido de que ninguna de las dos rutas sería efectiva y podría retrasar Overlord. Con el respaldo de Marshall y FDR, la visión de Ike prevaleció: porque ninguna de las otras dos ideas acabaría el trabajo.

Después de que Overlord hubo tenido éxito, tras la victoria de la batalla de las Ardenas, y de que las fuerzas alemanas fueran derribadas, Churchill y la mayoría de los ejecutivos de Día D, S. A. qusieron ir rápidamente a por Berlín y tomar la capital alemana. Pero el objetivo de Eisenhower era destrozar la habilidad de los alemanes, no capturar Berlín. Al igual que las ideas de Italia y los Balcanes, tomar a la capital alemana no era crucial para hacer el trabajo. Ike se negó a agregar Berlín a su lista de objetivos, salvó a trescientas mil víctimas, y aun así eliminó a su rival.

¿Cuál es la diferencia entre evitar el efecto lavadero y dar prioridad (estrategia número cuatro)? Se debe priorizar antes de poner en marcha el proyecto. Se evita el efecto lavadero cuando, una vez puesto en marcha, a tu personal se le ocurren todo tipo de ideas (algunas de ellas realmente buenas) según van viendo cómo el proyecto se implementa.

Tú quieres cosechar esas ideas y para ponerlas en práctica en el próximo proyecto.

Cualquier compañía que lanza su página web está familiarizada con el efecto lavadero. Sobre todo porque la tecnología siempre cambia y las funciones que hace un tiempo sólo eran sueños se convierten en realidad a un ritmo increíble. Las empresas que necesitan las páginas web para vender sus productos y tramitar los pedidos pueden encontrarse con un lanzamiento atrasado porque alguien de su equipo se enamoró de las prestaciones de la red social y consideró que la página de la compañía necesitaba ofrecer un *chat* en vivo con los empleados. El problema es que todas estas características, aunque son maravillosas, aumentan el costo y el tiempo. Si no son urgentes para la misión se tienen que dejar a un lado para una posible acción posterior (en la versión 2.0, cuando se refieren al software).

Las expectativas para el proyecto tienen que fijarse antes y reforzarse a menudo. Tener éxito en un proyecto dentro de los plazos y el presupuesto casi siempre se reduce a formular esta pregunta: *Esa maravillosa idea nueva o característica que se le acaba de ocurrir a alguien, ¿es fundamental para el éxito de este proyecto tal como fue definido y planificado?*

## Estrategia número diez: Sé sincero

Seamos realistas: la gente lucha con la sinceridad en muchos aspectos de la vida. Es difícil ser sincero contigo mismo y enfrentarse a tus fuerzas y debilidades. Puede ser fantástico ser sincero con tus colegas, tu plantilla o con la prensa, especialmente en lo que se refiere a tus creencias básicas o a tus defectos. (La mayoría de nosotros se sienten incómodos al compartir nuestros valores reales con otras personas, a menudo tenemos miedo de que no estén de acuerdo con nosotros y vayamos a perder su respeto.) Sin embargo, ser lo suficientemente sincero para aceptar la culpa por un error enorme cuando todos tus instintos te están gritando para que corras a esconderte, es terriblemente difícil.

Pero sin sinceridad no puedes ser un verdadero gerente.

Eisenhower tuvo la capacidad de ser sincero, y esta capacidad le convirtió en un gran gerente.

Se sometió a una rigurosa autoevaluación al final de la campaña del norte de África y se dio cuenta de que había sido demasiado tímido en su planificación y en su trato con su equipo directivo. Demostró una mejora inmediata después de eso.

Cuando Patton dio una bofetada a un soldado en Italia y por poco no crea un desastre de relaciones públicas, Ike se puso al mismo nivel de la prensa, explicando sus razones para manejar la situación como lo hizo, e informándoles de que Patton era un gran comandante, y si publicaban la historia Día D, S. A. perdería sus servicios. Los medios permanecieron en silencio.

Ike fue directo en su trato con su junta y sus ejecutivos. Estaba claro que no quería entrar en el norte de África, porque las operaciones en África atrasarían Overlord. Nunca desistió en su defensa del plan de transporte, a pesar de la oposición de los ejecutivos y la junta.

No se mintió nunca a sí mismo o a cualquier otro, no importa lo fácil que hubiera sido colar una o dos mentiras inofensivas a sus oyentes. Eisenhower dijo una vez: «Conozco sólo un método de operación, ser sincero con los demás como lo hago conmigo mismo».[10] Incluso Monty admiraba esta virtud de Ike: «Sólo necesitaba sonreír para que confiases en él enseguida. Es la encarnación misma de la sinceridad».[11]

Bill Ford, el bisnieto del fundador de Ford Motor Company Henry Ford, se convirtió en presidente de la junta directiva en 1999. En 2001, se convirtió también en gerente general. Cinco años después, en 2006, Ford se encontraba en estado grave al haber perdido 12.6 millones de dólares: el peor año de su historia. Bill Ford fue capaz de reconocerse ante sí mismo y ante su junta que no era el hombre indicado para el puesto de gerente general. La mayoría de los ejecutivos no han sido capaces de hacer lo que hizo Bill Ford: entregar el puesto de gerente general a Alan Mulally. Aunque ninguna de las empresas de automóviles estadounidenses están cantando aquello de que «Happy Days Are Here Again» (los días felices han llegado de nuevo), sólo Ford evitó la bancarrota en 2009 y anunció beneficios en 2010, en gran parte debido a que su jefe (y tocayo de la empresa, dicho sea de paso) fue capaz de evaluarse sí mismo y a la situación de manera realista y hacer lo que se tenía que hacer.

«Sé sincero» no es la última estrategia por casualidad. Es la ultima porque es la más dura y la más resistente de todas las estrategias que hay que cumplir. Cuando los tiempos son buenos, y un éxito sigue a otro, es fácil hablar de todas las cosas maravillosas que tú y tu compañía habéis logrado. En los buenos tiempos, la mayoría de la gente puede esconderse tras cualquier disculpa necesaria, porque el éxito mitiga multitud de pecados. Claro, tú has cometido un error, pero en realidad no causa mucho daño. Y como dicen en el deporte: si no hay daño no hay falta. Pero cuando los tiempos son difíciles, cuando los resultados de un error se multiplican, puede ser casi imposible asumir la culpa por estropearlo. Cuanto más graves son las consecuencias, más difícil es. Y más necesario.

En la mañana del 5 de junio de 1944, con el destino de Día D, S. A. y millones de vidas en la cuerda floja, Eisenhower demostró su grandeza como director y como hombre escribiendo una nota con la que asumía la culpa en el caso de que Overlord resultase ser un desastre:

«Nuestros desembarcos [...] no han conseguido establecer posiciones satisfactorias y he retirado a las tropas [...]. La infantería, la aviación y la marina hicieron todo lo que el coraje y la devoción al deber pudieron hacer. Si algún reproche o culpa va ligada al asalto es sólo mía».

# ESTRUCTURA DE PROPIEDAD, JUNTA DE DIRECTORES Y PERSONAL CLAVE DE DÍA D, S. A.

La sociedad subsidiaria de los servicios militares de Estados Unidos y Reino Unido.

### La junta de directores:

**Franklin. D. Roosevelt,** presidente de Estados Unidos, presidente de la junta de Día D, S. A.

**Winston S. Churchill,** primer ministro del Reino Unido, vicepresidente.

**Josef Stalin,** secretario general del Partido Comunista, líder de la Unión Soviética.

**Henry «Hap» Arnold,** general, director general de las Fuerzas Aéreas de EUA.

**George C. Marshall,** general, director general del Ejército de EUA.

Otros miembros de la junta eran: el almirante William Leahy, jefe del Estado Mayor del presidente Roosevelt (el equivalente al presidente moderno del Estado Mayor Conjunto) y sus oficiales británicos de alto rango al mando de la Marina Real y la Fuerza Aérea Real.

## Personal clave:

**General Sir Harold Alexander,** número dos de Eisenhower en el norte de África, Sicilia e Italia.

**General Omar N. Bradley,** comandante de todas las fuerzas terrestres de EUA desde junio de 1944 hasta el final de la guerra en mayo de 1945. Fue nombrado general de cinco estrellas del Ejército en 1950.

**Almirante Sir Andrew Cunnigham,** el lugarteniente naval de Ike desde junio de 1942 hasta enero de 1944, cuando se convirtió en el primer *lord* británico almirante.

**General Courtney Hodges,** comandante del Primer Ejército de EUA.

**Mariscal Jefe del Aire Sir Trafford Leigh-Mallory,** lugarteniente de las fuerzas áreas desde enero de 1944 hasta el final de la guerra.

**Mariscal de Campo Bernard Law Montgomery,** comandante de todas las fuerzas británicas y canadienses en Francia desde junio de 1944 hasta el final de la guerra. Se convirtió en gerente general del Ejército británico después de la guerra.

**General George C. Patton,** comandante del Tercer Ejército de EUA.

**Mariscal Sir Bertram Ramsay,** lugarteniente de las Fuerzas Navales desde enero de 1944 hasta el final de la guerra.

**General Walter Bedell Smith,** jefe del Estado Mayor en Día D, S. A.

**Mariscal del Aire Sir Arthur Tedder,** número dos de Eisenhower desde enero de 1944 hasta el final de la guerra, anteriormente el lugarteniente de Ike en el norte de África, Sicilia e Italia.

# GLOSARIO

*Avalanche*: Ataque anfibio de Italia, el 9 de septiembre de 1943.

*Playas del Dia D*: Desde el oeste, cerca de Ste. Mère Église, hasta el este, cerca de Caen, a lo largo de la costa norte de Normandía; las playas de Utah y Omaha (ambas fueron atacadas por las fuerzas de EUA); y Gold, Juno y las playas de Sword (atacadas por las fuerzas británicas y canadienses).

*Dunkerque*: Lugar de la milagrosa evacuación de las fuerzas británicas en junio de 1940 en miles de pequeñas embarcaciones tripuladas por los civiles británicos.

*Gallipoli*: Lugar del ataque anfibio británico de Crimea durante la Primera Guerra Mundial. Fue un desastre.

*Husky*: Ataque anfibio a Sicilia, el 10 de julio de 1943.

*Market-Garden*: Ataque conjunto de la División Aérea y de la Armada en Holanda, el 17 de septiembre de 1944.

*Mulberries*: Puertos artificiales creados al rellenar los cascos de los buques con cemento para luego hundirlos. Usado en la invasión de Normandía.

*Overlord*: Ataque anfibio de Normandía, el 6 de junio de 1944.

*Sledghammer*: Planificada como una misión «suicida» para septiembre de 1942 en el noreste de Francia; se pondría en marcha sólo en el caso de que los soviéticos necesitasen ayuda inmediata.

*Torch*: Ataque anfibio del norte de África (en Casablanca, Orán, y Argelia) el 8 de noviembre de 1942.

# ESTRUCTURA DEL EJÉRCITO DE EUA EN LA SEGUNDA GUERRA MUNDIAL*

*Escuadrón:* de 9 a 10 hombres.

*Pelotón:* 3 o más escuadrones. De 16 a 44 hombres.

*Compañía:* 3 o más pelotones, de 62 a 190 hombres.

*Batallón:* 3 o más compañías, de 300 a 1,300 hombres.

*Brigada o regimiento:* 3 o más batallones, de 3,000 a 5,000 hombres.

*División:* 3 o más brigadas, de 10,000 a 15,000 hombres.

*Cuerpos:* 3 o más divisiones, de 20,000 a 45,000 hombres.

*Ejército:* 3 o más cuerpos, de 50,000 hombres o más.

*Grupo de ejército:* 3 o más ejércitos, de 100,000 hombres o más; el Duodécimo Grupo de Ejército de Bradley tenía más de un millón de hombres al final de la guerra.

---

\* Fuente: Departamento de Guerra

# LA ESTRUCTURA DEL MANDO DE DÍA D, S. A.

## (EN DICIEMBRE DE 1944)

## JUNTA DE DIRECTORES:

Gerente general: Eisenhower

Duodécimo Grupo de Ejército: Bradley

Primer Ejército: Hodges

Tercer Ejército: Patton

Noveno Ejército: Simpson

Vigésimo primer Grupo de Ejército: Montgomery

# BIBLIOGRAFÍA

Ambrose, Stephen E. *Band of Brothers: E Company, 506th Regiment, 101st Airborne from Normandy to Hitler's Eagles Nest*. Nueva York: Touchstone, 1992 [*Hermanos de sangre*. Barcelona: Salvat, 2002].

———. *Citizen Soldiers: The U.S. Army from the Normandy Beaches to the Bulge to the Surrender of Germany*. Nueva York: Simon & Schuster, 1997.

———. *D-Day, June 6, 1944: The Climactic Battle of World War II*. Nueva York: Touchstone, 1994 [*El Día D*. Barcelona: Salvat, 2002].

———. *Eisenhower: Soldier and President*. Nueva York: Touchstone, 1990 [*Eisenhower: Soldado y presidente*. Argentina: Grupo Editor Latinoamericano, 1993].

———. *The Supreme Commander*. University Press of Mississippi, 1970.

Burns, James MacGregor. *Roosevelt: The Soldier of Freedom*. San Diego, Nueva York, London: Harvest, 1970.

Churchill, Winston S. *Triumph and Tragedy*. Nueva York: Bantam Books, 1953 [*La Segunda Guerra Mundial: Triunfo y tragedia*. Barcelona: Planeta-De Agostini, 2006].

Cray, Ed. *General of the Army: George C. Marshall, Soldier and Statesman*. Nueva York: Cooper Square Press, 1990.

Eisenhower, Dwight D. *Crusade in Europe*. Baltimore y London: Johns Hopkins UP, 1948 [*Cruzada en Europa*. Barcelona: Inédita Ediciones, 2007].

Goodwin, Doris Kearns. *No Ordinary Time: Franklin and Eleanor Roosevelt: The Home Front in World War II*. Nueva York: Simon and Schuster, 1994.

Korda, Michael. *IKE: An American Hero*. Nueva York: HarperCollins, 2007.

Larrabee, Eric. *Commander in Chief: Franklin Delano Roosevelt, His Lieutenants, and Their War*. Nueva York: Touchstone, 1987.

Meacham, Jon. *Franklin and Winston: An Intimate Portrait of an Epic Friendship*. Nueva York: Random House, 2003.

Penrose, Jane. *The D-Day Companion: Leading Historians Explore History's Greatest Amphibious Assault*. New Orleans: The National D-Day Museum, 2004.

Ryan, Cornelius. *A Bridge Too Far*. Nueva York: Popular Library, 1974 [*Un puente lejano*. Barcelona: RBA, 2006].

———. *The Longest Day*. Nueva York: Popular Library, 1959 [*El Día Más Largo*. Barcelona: Editorial Inédita, 2004].

## Páginas web

Academy of Achievement (http://www.achievement.org).

Arlington National Cemetery (http://www.arlingtoncemetery.net).

Bastogne Historical Center (www.bastognehistoricalcenter.be).

The Conference Board (http://www.conference-board.org).

Dwight D. Eisenhower Centennial (http://www.history.army.mil/brochures/Ike/ike.htm).

Dwight D. Eisenhower Foundation (http://www.dwightdeisenhower.com).

Dwight D. Eisenhower Presidential Library and Museum (http://www.eisenhower.archives.gov).

FedEx (http://about.fedex.designcdt.com).

*Forbes* (http://www.forbes.com).

Ford Motor Company (http://www.ford.com).

Franklin D. Roosevelt Presidential Library and Museum (http://www.fdrlibrary.marist.edu).

George Mason University's History News Network (http://hnn.us).

*New York Times* (http://www.nytimes.com).

The Society of Corporate Secretaries and Governance Professionals (http://www.governanceprofessionals.org).

United States Holocaust Memorial Museum (http://www.ushmm.org).

*Variety* (http://www.variety.com/).

*Wall Street Journal* (http://online.wsj.com).

# NOTAS

## Introducción
1. Stephen E. Ambrose, *The Supreme Commander* (University Press of Mississippi, 1970), p. 418.

## 1: La olla a presión: La puesta en marcha
1. Ambrose, *The Supreme Commander*, p. 55.
2. Eisenhower a Marshall, el 26 de junio de 1942, en "Eisenhower Papers", *The Supreme Commander*, p. 54.
3. Ambrose, *The Supreme Commander*, p. 56.
4. Ibid., p. 57.
5. Stephen E. Ambrose, *Eisenhower: Soldier and President* (Nueva York: Touchstone, 1990), p. 73 [*Eisenhower: soldado y presidente* (Argentina: Grupo Editor Latinoamericano, 1993)].
6. Ibid., p. 77.
7. Cornelius Rayan, *The Longest Day* (Nueva York: Popular Library, 1959), p. 51 [*El Día Más Largo* (Barcelona: Editorial Inédita, 2004)].
8. Jon Mecham, *Franklin and Winston: An Intimate Portrait of an Epic Friendship* (Nueva York: Random House, 2003), p. 177.
9. Biblioteca y Museo Presidencial de Franklin D. Roosevelt.
10. "Obama, FDR and Taming the Press", *New York Times*, 2 febrero 2009.
11. Ambrose, *The Supreme Commander*, p. 73.

## 2: Enciende la «Antorcha»
1. Michael Korda, *IKE: An American Hero* (Nueva York: HarperCollins, 2007), p. 303.
2. Ambrose, *The Supreme Commander*, p. 79.
3. Korda, *IKE: An American*, p. 303.

4. Ambrose, *The Supreme Commander*, p. 84.

5. Dwight D. Eisenhower, *Crusade in Europe* (Baltimore y London: Johns Hopkins UP, 1948), p. 82 [*Cruzada en Europa* (Barcelona: Inédita Ediciones, 2007)].

6. Ibid., p. 83.

7. Ambrose, *The Supreme Commander*, p. 85.

8. Ibid., p. 93.

9. *Casablanca*, escrita por Julius J. Epstein, Philip G. Epstein, y Howard Koch.

10. John Q. Barrett, "'That One' & 'That man'", 15 octubre 2008, *George Mason University's History News Network*, http://hnn.us/articles/55697.html.

11. Dwight D. Eisenhower, discurso en la National Defense Executive Reserve Conference, Washington D.C., 14 noviembre 1957.

12. "Tylenol Posts an Apparent Recovery", *New York Times*, 25 diciembre 1982.

13. "Company News; Ten Years Later, Coca-Cola Laughs at 'New Coke'", *New York Times*, 11 abril 1995.

14. "Succession Planning: How Everyone Does It Wrong", *Forbes.com*, 7 julio 2009.

15. "Charles Bell, 44, Dies; Headed McDonald's", *New York Times*, 17 enero 2005, y "No More Bench Strength", 6 noviembre 2007.

16. "iPhone Owners Crying Foul over Price Cut", *New York Times*, 7 septiembre 2007.

17. "Killing the Dream", *Forbes*, 19 septiembre 2005; y "The Forgotten Promise", 17 agosto 2004.

18. "Afternoon Reading: Saturn Deal Could Be 'Smartest Automotive Move of the Decade'", *Wall Street Journal*, 8 junio 2009.

## 3: Primera operación

1. Eisenhower, *Crusade in Europe*, p. 95.

2. Ibid., p. 96.

3. Ibid., p. 103.

4. Ambrose, *The Supreme Commander*, p. 135.

5. Ambrose, *Eisenhower: Soldier and President*, p. 87.

6. Ibid., p. 87.

7. Korda, *IKE: An American Hero*, p. 353.

8. Eisenhower, *Crusade in Europe*, p. 115.

9. Ibid., p. 146.

10. Ibid., p. 148.

11. "Patton's Career a Brilliant One" (obituario), *New York Times*, 22 diciembre 1945.

12. "Gen. Omar N. Bradley Dead at 88; Last of Army's Five-Star Generals" (obituario), *New York Times*, 9 abril 1981.

13. Eisenhower, *Crusade in Europe*, p. 215.

14. Ibid., p. 156.

15. United States Holocaust Memorial Museum, "Operation Torch", *Holocaust Encyclopedia*, www.ushmm.org/wlc/article. php?lang=en&ModuleId=10007303.

## 4: Ponte rudo

1. Eisenhower, *Crusade in Europe*, p. 160.

2. The Society of Corporate Secretaries & Governance Professionals, *Current Board Practices, 6th Study*.

3. Eisenhower, *Crusade in Europe*, pp. 159-60.

4. Ibid., p. 214.

5. Ibid.

6. Ibid., p. 215.

7. Departamento de Transporte de EUA: programa "Cash for Clunkers".

8. Ibid., p. 208.

9. Korda, IKE: *An American Hero*, pp. 350-51.

10. Eric Larrabee, *Commander in Chief: Franklin Delano Roosevelt, His Lieutenants, and Their War* (Nueva York: Touchstone, 1987), pp. 470-71.

11. Korda, *IKE: An American Hero*, p. 388.

12. Ambrose, *Eisenhower: Soldier and President*, p. 105.

13. Ibid.

14. Ibid., p. 106.

15. "Jeffrey Katzenberg, Biography", Variety.com.

16. "Ruling Upholds Disney's Payment in Firing of Ovitz", *New York Times*, 10 agosto, 2005; "Disney 101", *Forbes.com*, 11 agosto 2005.

17. Eisenhower, *Crusade in Europe*, p. 176.

18. Ambrose, *Eisenhower: Soldier and President*, p. 107.

19. Ibid., p. 110.

20. Korda, *IKE: An American Hero*, p. 415.

## 5: Overlord: Día D: El comandante supremo

1. Korda, IKE: *An American Hero*, p. 412.

2. Ambrose, *The Supreme Commander*, p. 303.

3. Ibid., p. 309.

4. Korda, *IKE: An American Hero*, p. 431, 434.

5. Ambrose, *The Supreme Commander*, p. 376.

6. Eisenhower, *Crusade in Europe*, p. 225.

7. Ambrose, *Eisenhower: Soldier and President*, p. 145.

8. Ibid.

9. Korda, *IKE: An American Hero*, p. 465.

10. Ibid., p. 462.

11. Ambrose, *The Supreme Commander*, pp. 342-43.

12. Ibid., p. 343.

13. Eisenhower, *Crusade in Europe*, p. 225.

14. Ambrose, *The Supreme Commander*, p. 404.

15. Ambrose, *Eisenhower: Soldier and President*, p. 128.

16. Ibid., p. 129.

17. Ambrose, *The Supreme Commander*, p. 347.

18. Korda, *IKE: An American Hero*, p. 460.

19. Ambrose, *The Supreme Commander*, p. 347.

20. "The Sinatra of Southwest Feels the Love", *New York Times*, 24 mayo 2008.

21. "Southwest Plans Buyouts After a Big Quarterly Loss", *New York Times*, 16 abril 2009.

22. Página web del *New York Times*: U.S. Markets, Airlines, http://markets. on.nytimes.com/research/markets/usmarkets/industry. asp?industryStartRow=21 (acceso obtenido 16 septiembre 2009).

23. Ambrose, *The Supreme Commander*, p. 407.

24. Rayan, *The Longest Day*, pp. 57-58.

25. Stephen E. Ambrose, *D-Day, June 6, 1944: The Climactic Battle of World War II* (Nueva York: Touchstone, 1994), p. 180 [*El Día D* (Barcelona: Salvat, 2002)].

26. Rayan, *The Longest Day*, p. 51.

27. Ibid.

28. Ibid., p. 183.

29. Rayan, *The Longest Day*, p. 51.

30. Ambrose, *D-Day*, p. 189.

31. Ibid.

32. Ibid., p. 188.

33. Ibid., p. 189.

34. Ibid.

36. "AOL to End Support of Netscape Navigator", *Associated Press*, 29 diciembre 2007.

37. "Netscape Moves to Raise Stakes in Browser War", *New York Times*, 19 agosto 1996.

38. Ibid.

39. Ibid.

40. "Netscape May Be Ready to Take on Microsoft Again", *Forbes.com*, 6 abril 2000.
41. "State of the Art; Netscape 6 Browser: Mixed Bag", *New York Times*, 30 noviembre 2000.
42. Ambrose, *The Supreme Commander*, p. 418.
43. Ambrose, *D-Day*, pp. 193-94.
44. Ibid., p. 195.
45. Ibid.

## 6: Overlord: Acciones y consecuencias

1. Korda, *IKE: An American Hero*, p. 460.
2. Ibid., p. 479.
3. Ibid., p. 481.
4. Stephen E. Ambrose, *Citizen Soldiers: The U.S. Army from the Nomandy Beaches to the Bulge to the Surrender of Germany* (Nueva York: Simon & Schuster, 1997), pp. 34-35.
5. Ambrose, *Eisenhower: Soldier and President*, p. 146.
6. Ibid., p. 149.
7. Ibid., p. 147.
8. Ibid., p. 148.
9. Ibid., p. 149.
10. Ibid., p. 154.
11. Eisenhower, *Crusade in Europe*, p. 280.
12. Korda, *IKE: An American Hero*, p. 516.
13. Ambrose, *Eisenhower: Soldier and President*, p. 158.
14. Ibid., p. 161.
15. Ibid., p. 163.
16. Ambrose, *The Supreme Commander*, p. 515.
17. Ibid.
18. Ibid., p. 516.
19. Ambrose, *Eisenhower: Soldier and President*, p. 159.

## 7: Cómo perder la concentración

1. Cornelius Ryan, *A Bridge Too Far* (Nueva York: Popular Library, 1974), p. 89 [*Un puente lejano* (Barcelona: RBA, 2006)].
2. Ibid., p. 599.
3. Ibid., p. 597.
4. Ibid.
5. Eisenhower, *Crusade in Europe*, pp. 310, 312.

6. Ambrose, *The Supreme Commander*, p. 526.
7. Winston S. Churchill, *Triumph and Tragedy* (Nueva York: Bantam Books, 1953), p. 172 [*La Segunda Guerra Mundial: Triunfo y tragedia* (Barcelona: Planeta-De Agostini, 2006)].
8. "Time Warner Turnaround in 2005?", *Forbes.com*, 12 diciembre 2004.
9. "The Internet Grows Up", *Forbes.com*, 1 enero 2000.
10. Ibid.
11. Ibid.
12. "Top Ten Business Blunders", *Forbes.com*, 10 marzo 2008.
13. "Time Warner's Digital Dilemma", *Forbes.com*, 29 julio 2009.
14. Ambrose, *Eisenhower: Soldier and President*, pp. 166-67.
15. Ambrose, *The Supreme Commander*, p. 534.
16. Ibid.
17. Ibid., p. 535.
18. Ibid.
19. Ibid.
20. Ibid., p. 536.
21. Ibid., p. 537.
22. Ibid.
23. Ibid.
24. Ibid., p. 538.
25. Korda, *IKE: An American Hero*, p. 522.
26. Ibid.
27. Ibid., p. 525.
28. Ambrose, *The Supreme Commander*, p. 547.
29. Ibid.
30. Korda, *IKE: An American Hero*, p. 522.
31. Ambrose, *The Supreme Commander*, p. 548.
32. Korda, *IKE: An American Hero*, p. 530.
33. Ibid.
34. Ambrose, *The Supreme Commander*, p. 551.
35. Korda, *IKE: An American Hero*, p. 553.
36. Eisenhower, el discurso en la National Defense Executive Reserve Conference.

## 8: «Ilusos»

1. Eisenhower, *Crusade in Europe*, p. 340.
2. Ambrose, *The Supreme Commander*, p. 556.
3. Eisenhower, *Crusade in Europe*, p. 350.
4. Korda, *IKE: An American Hero*, p. 537.

5. Ibid., p. 539.

6. Academy of Achievement, http://www.achievement.org.

7. Ambrose, *Citizen Soldiers*, p. 52.

8. Ibid., p. 224.

9. Cuarteles generales del Tercer Ejército de EUA, Órdenes Generales n° 14 (14 enero 1945), http://www.arlingtoncemetery.net/amcauli.htm.

10.    Página web del Bastogne Historical Centre, www. bastognehistoricalcenter.be.

11. Ambrose, *The Supreme Commander*, p. 562.

12. Ibid., pp. 565-66.

13. Ambrose, *Eisenhower: Soldier and President*, p. 177.

14. Ibid.

15. Ibid., p. 178.

16. Ibid.

17. Ibid., p. 179.

18. Korda, *IKE: An American Hero*, p. 546.

19. Ambrose, *Eisenhower: Soldier and President*, p. 180.

20. Korda, *IKE: An American Hero*, p. 547.

21. Ambrose, *Eisenhower: Soldier and President*, p. 180.

22. Ibid.

23. Korda, *IKE: An American Hero*, p. 547.

24. Ibid., p. 549.

## 9: Completa la misión

1. Eisenhower, *Crusade in Europe*, p. 366.

2. Ambrose, *Eisenhower: Soldier and President*, p. 182.

3. Eisenhower, *Crusade in Europe*, p. 371.

4. Ambrose, *Eisenhower: Soldier and President*, p. 183.

5. Ibid., p. 185.

6. Ibid., p. 186.

7. Eric Larrabee, *Commander in Chief: Franklin Delano Roosevelt, His Lieutenants, and Their War* (Nueva York: Touchstone, 1987), pp. 492-93.

8. Eisenhower, *Crusade in Europe*, p. 372.

9. Korda, *IKE: An American Hero*, p. 574.

10. Ambrose, *The Supreme Commander*, p. 659.

11. Larrabee *Commander in Chief*, p. 647.

12. Ibid., p. 501.

13. Ambrose, *Eisenhower: Soldier and President*, p. 192.

14. Ibid.

15. Ambrose, *Citizen Soldiers*, p. 457.

16. "Bank of America Chief to Depart at Year's End", *Forbes.com*, 1 octubre 2009.

17. "Top Ten Business Blunders", *Forbes.com*, 10 marzo 2008.

18. "Sun's Six Biggest Mistakes", *Forbes.com*, 7 abril 2009.

19. Ibid.

20. Ambrose, *Eisenhower: Soldier and President*, p. 198.

21. Ambrose, *The Supreme Commander*, pp. 667-68.

22. Korda, *IKE: An American Hero*, p. 586.

## 10: Evaluación del rendimiento y resumen

1. Lararbee *Commander in Chief*, p. 502.

2. Ambrose, *Eisenhower: Soldier and President*, p. 203.

3. "Mission Statement' Words", *Forbes.com*, 21 agosto 2006.

4. Página web de Ford Motor Company, http://www.ford.com/about-ford/company-information/one-ford.

5. Web de Dell, http://www.dell.com.

6. Página web de FedEx, http://about.fedex.designcdt.com/our_company/company_information/fedex_history.

7. Ibid.

8. Academy of Achievement, http://www.achievement.org/.

9. Ambrose, *The Supreme Commander*, p. 348.

10. Ibid., p. 325.

11. Ibid.

# SOBRE EL AUTOR

Geoff Loftus ha tenido un trabajo remunerado en el ámbito del periodismo y la comunicación empresarial durante más de un cuarto de
siglo. Tanto como *freelance* como en plantilla, ha trabajado para Condé
Nast, Deloitte Consulting, Fairchild Publications, y News Corp., así
como para entidades sin ánimo de lucro como la Conference Board
y la Society of Corporate Secretaries & Governance Professionals.
Como muchos escritores, soñó una vez con escribir la gran novela
estadounidense pero lo dejó con el objetivo de escribir el gran guión
cinematográfico estadounidense. Lo más cerca que llegó de cumplir
tan excelso logro fue escribir el guión de *Un héroe en la familia* junto
a John Drimmer para *El maravilloso mundo de Disney*. Ha sido miembro del Writers Guild of America, East (Gremio de Escritores de
América, Este), durante más de veinte años. Vive en Scarsdale, Nueva
York, con su mujer Margy, su hijo Gregory, y la maravillosa perrita
de la familia, Heidi.

# AGRADECIMIENTOS

Sospecho que muchos autores han sentido lo que yo siento: que debería darles las gracias a cada una de las personas con las que me he cruzado o a las que he leído. Como eso es completamente irrealizable, me ceñiré a las pocas personas a las que debo agradecer su ayuda.

En primer lugar, los agradecimientos deben ir para mi hermana Jill Quist, quien supo reconocer una buena idea cuando la escuchó, ayudó a convertirla en un libro y me animó en cada paso del camino.

Alice Siempelkamp trabajó en múltiples versiones de este libro, obligándome a hacerlo mejor cada vez. Gracias, Alice. Cualquier fallo que haya aquí es culpa mía.

Gracias también a mi agente, Coleen O'Shea. Soy extraordinariamente afortunado de que cuide de mí.

Lo mismo es válido para mi editora, Kristen Parrish, cuyo entusiasmo por el proyecto se hacía patente en cada sugerencia que hacía. *Dwight D. Eisenhower su liderazgo* es mucho mejor gracias a ella.

Les debo a mis padres muchas deudas de gratitud, pero especialmente la de inculcarme un amor por la historia que hizo posible este libro.

Gracias a los jesuitas, quienes (tomando prestada una frase de William Peter Blatty) me enseñaron a pensar.

Sin un orden particular, gracias a los muchos amigos que me han ayudado a avanzar en la escritura de este libro y en la vida misma: Lindy Sittenfeld, Erica Fross, Ted Canellas y Bob Roth, Greg Tobin, Sal Vitale, Gene O'Brien, y Ted West.

Por último y más importante, gracias a mi mujer, Margy, y a mi hijo, Greg. Mi vida es inimaginable sin ellos.